KB179323

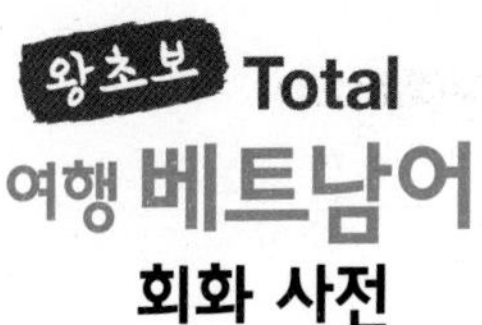
왕초보 Total
여행 베트남어
회화 사전

국립중앙도서관 출판시도서목록(CIP)

(어디서나 바로바로 통하는) 왕초보 Total 여행 베트남어 회화 사전.
-- 서울 : 창, 2018 p. ; cm

권말부록: 베트남어의 문자와 발음 등
감수: 신윤석·문지연
본문은 한국어, 베트남어가 혼합수록됨
ISBN 978-89-7453-446-2 13730 : ₩15000

베트남어[--語]
회화(언어)[會話]

739.82-KDC6
495.922-DDC23 CIP2018025901

어디서나 바로바로 통하는
왕초보 Total 여행 베트남어 회화 사전

2019년 1월 10일 1쇄 인쇄
2019년 1월 15일 1쇄 발행

감수자 | 신윤석·문지연
펴낸이 | 이규인
펴낸곳 | 도서출판 **창**
등록번호 | 제15-454호
등록일자 | 2004년 3월 25일

주소 | 서울특별시 마포구 대흥로4길 49, 1층(용강동 월명빌딩)
전화 | (02) 322-2686, 2687 / **팩시밀리** | (02) 326-3218
홈페이지 | http://www.changbook.co.kr
e-mail | changbook1@hanmail.net

ISBN 978-89-7453-446-2 13730

정가 15,000원

어디서나 바로바로 통하는

왕초보

Total 여행 베트남어 회화 사전

신윤석 · 문지연 감수

필수패턴회화 + 실용회화

VIETNAMESE EXPRESSIONS DICTIONARY

창
Chang Books

머리말

여러분은 지금 국제화시대에 살고 있습니다. 최근 우리 사회의 이슈이자 많은 분들이 고민하는 부분 중에 하나가 어떻게 하면 원어민처럼 유창하게 영어를 잘 할 수 있을까? 하는 바람일 것입니다.

이러한 시대 상황을 고려해 편집·제작된 책이 어디서나 바로바로 통하는 왕초보 Total 여행 베트남어 회화 사전입니다 수많은 외국어회화 방법들이 있지만 생각만큼 효과를 얻기란 쉽지 않습니다. 그렇다면 영어와 베트남어 초보자에게 있어 가장 중요한 회화 학습의 요소는 무엇일까요? 발음·문법·어휘 물론 다 중요하지만 가장 중요한 것은 지금 당장할 수 있는 자신감입니다.

이책은 이런 분들을 위해 아주 기초적인 회화에서부터 모든 상황에서 능숙하게 대처할 수 있는 영어회화를 겸한 패턴회화·실용회화 및 해외여행에 이르기까지 다양하게 구성·편집되어 쉽게 접할 수 있습니다. 같은 말이라도 표현하는 방법이 다양하게 정리되어 있을뿐만 아니라 종전의 획일적인 회화에서 벗어나 마음대로 즉석에서 찾아 활용할 수 있도록 주제별로 일목요연하게 나열되어 학습 및 사용하기에 편리합니다. 또한 부분적으로 미니회화 코너가 있어 이해를 돕는 데 한몫을 하고 있습니다.

대부분 외국어 공부에 관심있는 분들은 패턴을 좋아합니다. 패턴은 정형화된 문장이어서 마음 놓고 구사할 수 있는 장점뿐만 아니라 여러 문장을 응용해서 마음껏 회화를 표현할 수 있어 많은 분들이 선호합니다. 왕초보 Total 여행 베트남어 회화 사전은 이런 영어 초보자의 학습단계를 한 단계 발전시켜 드릴 것입니다.

이책의 특징은 다음과 같이 구성되어 있습니다.

1. 일상의생활에서 가장 필요한 상황만을 엄선하여 초보자도 쉽게 활용할 수 있도록 하였습니다.
2. 가장 많이 사용하는 필수패턴회화로 학습의 자신감과 응용력을 증가시켰습니다. 특히 상황에 따라 적절하게 골라 선택하면 좀더 센스있는 영어와 베트남어회화를 구사할 수 있을 것입니다.
3. 영어와 베트남어의 표현에는 원어민이 발음하여 초보자도 보다 쉽게 듣고 따라할 수 있도록 한글 발음으로 표기하였습니다. 그 러나 한글발음 표기는 영어와 베트남어 회화학습을 위한 것에 지나지 않으므로 정확한 발음은 본사의 홈페이지에 MP3파일을 제공하고 있으므로 다운받아 들으면 보다 효과적으로 학습할 수 있습니다.
4. 부록에 있는 많은 자료는 영어와 베트남어 초보자가 바로 외국어 학습에 활용하도록 정리되어 있어 영어와 베트남어 회화에 큰 도움이 될 것입니다.

그 외에 최신의 영영사전과 베트남어사전에서 인터넷 자료를 참조하였으며 되도록 최근에 많이 활용되는 문장을 엄선하여 새로운 신조어의 효과도 느낄 수 있게 하였습니다.

위와 같은 자료를 통해 그동안 영어와 베트남어 회화에 대한 막연했던 두려움을 떨쳐 버리고 지금 바로 자신감을 가지고 시작하면 패턴회화+실용회화의 활용도 높은 필수문장의 효과를 높일 수 있을 것입니다.

차례

Part Ⅰ 패턴 회화

Part Ⅱ 실용 회화

Chapter 01 기본표현 (Sự biểu hiện cơ bản)

Chapter 02 비행기 탑승 (Lên máy bay)

Chapter 03 여행지 공항 도착 (Đến sân bay)

Part Ⅲ 부록

패턴 회화

Conversation Patterns

* 공손히 부탁할 때 *

부탁합니다.

Please~

플리즈

Xin nhờ anh.

씬 녀 아잉(9pt)

□ 한 번 더 부탁할게요.

Could I ask you one more time?

쿠드 아이 애스큐 원 모어 타임?

Tôi xin nhờ một lần nữa.

또이 씬 녀 못 런 느어

* 도움을 요청할 때 *

저를 좀 도와주세요.

Please help me.

플리즈 헬프 미

Xin hãy giúp tôi một chút.

씬 하이 즙 또이 못 쭛

□ 잠깐 시간 좀 내 주세요.

Do you have a moment?

두 유 햅 어 모먼트?

Xin hãy giành cho tôi một chút thời gian.

씬 하이 쟈잉 쪼 또이 못 쭛 터이 쟌

* 흔쾌히 수락할 때 *

알겠습니다.

Okay.
오케이

tôi biết rồi.
또이 비엣 조이

□ 할 수 있는 한 해 볼게요.

I'll do my best.
아일 두 마이 베스트

Tôi sẽ làm thử trong khả năng (có thể).
또이 쎄 람 트 쫑 카 낭 (꼬 테)

* 근황을 물을 때 *

요즘 뭐하세요?

What are you up to these days?
왓 아유 업 투 디즈 데이즈

Dạo này, anh làm gì thế?
자오 나이, 아잉 람 지 테

□ 요즘 건강은 어떠세요?

How is your health?
하우 이즈 유어 헬스?

Dạo này, sức khỏe của anh thế nào?
자오 나이, 쓱 쾌 꾸어 아잉 테 나오?

* 가볍게 사과할 때 *

사과 드립니다.

I apologize.

아이 어폴러자이스

Tôi xin lỗi về sự sai sót của tôi.

또이 씬 로이 베 스싸이 쏫 꾸어또이

□ 잘못했습니다.

I was wrong.

아이 워즈 롱

Tôi sai rồi.

또이 싸이 조이

* 공손하게 제안할 때 *

비켜 주세요.

Could you please get out of the way?

쿠쥬 플리즈 겟 아웃 업 더 웨이

Xin hãy tránh ra.

씬 하이 짜잉 자

□ 조심하세요.

Be careful.

비 케어풀

Cẩn thận.

껀 턴

* 정중하게 거절할 때 *

잘 모르겠어요.

I don't know.

아이 돈 노우

Tôi không biết rõ.

또이 콩 비엣 조

□ 미안해요. 지금 좀 바빠요.

I'm sorry. I'm a little busy right now.

아임 쏘리 아임 어 리틀 비지 라잇 나우

Xin lỗi. Bây giờ tôi hơi bận.

씬 로이 버이 져 또이 허이 번

* 용서할 때 *

괜찮습니다.

That's all right.

댓츠 올 라잇

Không sao.

콩 싸오

□ 상관없습니다.

It doesn't matter.

잇 더즌트 매터

Không liên quan.

콩 리엔 꾸안

* 가족에 대해 물을 때 *

가족은 어떻게 되세요?

How many people are in your family?
하우 메니 피플 아 인 유어 패밀리

Gia đình anh thế nào?
쟈 딩 아잉 테 나오

□ 아버지, 어머니, 저 그리고 남동생이 있어요.

My father, mother, younger brother and myself.
마이 파더 머더 영거 브라더 앤 마이셀프

Có bố mẹ tôi và em trai tôi.
꼬 보 메 또이 바 엠 쨔이 또이

* 공손히 양보할 때 *

먼저 하세요.

Please, you first.
플리즈 유 퍼스트

Làm trước đi.
람 쯔억 디

□ 먼저 들어가세요.

You go first.
유 고 퍼스트

Anh đi trước đi.
아잉 디 쯔억 디

＊궁금함을 물을 때＊

당신의 성격은 어떻습니까?

How would you describe your personality?

하우 우쥬 디스크라이브 유어 퍼스낼리티

Tính cách của anh thế nào?

띵 까익 꾸어 아잉 테 나오

□ 사교적이에요.

I'm a social person.

아임 어 소셜 퍼슨

Thuộc diện quảng giao dễ kết bạn.

투옥 지엔 꾸앙 쟈오 제 껫 반

＊기쁠 때＊

기뻐서 어쩔 줄 모르겠어요.

I'm beside myself with joy.

아임 비사이드 마이셀프 위드 조이

Vui quá nên không biết phải làm gì.

부이 꽈 넨 콩 비엣 파이 람 지

□ 네, 정말 즐거웠어요.

Yeah, that was great.

야 댓 워즈 그레이트

Vâng, thực sự rất vui.

벙 특 쓰 젓 부이

* 슬플 때 *

너무 슬퍼요.

I'm so sad.

아임 쏘 쌔드

Buồn quá.

부온 꽈

□ 진심으로 조의를 표합니다.

My thoughts are with you.

마이 쏘츠 아 윗 유

Chân thành bày tỏ lòng thương tiếc.

쩐 타잉 바이 또 롱 트엉 띠엑

* 걱정할 때 *

무슨 일이 있으세요?

What's the matter?

왓츠 더 매터

Có chuyện gì đấy?

꼬 쭈옌 지 더이

□ 해낼 수 있을지 모르겠어요.

I don't know if I can do it.

아이 돈 노우 이프 아이 캔 두 잇

Không biết có thể làm được không.

콩 비엣 꼬 테 람 드억 콩

* 유감을 말할 때 *

늦었어요!

I'm late!

아임 레이트

Muộn rồi!

무온 조이

□ 이래서는 안 됩니다.

You shouldn't do this.

유 슈든트 두 디스

Cứ như thế này không được đâu.

끄 뉴 테 나이 콩 드억 더우

* 취미를 말할 때 *

취미가 뭐예요?

Do you have any hobbies?

두 유 해브 애니 하비즈

Sở thích của anh là gì?

써 틱 꾸어 아잉 라 지

□ 한가한 시간에는 무엇을 해요?

What do you do in your free time?

왓 두 유 두 인 유어 프리 타임

Anh làm gì vào thời gian rảnh rỗi.

아잉 람 지 바오 터이 쟌 자잉 조이

* 위로할 때 *

힘내세요.

Cheer up.

치어 업

Cố gắng lên.

꼬 강 렌

□ 도움을 드릴 수 있어서 기쁩니다.

I'm happy I could help.

아임 해피 아이 쿠드 헬프

Rất vui vì tôi có thể giúp anh

젓 부이 비 또이 꼬 테 즙 아잉

* 감사할 때 *

여러 가지로 신세를 졌습니다.

Thank you for your help.

땡큐 포 유어 헬프

Tôi đội ơn anh vì tất cả.

또이 도이 언 아잉 비 떳 까

□ 수고 많으셨어요.

Thank you for everything.

땡큐 포 에브리씽

Anh vất vả quá.

아잉 벗 바 꽈

* 기원할 때 *

모든 일이 잘되시길 빌어요.

I wish you all the best.
아이 위슈 올 더 베스트

Cầu mong mọi việc đều suôn sẻ.
꺼우 몽 모이 비엑 데어 쑤온 쎄

□ 행복하시길 빌어요.

I wish you all happiness.
아이 위슈 올 해피니스

Cầu mong anh sẽ hạnh phúc.
꺼우 몽 아잉 쎄 하잉 푹

* 반대할 때 *

저는 결사반대입니다.

I strongly oppose that.
아이 스트롱리 어포즈 댓

Tôi phản đối đến cùng.
또이 판 도이 덴 꿍

□ 저는 그렇게 생각하지 않습니다.

I don't think so.
아이 돈 씽크 쏘

Tôi không nghĩ như thế.
또이 콩 응이 뉴 테

*** 사과할 때 ***

사과드립니다.

I apologize.

아이 어폴러자이스

Tôi xin lỗi.

또이 씬 로이

- 제 실수에 대해서 사과드립니다.

I apologize for my mistake.

아이 어폴러자이스 포 마이 미스테이크

Tôi xin lỗi về sự sai sót của mình.

또이 씬 로이 베 쓰 싸이 솟 꾸어 밍

*** 실망할 때 ***

당신에게 실망했어요.

I'm disappointed in you.

아임 디스어포인티드 인 유

Tôi thất vọng về anh.

또이 텃 봉 베 아잉

- 저한테 화났어요?

Are you mad at me?

아류 매드 앳 미

Anh cáu giận với tôi ư?

아잉 까우 젼 버이 또이 으

* 긴장할 때 *

너무 긴장돼요.

I'm really nervous.

아임 리얼리 너버스

Căng thẳng quá.

깡 탕 꽈

□ 마음이 조마조마해요.

I have butterflies in my stomach.

아이 햅 버터플라이즈 인 마이 스터먹

Trong lòng hồi hộp quá.

쫑 롱 호이 홉 꽈

* 후회할 때 *

더 노력했더라면 좋았을 텐데...

If only I tried harder...

이프 온리 아이 트라이드 하더

Giá như tôi nỗ lực hơn nữa thì tốt...

쟈 뉴 또이 노 륵 헌 느어 티 똣...

□ 알아요. 하지만 이젠 돌이킬 수 없어요.

I know. But what's done is done.

아이 노우. 벗 왓츠 던 이즈 던

Tôi biết, nhưng giờ không thể lấy lại được nữa.

또이 비엣, 늉 져 콩 테 러이 라이 드억 느어

* 재촉할 때 *

서두르세요.

Hurry up.
허리 업

Nhanh lên.
냐잉 렌

□ 저 급해요. **I'm in a hurry.**
아임 인 어 허리
Tôi vội lắm.
또이 보이 람

* 가볍게 동의할 때 *

제 생각도 같습니다.

I think so too.
아이 씽크 쏘 투

Suy nghĩ của tôi cũng như vậy.
쑤이 응이 꾸어 또이 꿍 뉴 버이

□ 전적으로 동의합니다. **I agree completely.**
아이 어그리 컴플리틀리
Hoàn toàn đồng ý.
호안 또안 동 이

* 어떤 일을 권할 때 *

잠깐만요.

Excuse me.
익스큐즈 미

Đợi chút.
더이 쭛

□ 조용히 합시다.

Let's be quiet.
렛츠 비 콰이엇

Hãy trật tự.
하이 쩟 뜨

* 여가 생활을 말할 때 *

주말에 주로 무엇을 해요?

What do you do on weekends?
왓 두 유 두 온 위켄즈

Cuối tuần, anh thường làm gì?
꾸오이 뚜언 아잉 트엉 람 지

□ 그냥 집에 있어요.

I just stay home.
아이 저스트 스테이 홈

Tôi ở nhà thôi.
또이 어 냐 토이

＊맞장구를 칠 때＊

바로 그거죠.

That's the way to go.
댓츠 더 웨이 투 고

Chính là thế đấy.
찡 라 테 더이

□ 그거 좋네요.

That's a good idea.
댓츠 어 굿 아이디어

Cái đó tốt đấy.
까이 도 뜻 더이

＊공손하게 당부할 때＊

이메일로 연락 주세요.

Send me an e-mail.
센 미 언 이메일

Hãy gửi email cho tôi nhé.
하이 그이 이메일 쪼 또이 녜

□ 페이스북으로 연락 주세요.

Facebook me.
페이스북 미

Hãy liên lạc với tôi qua facebook nhé.
하이 리엔 락 버이 또이 꾸아 페이스북 녜

* 거절할 때 *

없어요.

I don't have.

아이 돈 햅

Không có.

꽁 꼬

□ 아직 모르겠어요.

I don't know yet.

아이 돈 노우 옛

Tôi vẫn chưa biết.

또이 번 쯔어 비엣

* 정중하게 물어볼 때 *

물어볼 게 있어요.

I need to ask you something.

아이 니드 투 애스큐 썸씽

Tôi có câu hỏi.

또이 꼬 꺼우 호이

□ 언제부터 근무하실 수 있어요?

When can you start working?

웬 캔 유 스타트 워킹

Từ bao giờ có thể đi làm được?

뜨 바오 져 꼬 테 디 람 드억

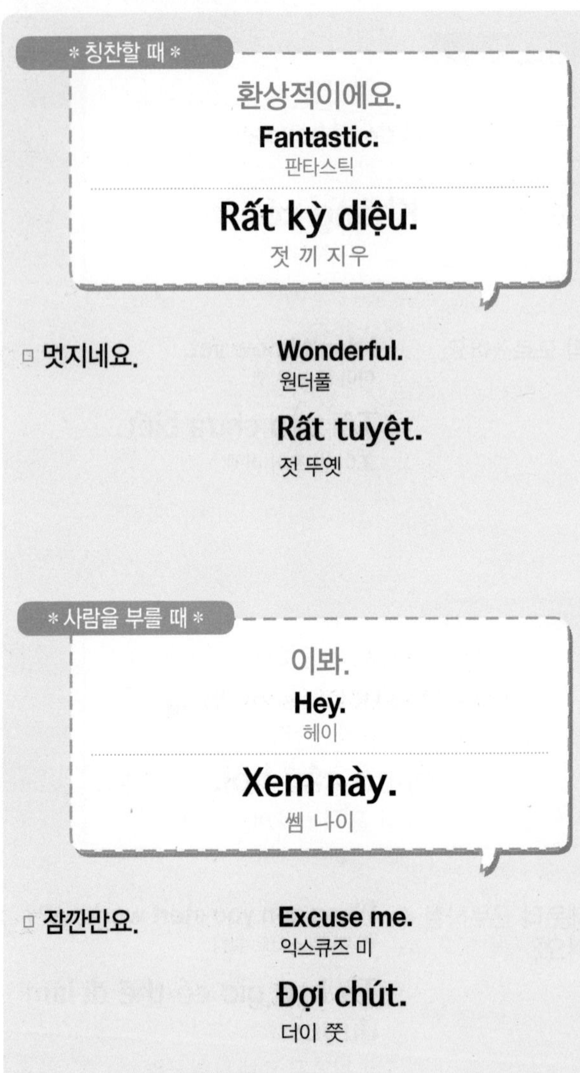

* 칭찬할 때 *
환상적이에요.
Fantastic.
판타스틱
Rất kỳ diệu.
젓 끼 지우

□ 멋지네요.

Wonderful.
원더풀

Rất tuyệt.
젓 뚜옛

□ 잠깐만요.

Excuse me.
익스큐즈 미

Đợi chút.
더이 쭛

양보할 때

자리를 바꿔도 돼요?

Can I change my seat?

캔 아이 체인지 마이 씻

Đổi chỗ có được không?

도이 쪼 꼬 드억 콩

□ 됐습니다.

No need for that.

노 니드 포 댓

Được rồi.

드억 조이

감사함을 말할 때

고맙습니다.

Thanks.

땡스

Cảm ơn.

깜 언

□ 도와주셔서 감사합니다.

Thank you for your help.

땡큐 포 유어 헬프

Cảm ơn anh đã giúp đỡ.

깜 언 아잉 다 즙 더

＊ 축하할 때 ＊

축하해요.

Congratulations.

컨그레쥴레이션스

Chúc mừng.

쭉 믕

□ 생일을 축하해요.

Happy birthday to you.

해피 벌스데이 투 유

Chúc mừng sinh nhật.

쭉 믕 씽 녓

＊ 안내할 때 ＊

이리 오십시오.

Come this way.

컴 디스 웨이

Xin mời lại đây ạ.

씬 머이 라이 더이 아

□ 안으로 들어오세요.

Come inside.

컴 인싸이드

Mời đi vào trong.

머이 디 바오 쫑

* 식사후 인사할 때 *

네, 잘 먹었습니다.

Yes, I enjoyed it very much.
예스 아이 인조이드 잇 베리 머치

Rất ngon, cảm ơn.
젓 응언 깜 언

□ 식사 맛있게 하셨어요?

Did you enjoy your meal?
디쥬 인조이 유어 밀

Bữa ăn có ngon không ạ?
브어 안 꼬 응온 콩 아

* 값을 물을 때 *

얼마입니까?

How much is it?
하우 머치 이즈 잇

Bao nhiêu tiền?
바오 니우 띠엔

□ 너무 비쌉니다.

It's to expensive.
잇츠 투 익스펜시브

Đắt quá.
닷 꽈

* 전화번호를 물어볼 때 *

전화번호 좀 알려 주시겠어요?.

Can I get your telephone number?
캔 아이 겟 유어 텔레폰 넘버

Cho tôi xin số điện thoại được không?
쪼 또이 씬 쏘 디엔 토아이 드억 콩

□ 제 휴대전화 번호 입니다.

This is my cell phone number.
디스 이즈 마이 셀 폰 넘버

Đây là số điện thoại di dộng của tôi.
더이 라 쏘 디엔 토아이 지 동 꾸어 또이

* 불만을 물어볼 때 *

문제가 뭐죠?

What's the problem?
왓츠 더 프라블름

Có vấn đề gì?
꼬 번 데 지

□ 인터넷 접속이 안 돼요.

Your internet connection is down.
유어 인터넷 커넥션 이즈 다운

Kết nối internet bị ngắt rồi.
껫 노이 인터넷 비 응앗 조이

실용회화

Practical Conversation

기본표현
Sự biểu hiện cơ bản

1. 인사

* 기본인사 *	
안녕하세요. (아침) Good morning. 굿 모닝	**Xin chào.** 씬 짜오
안녕하세요. (점심) Good afternoon. 굿 애프터눈	**Xin chào.** 씬 짜오
안녕하세요. (저녁) Good evening. 굿 이브닝	**Xin chào.** 씬 짜오
안녕히 주무세요. (밤) Good night. 굿 나잇	**Chúc ngủ ngon** 쭉 응우 응온
어머, 오랜만이에요. Hey, long time no see. 헤이, 롱 타임 노우 씨	**Ôi, lâu quá rồi không gặp** 오이, 러우 꽈 조이 콩 갑
만나 뵙고 싶었어요. I've been looking forward to meeting you. 아입 빈 루킹 포워드 투 미팅 유	**Tôi đã mong được gặp anh.** 또이 다 몽 드억 갑 아잉

수고하세요. Good day. 굿 데이	**Chào anh.** 짜오 아잉

*** 안부인사 ***

만나서 반가워요! Nice to meet you! 나이스 투 미츄	**Rất vui được gặp chị.** 젓 부이 드억 갑 찌
만나게 되어 반갑습니다. I'm happy to meet you. 아임 해피 투 미츄	**Tôi cũng vui vì được gặp anh.** 또이 꿍 부이 드억 갑 아잉
처음 뵙겠습니다. How do you do? 하우 두 유 두 *정중한 인사: 대답도 How do you do?	**Rất hân hạnh, lần đầu tiên được gặp em.** 젓 헌 하잉 런 더우 띠엔 드억 갑 엠 **Rất hân hạnh, lần đầu tiên được gặp chị.** 젓 헌 하잉 런 더우 띠엔 드억 갑 찌
성함이 어떻게 되시나요? May I have your name, please? 메아이 해뷰어 네임 플리즈	**Anh tên là gì** 아잉 뗀 라 지
안녕하세요! Hello! 헬로우	**Xin chào.** 씬 짜오

만나서 반가워요. **말씀 많이 들었어요.** I'm glad to meet you. 아임 글래 투 미츄 I've heard a lot about you. 아이브 허더 낫 어바츄	**Rất vui được gặp chị.** 젓 부이 드억 갑 찌 **Tôi đã nghe nói nhiều về anh.** 또이 다 응예 노이 니우 베 아잉
안녕하세요? **어떻게 지내세요?** Good morning? How are you? 굿 모닝 하아류	**Dạo này anh thế nào?** 자오 나이 아잉 테 나오
덕분에 잘 지냅니다. **당신은 어떠세요?** I'm fine thank you. And you? 아임 파인 땡큐 앤쥬	**Tôi bình thường.** **Còn anh?** 또이 빙 트엉 꼰 아잉
저도 덕분에 잘 지냅니다. I'm fine, too. Thank you. 아임 파인 투 땡큐	**Tôi cũng khỏe.** 또이 꿍 쾌
별일 없으세요? What's new? 왓츠 뉴	**Có gì đăc biêt không?** 꼬 지 닥 비엣 콩
어떻게 지냈어요? How have you been doing? 하우 해뷰 빈 두잉	**Anh thế nào?** 아잉 테 나오
그저 그래요. So so. 소– 소–	**Bình thường thôi.** 빙 트엉 토이

오래간만이네요. It's a long time since I saw you last. 잇츠 어 롱 타임 씬스 아이 쏘 유 라스트	**lâu rồi mới gặp lại anh.** 러우 조이 머이 갑 라이 아잉
별일 없으시죠? How goes it? 하우 고즈 잇	**Không có gì đặc biệt chứ?** 콩 꼬 지 닥 비엣 쯔
어떻게 지냈어요? How have you been? 하우 해뷰 빈	**Chị thế nào?** 찌 테 나오

＊ 근황인사 ＊

요즘 뭐하세요? What are you up to these days? 왓 아류 업 투 디즈 데이즈	**Dạo này, anh làm gì thế?** 자오 나이 아잉 람 지 테
이게 누구야! Look who's here! 룩 후즈 히얼	**Ai thế này!** 아이 테 나이
하나도 안 변했네요. You haven't changed a bit. 유 해븐츠 체인드 어 빗	**Anh không thay đổi chút nào.** 아잉 콩 타이 도이 쭛 나오
부모님께서는 평안하시죠? How are your parents? 하아류 패런츠	**Bố mẹ anh vẫn mạnh khỏe chứ?** 보 메 아잉 번 마잉 쾌 쯔

가족에게 안부 전해 주세요. Give my regards to your family. 기브 마이 리가드즈 투 유어 패밀리	**Cho tôi gửi lời hỏi thăm gia đình anh.** 쪼 또이 그이 러이 호이 탐 쟈 딩 아잉

＊ 작별인사 ＊

안녕 Bye. 바이	**Tạm biệt.** 땀 비엣
좋은 하루되세요. Have a nice day. 해버 나이스 데이	**Chúc bạn một ngày tốt lành.** 쭉 반 못 응아이 똣 라잉
좋은 시간 보내세요. Have a good time. 해버 굿 타임	**Chúc bạn có thời gian vui vẻ!** 쭉 반 꼬 터이 쟌 부이 베
만나서 반가웠습니다. Nice meeting you. 나이스 미딩 유	**Gặp chị tôi cũng rất vui.** 갑 찌 또이 꿍 젓 부이
살펴 가세요. Take care of yourself. 테익 케어 어브 유셀프	**Đi cẩn thận nhé.** 디 껀 턴 녜
내일 봐요. See you tomorrow. 씨 유 투머로우	**Ngày mai gặp lại nhé.** 응아이 마이 갑 라이 녜
그럼 또 만나요. I'll be seeing you. 아윌 비 씽 유	**Hẹn gặp lại lần sau nhé.** 헨 갑 라이 런 싸우 녜

2. 감사 · 격려

* 감사 *	
감사합니다. Thank you. 땡큐	**Xin đa tạ.** 씬 다 따
고맙습니다. Thank you. 땡큐	**Cảm ơn.** 깜 언
정말 감사합니다. Thank you very much. 땡큐 베리 머치	**Thực sự cảm ơn.** 특 쓰 깜 언
다시 한 번 감사드려요. Thank you again. 땡큐 어겐	**Xin cảm ơn một lần nữa.** 씬 깜 언 못 런 느어
와 주셔서 감사합니다. Thank you for coming. 땡큐 포 커밍	**Cảm ơn anh đã đến.** 깜 언 아잉 다 덴
뭐라 감사해야 할지 모르겠어요. I don't know how to thank you. 아이 돈 노우 하우 투 땡큐	**Tôi không biết phải cảm ơn thế nào.** 또이 콩 비엣 파이 깜 언 테 나오
도와주셔서 감사합니다. Thank you for your help. 땡큐 포 유어 헬프	**Cảm ơn anh đã giúp đỡ.** 깜 언 아잉 다 쥽 더 = Cảm ơn chị đã giúp đỡ. 깜 언 찌 다 쥽 더

친절히 대해 주셔서 감사합니다. Thank you for your kindness. 땡큐 포 유어 카인드니스	**Cảm ơn anh đã đối xử tử tế.** 깜 언 아잉 다 도이 쓰 뜨 떼 = Cảm ơn chị đã đối xử tử tế. 깜 언 찌 다 도이 쓰 뜨 떼
은혜는 평생 잊지 않겠어요. I'll never forget your kindness. 아윌 네버 포겟 유어 카인드니스	**Suốt đời tôi sẽ không bao giờ quên ân huệ này.** 쑤옷 더이 또이 쎄 콩 바오 져 꾸엔 언 훼 나이
칭찬해 주셔서 감사합니다. Thank you for the compliment. 땡큐 포 더 컴플리먼트	**Cảm ơn anh đã khen ngợi.** 깜 언 아잉 다 켄 응어이 = Cảm ơn chị đã khen ngợi. 깜 언 찌 다 켄 응어이
초대해 주셔서 제가 오히려 감사합니다. Thank you for inviting me. 땡큐 포 인바이팅 미	**Ngược lại tôi phải cảm ơn vì chị đã mời tôi.** 응억 라이 또이 파이 깜 언 비 찌 다 머이 또이
선물 고마워요. Thank you for the gift. 땡큐 포 더 기프트	**Cảm ơn món quà.** 깜 언 몬 꽈
경청해 주셔서 감사합니다. Thank you for your attention. 땡큐 포 유어 어텐션	**Cảm ơn anh đã lắng nghe.** 깜 언 아잉 다 랑 응예 = Cảm ơn chị đã lắng nghe. 깜 언 찌 다 랑 응예

그렇게 말씀해 주시니 고맙습니다.
It's very kind of you to say so.
잇츠 베리 카인드 오뷰 튜 세이 쏘

Cảm ơn vì anh đã nói như thế.
깜 언 비 아잉 다 노이 뉴 테

= Cảm ơn vì chị đã nói như thế.
깜 언 비 찌 다 노이 뉴 테

위로해 주셔서 감사합니다.
Thank you for your sympathy.
땡큐 포 유어 심퍼씨

Cảm ơn anh đã an ủi.
깜 언 아잉 다 안 위

= Cảm ơn chị đã an ủi.
깜 언 찌 다 안 위

* 격려 *

당신의 격려가 큰 힘이 되었어요.
Your encouragement was such a big help to me.
유어 인커러쥐먼트 워즈 서치 어 빅 헬프 투 미

Sự động viên khích lệ của anh sẽ là nguồn lực lớn.
쓰 동 비엔 킥 레 꾸어 아잉 쎄 라 응우온 륵 런

= Sự động viên khích lệ của chị sẽ là nguồn lực lớn.
쓰 동 비엔 킥 레 꾸어 찌 쎄 라 응우온 륵 런

여러 가지로 신세를 졌습니다.
I am greatly indebted to you.
아이 엠 그레이트리 인데티드 투 유

Tôi đội ơn anh vì tất cả.
또이 도이 언 아잉 비 떳 까

= Tôi đội ơn chị vì tất cả.
또이 도이 언 찌 비 떳 까

천만에요.
수고랄 게 뭐 있나요.
You're welcome. It's nothing.
유아 웰컴 잇츠 낫씽

Có gì đâu.
꼬 지 더우.

Có gì vất vả đâu.
꼬 지 벗 바 더우

수고 많으셨어요. Thank you for everything. 땡큐 포 에브리씽	**Anh vất vả quá.** 아잉 벗 바 꽈
도움을 드릴 수 있어서 기쁩니다. I'm happy I could help. 아임 해피 아이 쿠드 헬프	**Rất vui vì đã có thể giúp anh.** 젓 부이 비 다 꼬 테 즙 아잉 = Rất vui vì đã có thể giúp chị 젓 부이 비 다 꼬 테 즙 찌
제가 좋아서 한 거예요. It's my pleasure. 잇츠 마이 플레저	**Tôi cũng thích làm điều đó mà.** 또이 꿍 틱 람 디우 도 마

mini회화

A : 이것 좀 도와주실 수 있으세요?

Hãy giúp tôi cái này một chút.

하이 즙 또이 까이 나이 못 쭛

B : 물론이죠.

Tất nhiên rồi.

떳 니엔 조이

도움이 필요하면 언제든 부탁하세요.

Nếu cần sự giúp đỡ, cứ nhờ tôi bất cứ lúc nào.

네우 껀 쓰 즙 더 끄 녀 또이 벗 끄 룩 나오

3. 축하 · 칭찬 · 기원

* 축하할 때 *

축하해요. Congratulations. 컹그래춰레이션스	**Chúc mừng.** 쭉 믕
생일을 축하해요. Happy birthday to you. 해피 버쓰데이 투 유	**Chúc mừng sinh nhật.** 쭉 믕 씽 녓
결혼을 축하해요. Congratulations on your wedding. 컹그래춰레이션스 온 유어 웨딩	**Chúc mừng đám cưới.** 쭉 믕 담 끄어이
출산을 축하해요. Congratulations on your new baby. 컹그래춰레이션스 온 유어 뉴 베이비	**Chúc mừng mẹ tròn con vuông.** 쭉 믕 메 쫀 꼰 부옹
성년이 된 것을 축하해요. Congratulations on your coming of age. 컹그래춰레이션스 온 유어 커밍 오브 에이지	**Chúc mừng đã trở thành người lớn.** 쭉 믕 다 쩌 타잉 응어이 런
졸업을 축하해요. Congratulations on your graduation. 컹그래춰레이션스 온 유어 그래쥬에이션	**Chúc mừng tốt nghiệp.** 쭉 믕 똣 응이엡

입사를 축하해요. Congratulations on joining the company. 컹그래춰레이션스 온 조잉 더 컴퍼니	**Chúc mừng anh vào công ty.** 쭉 믕 아잉 바오 꽁 띠 = Chúc mừng chị vào công ty. 쭉 믕 찌 바오 꽁 띠
승진을 축하해요. Congratulations on your promotion. 컹그래춰레이션스 온 유어 프로모션	**Chúc mừng(anh)lên chức.** 쭉 믕 (아잉) 렌 쪽
성공을 축하해요. Congratulations on your success. 컹그래춰레이션스 온 유어 썩세스	**Chúc mừng (anh) thành công.** 쭉 믕 (아잉) 탕 꽁
퇴원을 축하해요. Congratulations on leaving the hospital. 컹그래춰레이션스 온 리빙 더 하스피틀	**Chúc mừng anh được xuất viện.** 쭉 믕 아잉 드억 쑤엇 비엔 = Chúc mừng chị được xuất viện. 쭉 믕 찌 드억 쑤엇 비엔
감사합니다. 다 염려해 주신 덕분이에요. Thank you. I appreciate it. 땡큐 아이 어플리쉬에잇	**Cảm ơn. Tất cả là nhờ anh đã lo lắng cho.** 깜 언 떳 까 라 녀 아잉 다 로 랑 쪼 = Cảm ơn. Tất cả là nhờ chị đã lo lắng cho. 깜 언 떳 까 라 녀 찌 다 로 랑 쪼

조금 이르지만 축하해요. Congratulations in advance. 컹그래줘레이션스 인 어드밴스	**Tuy hơi sớm nhưng tôi xin chúc mừng.** 뛰 허이 썸 늉 또이 씬 쭉 믕
해냈군요. 합격을 축하해요. You did it. Congratulations on passing. 유 디드 잇 컹그래줘레이션스 온 패싱	**Thành công rồi. Chúc mừng anh thi đỗ.** 타잉 꽁 조이 쭉 믕 아잉 티 도 = Thành công rồi. Chúc mừng chị thi đỗ. 타잉 꽁 조이 쭉 믕 찌 티 도
축하합니다. **새로운 곳에서도 행운이 있길 빌어요.** Congratulations. 컹그래줘레이션스 Good luck at the new job. 굿 럭 앳 더 뉴 잡	**Chúc mừng.** 쭉 믕 **Cầu mong anh ở nơi mới cũng được may mắn.** 꺼우 몽 아잉 어 너이 머이 꿍 드억 마이 만

＊ 칭찬할 때 ＊

훌륭해요. 아주 잘해 주셨어요. It's fantastic. I love it. 잇츠 판타스틱 아이 러브 잇	**Cái đó thật tuyệt vời. Anh đã làm rất tốt.** 까이 도 텃 뚜옛 버이 아잉 다 람 젓 뜻
참 잘하는군요. You're really good at that. 유아 리얼리 굿 앳 댓	**Rất giỏi đấy.** 젓 죠이 더이
한국말 잘하시네요. Your Korean is very good. 유어 코리언 이즈 베리 굿	**Nói tiếng Hàn giỏi thế.** 노이 띵 한 죠이 테

대단해요. Great. 그레이트	**Giỏi quá.** 죠이 꾸어
환상적이에요. Fantastic. 판타스틱	**Rất kỳ diệu.** 젓 끼 지우
멋지네요. Wonderful. 원더플	**Rất tuyệt.** 젓 뚜옛
잘하고 있어요. You're doing good. 유아 두잉 굿	**Đang làm tốt lắm.** 당 람 똣 람
아주 잘했어요. You're doing great. 유아 두잉 그레이트	**Rất giỏi.** 젓 죠이
당신이 자랑스러워요. I'm proud of you. 아임 프라우드 오뷰	**Tôi thật tự hào về anh.** 또이 텃 뜨 하오 베 아잉
정말 부러워요. I envy you. 아이 엔비 유	**Thật thèm được như anh.** 텃 템 드억 뉴 아잉 **Thật thèm được như chị.** 텃 템 드억 뉴 찌
참 친절해요. You're so kind. 유아 쏘 카인드	**anh thật thân thiện. / anh có lòng tốt** 아잉 텃 턴 티엔 / 아잉 꼬 롱 뚯

머리가 좋군요.
You're so smart.
유아 쏘 스마트

Thông minh đấy.
통 밍 더이

팔방미인이군요.
You do everything well.
유 두 에브리씽 웰

Anh là người đa tài đấy.
아잉 라 응어이 다 따이 더이

칭찬해 주셔서 감사합니다.
I'm glad you like it.
아임 글래드 유 라익 잇

Cảm ơn vì lời khen.
깜 언 비 러이 켄

*** 기원할 때 ***

모든 일이 잘되시길 빌어요.
I wish you all the best.
아이 위쉬 유 올 더 베스트

Cầu mong mọi việc đều suôn sẻ.
꺼우 몽 모이 비엑 데우 쑤온 쎄

행복하시길 빌어요.
I wish you all happiness.
아이 위쉬 유 올 해피니스

Cầu mong anh sẽ hạnh phúc.
꺼우 몽 아잉 쎄 하잉 푹

= Cầu mong chị sẽ hạnh phúc.
꺼우 몽 찌 쎄 하잉 푹

좋은 성과가 있으시길 빌어요.
I wish you success.
아이 위쉬 유 썩씨스

Cầu mong anh sẽ có nhiều thành quả tốt đẹp.
꺼우 몽 아잉 쎄 꼬 니우 타잉 꽈 뜻 뎁

= Cầu mong chị sẽ có nhiều thành quả tốt đẹp.
꺼우 몽 찌 쎄 꼬 니우 타잉 꽈 뜻 뎁

4. 사과 · 용서 · 양보

* 사과할 때 *	
사과드립니다. I apologize. 아이 어팔로자이즈	**Tôi xin lỗi.** 또이 씬 로이
제가 실수했습니다. I made a mistake. 아이 메이드 어 미스테이크	**Tôi đã sai rồi.** 또이 다 싸이 조이
제 실수에 대해서 사과드립니다. I apologize for my mistake. 아이 어팔로자이즈 포 마이 미스테이크	**Tôi xin lỗi về sự sai sót của tôi.** 또이 씬 로이 베 쓰 싸이 솟 꾸어 또이
제 잘못입니다. It's my fault. 잇츠 마이 폴트	**Đó là lỗi của tôi.** 도 라 로이 꾸어 또이
잘못했습니다. I was wrong. 아이 워즈 롱	**Tôi sai rồi.** 또이 싸이 조이
늦어서 죄송합니다. I'm sorry I'm late. 아엠 쏘리 아엠 레이트	**Xin lỗi vì muộn.** 씬 로이 비 무온
실례가 많았습니다. Please excuse me. 플리즈 익스큐즈 미	**Tôi thất thố nhiều quá.** 또이 텃 토 니우 꽈

앞으로는 더 주의하겠습니다.
I'll be more careful in the future.
아윌 비 모어 케어플 인 더 퓨처

Từ nay tôi sẽ chú ý cẩn thận hơn.
뜨 나이 또이 쎄 쭈 이 껀 턴 헌

제 뜻은 그런 게 아닙니다.
That's not what I meant.
댓츠 낫 왓 아이 멘트

Ý của tôi không phải là như thế.
이 꾸어 또이 콩 파이 라 뉴 테

고의로 그런 게 아닙니다.
I didn't mean it.
아이 디든트 민 잇

Không phải là cố ý làm như vậy.
콩 파이 라 꼬 이 람 뉴 버이

기다리게 해서 미안합니다.
I'm sorry to keep you waiting.
아임 쏘리 투 킵 유 웨이팅

Xin lỗi đã để anh phải chờ.
씬 로이 다 데 아잉 파이 쩌

= Xin lỗi đã để chị phải chờ.
씬 로이 다 데 찌 파이 쩌

여러 가지로 죄송합니다.
I'm sorry for everything.
아임 쏘리 포 에브리씽

Tôi xin lỗi vì nhiều điều.
또이 씬 로이 비 니우 디우

시간을 너무 많이 빼앗아서 죄송합니다.
I'm sorry to take so much of your time.
아임 쏘리 투 테이크 쏘 머취 오브 유어 타임

Xin lỗi vì đã làm mất nhiều thời gian.
씬 로이 비 다 람 멋 니우 터이 잔

귀찮게 해서 죄송합니다. I'm sorry to bother you. 아임 쏘리 투 바더 유	**Xin lượng thứ vì đã gây phiền.** 씬 르엉 트 비 다 거이 피엔
폐를 끼쳐서 죄송합니다. I'm sorry for the inconvenience. 아임 쏘리 포 더 인컨비니언스	**Xin thứ lỗi vì đã làm phiền.** 씬 트 로이 비 다 람 피엔
걱정을 끼쳐서 죄송합니다. I'm sorry to worry you. 아임 쏘리 투 워리 유	**Xin thứ lỗi vì đã khiến anh lo lắng.** 씬 트 로이 비 다 키엔 아잉 로 랑 = Xin thứ lỗi vì đã khiến chị lo lắng. 씬 트 로이 비 다 키엔 찌 로 랑
기분을 상하게 했다면 사과드립니다. If I hurt your feelings, I apologize. 이프 아이 허트 유어 필링즈 아이 어팔로자이즈	**Tôi xin lỗi nếu đã khiến tâm trạng anh không vui.** 또이 씬 로이 네우 다 키엔 떰 짱 아잉 콩 부이 = Tôi xin lỗi nếu đã khiến tâm trạng chị không vui. 또이 씬 로이 네우 다 키엔 떰 짱 찌 콩 부이
그런 뜻이 아니었는데 죄송합니다. I'm sorry, I didn't mean it that way. 아임 쏘리 아이 디든트 민 잇 댓 웨이	**Tôi không có ý như thế, tôi xin lỗi.** 또이 콩 꼬 이 뉴 테 또이 씬 로이

다시는 그런 일이 없도록 하겠습니다.
I'll make sure it won't happen again.
아윌 메이크 슈어 잇 오온트 해픈 어겐

Tôi sẽ cố gắng để việc đó không lặp lại.
또이 쎄 꼬 강 데 비엑 도 콩 랍 라이

감정을 상하게 할 뜻은 아니었습니다.
I didn't mean to upset you.
아이 디든트 민 투 업셋 유

Tôi không có ý làm tổn thương tình cảm.
또이 콩 꼬 이 람 똔 트엉 띵 깜

* 용서할 때 *

괜찮습니다.
That's all right.
댓츠 올 라잇

Không sao.
콩 싸오

상관없습니다.
It doesn't matter.
잇 더즌트 매더

Không liên quan.
콩 리엔 꾸안

별것 아닙니다.
It's not a big deal.
잇츠 낫 어 빅 딜

Không có gì đâu.
콩 꼬 지 더우

그건 걱정하지 마십시오.
Don't worry about that.
돈 워리 어바웃 댓

Đừng lo điều đó.
등 로 디우 도

됐습니다.
Sure. 슈어

Được rồi.
드억 조이

고의가 아니니 괜찮습니다. That's all right, you didn't mean it. 댓츠 올 라잇 유 디든트 민 잇	**Vì không phải là cố ý nên không sao.** 비 콩 파이 라 꼬 이 넨 콩 싸오
그런 일은 누구에게나 일어날 수 있습니다. It could happen to anybody. 잇 쿠드 해픈 투 에니바디	**Việc đó có thể xảy ra với bất kỳ ai.** 비엑 도 꼬 테 싸이 자 버이 벗 끼 아이
다시는 그러지 마십시오. Don't do it again. 돈 두 잇 어겐	**Lần sau đừng làm thế nữa.** 런 싸우 등 람 테 느어
앞으로는 잘 처리해 주세요. Please do better in the future. 플리즈 두 베더 인 더 퓨처	**Từ nay, hãy xử lý thật tốt.** 뜨 나이 하이 쓰 리 텃 똣
다음부터 좀 더 주의하세요. Please be more careful next time. 플리즈 비 모어 케어플 넥스트 타임	**Lần sau hãy chú ý hơn.** 런 싸우 하이 쭈 이 헌
괜찮습니다만, 앞으로는 좀 더 주의해 주세요. That's all right, but be more careful in the future. 댓츠 올 라잇 밧 비 모어 케어플 인 더 퓨처	**Không sao nhưng từ nay hãy cẩn thận hơn nhé.** 콩 싸오 늉 뜨 나이 하이 껀 턴 헌 녜

* 양보할 때 *

먼저 들어가세요. You go first. 유 고우 퍼스트	**Anh đi trước đi.** 아잉 디 쯔억 디
감사합니다. 그럼 제가 먼저 들어갈게요. Thank you. I'll go first, then. 땡큐 아윌 고우 퍼스트 댄	**Cảm ơn, thế thì tôi đi vào trước nhé.** 깜 언 테 티 또이 디 바오 쯔억 녜
먼저 하세요. Please, you first. 플리즈 유 퍼스트	**Làm trước đi.** 람 쯔억 디
괜찮습니다. That's all right. 댓츠 올 라잇	**Không sao.** 콩 싸오

mini 회화

A : 시간을 너무 많이 빼앗아서 죄송합니다.
Xin lỗi vì đã làm mất nhiều thời gian.
씬 로이 비 다 람 멋 니우 터이 쟌

B : 괜찮습니다.
Không sao.
콩 싸오

5. 부탁 · 도움 요청

* 부탁할 때 *

실례합니다. Excuse me. 익스큐즈 미	**Xin lỗi.** 씬 로이
네, 무엇을 도와드릴까요? Yes, how may I help you? 예스 하우 메니 아이 헬퓨	**Vâng, chúng tôi có thể giúp gì ạ?** 벙 쭝 또이 꼬 테 즙 지 아
이것 좀 해 주세요. Could you do this for me? 쿠쥬 두 디스 포 미	**Hãy làm giúp tôi cái này.** 하이 람 즙 또이 까이 나이
저를 좀 도와주세요. Please help me. 플리즈 헬프 미	**Xin hãy giúp tôi một chút.** 씬 하이 즙 또이 못 쭛
부탁합니다. Please. 플리즈	**Xin nhờ anh(chị).** 씬 녀 아잉 (찌)
도움이 필요하면 언제든 부탁하세요. Call me anytime you need help. 콜 미 에니타임 유 니드 헬프	**Nếu cần sự giúp đỡ, cứ nhờ tôi bất cứ lúc nào.** 네우 껀 쓰 즙 더 끄 녀 또이 벗 끄 룩 나오
잠깐 시간 좀 내 주세요. Do you have a minute? 두 유 해버 미니트	**Xin hãy giành cho tôi một chút thời gian.** 씬 하이 쟈잉 쪼 또이 못 쭛 터이 쟌

미안해요. 지금 좀 바빠요. I'm sorry. I'm a little busy right now. 아임 쏘리 아임 어 리들 비지 라잇 나우	**Xin lỗi. Bây giờ tôi hơi bận.** 씬 로이 버이 져 또이 허이 번

* 도움요청 *

이것 좀 도와주실 수 있으세요? Could you give me a hand with this? 쿠쥬 깁미 어 핸드 위드 디스	**Hãy giúp tôi cái này một chút.** 하이 즙 또이 까이 나이 못 쭛
물론이죠. Sure. 슈어	**Tất nhiên rồi.** 떳 니엔 조이
알겠습니다. Okay. 오케이	**Tôi biết rồi.** 또이 비엣 조이
할 수 있는 한 해 볼게요. I'll do my best. 아윌 두 마이 베스트	**Tôi sẽ làm thử trong khả năng.** 또이 쎄 람 트 쫑 카 낭
도움이 필요하면 언제든 부탁하세요. Call me anytime you need help. 콜 미 에니타임 유 니드 헬프	**Nếu cần sự giúp đỡ, cứ nhờ tôi bất cứ lúc nào.** 네우 껀 쓰 즙 더 끄 녀 또이 벗 끄 룩 나오
도움이 필요하면 알려 주세요. Let me know if you need any help. 렛 미 노우 이퓨 니드 에니 헬프	**Nếu cần sự giúp đỡ hãy nói cho tôi biết.** 네우 껀 쓰 즙 더 하이 노이 쪼 또이 비엣

기꺼이 도와드리죠. I'd love to help. 아두 러브 투 헬프	**Rất vui được giúp đỡ mà.** 젓 부이 드억 즙 더 마
오늘 시간 있으세요? Do you have time today? 두 유 해브 타임 투데이	**Hôm nay anh có thời gian không?** 홈 나이 아잉 꼬 터이 쟌 콩
미안해요. 안 되겠어요. I'm sorry, but I can't. 아엠 쏘리 밧 아이 캔트	**Xin lỗi mà Không được.** 씬 로이 마 콩 드억
없어요. I don't have. 아이 돈 해브	**Không có.** 콩 꼬
아직 모르겠어요. I don't know yet. 아이 돈 노우 옛	**Tôi vẫn chưa biết.** 또이 번 쯔어 비엣
그건 조금 어렵겠네요. I'm afraid that's impossible. 아임 어프레이드 댓츠 임파스블	**Điều đó hơi khó.** 디우 도 허이 코
미안해요. 지금 좀 바빠요. I'm sorry. I'm a little busy right now. 아임 쏘리 아임 어 리들 비지 라잇 나우	**Xin lỗi. Bây giờ tôi hơi bận.** 씬 로이 버이 져 또이 허이 번

6. 질문 · 대답

좀 여쭤 볼게요. May I ask you a question? 메이 아이 에스큐 어 퀘스천	**Cho tôi hỏi một chút.** 쪼 또이 호이 못 쭛
물어볼 것이 있어요. I need to ask you something. 아이 니드 투 에스큐 썸씽	**Tôi có điều muốn hỏi.** 또이 꼬 디우 무온 호이
질문 있어요? Do you have any questions? 두 유 햅 에니 퀘스천	**Có câu hỏi không?** 꼬 꺼우 호이 콩
사적인 질문 하나 해도 돼요? Can I ask you a personal question? 캔 아이 에스큐 어 퍼스널 퀘스천	**Tôi có hỏi một câu hỏi riêng tư được không?** 또이 꼬 호이 못 꺼우 호이 지엥 뜨 드억 콩
아니요. No, I don't. 노우 아이 돈트	**Không ạ.** 콩 아
뭐라 답변해야 할지 모르겠네요. I don't know how to respond. 아이 돈 노우 하우 투 리스펀드	**Tôi không biết trả lời thế nào.** 또이 콩 비엣 짜 러이 테 나오

더는 묻지 마세요. Don't ask for any more details. 돈 에스크 포 에니 모어 디테일즈	**Xin đừng hỏi thêm nữa.** 씬 등 호이 템 느어
말하지 않겠습니다. I can't say. 아이 캔트 세이	**Tôi sẽ không nói nữa.** 또이 쎄 콩 노이 느어
이해가 돼요? Are you following me? 아류 팔로잉 미	**Có hiểu không?** 꼬 히우 콩
이해가 안 돼요. I don't understand. 아이 돈 언더스텐드	**Tôi không hiểu.** 또이 콩 히우
구체적으로 답변해 주세요. Could you be more specific? 쿠쥬 비 모어 스페시픽	**Xin hãy trả lời một cách cụ thể.** 씬 하이 짜 러이 못 까익 꾸 테
다른 말로 설명해 주세요. Could you explain that in different words? 쿠쥬 엑스플랜 댓 인 디퍼런트 워드즈	**Xin hãy giải thích bằng cách khác.** 씬 하이 쟈이 틱 방 까익 칵
뭐라고 하셨죠? What did you say? 왓 디쥬 세이	**Anh bảo gì?** 아잉 바오 지
잘 알아듣지 못했어요. I'm sorry, I didn't get that. 아임 쏘리 아이 디든 겟 댓	**Tôi không hiểu rõ.** 또이 콩 히우 조

다시 말씀해 주세요. Please say that again. 플리즈 세이 댓 어겐	**Xin hãy nói lại.** 씬 하이 노이 라이
이건 무슨 뜻이에요? What does this mean? 왓 더즈 디스 민	**Cái này có nghĩa là gì?** 까이 나이 꼬 응이어 라 지
무슨 말을 하는 거예요? What are you saying? 왓 아류 세잉	**Anh nói gì thế?** 아잉 노이 지 테 = Chị nói gì thế? 찌 노이 지 테
이건 베트남말로 뭐라고 해요? What's the Vietnamese called? 왓츠 더 비에드미 콜드	**Cái này tiếng Việt gọi là gì?** 까이 나이 띵 비엣 고이 라 지
질문 있으면 손을 드세요. Please raise your hand if you have a question. 플리즈 레이즈 유어 핸드 이퓨 해버 퀘스쳔	**Nếu có câu hỏi xin hãy giơ tay.** 네우 꼬 꺼우 호이 씬 하이 져 따이
답변을 해 주세요. Please answer the question. 플리즈 앤써 더 퀘스쳔	**Xin hãy giải đáp.** 씬 하이 쟈이 답
그게 어디에 있지요? Where is it? 웨어 이즈 잇	**Cái này ở đâu nhỉ?** 까이 나이 어 더우 니

여기 있어요. Here it is. 히어 잇 이즈	**Ở đây.** 어 더이
화장실은 어디예요? Would you tell me where the restroom is? 우쥬 텔 미 웨어 더 레스트룸 이즈	**Nhà vệ sinh ở đâu?** 냐 베 씽 어 더우
그곳은 어디에 있어요? Could you tell me where it is? 쿠쥬 텔 미 웨어 잇 이즈	**Chỗ đó ở đâu?** 쪼 도 어 더우
몇 시에 문을 열어요? What time do you open? 왓 타임 두 유 오픈	**Mở cửa lúc mấy giờ?** 머 끄어 룩 머이 져
아침 열 시에 열어요. We open at ten in the morning. 위 오픈 앳 텐 인 더 모닝	**Mở cửa lúc 10 giờ sáng.** 머 끄어 룩 므어이 져 쌍
몇 시에 문을 닫아요? When do you close? 웬 두 유 클로즈	**Đóng cửa lúc mấy giờ?** 동 끄어 룩 머이 져
저녁 여덟 시에 닫아요. We close at eight in the evening. 위 클로즈 앳 에잇 인 디 이브닝	**Đóng cửa lúc 8 giờ tối.** 동 끄어 룩 땀 져 또이
이건 뭐예요? What's this? 왓츠 디스	**Cái này là cái gì?** 까이 나이 라 까이 지

이것은 어떻게 사용해요? How do you use this? 하우 두 유 유즈 디스	**Cái này sử dụng thế nào?** 까이 나이 쓰 중 테 나오
여기 자리 있어요? Is this seat taken? 이즈 디스 씨트 테이큰	**Ở đây có chỗ không?** 어 더이 꼬 쪼 콩
토요일에도 문을 열어요? Are you open on Saturdays? 아류 오픈 온 세러데이	**Thứ bảy cũng mở cửa à?** 트 바이 꿍 머 끄어 아
누구에게 여쭤 볼까요? Who should I ask? 후 슈드 아이 에스크	**Hỏi ai nhỉ?** 호이 아이 니
뭐라고 이야기할까요? What should I say? 왓 슈드 아이 세이	**Nói thế nào nhỉ?** 노이 테 나오 니
그것을 어떻게 말해야 할까요? How do I put this? 하우 두 아이 풋 디스	**Cái đó phải nói thế nào nhỉ?** 까이 도 파이 노이 테 나오 니
안 들려요. 크게 말씀해 주세요. I can't hear you. Please speak up. 아이 캔트 히얼 유 플리즈 스피크 업	**Không nghe được. Hãy nói to lên.** 콩 응예 드억 하이 노이 또 렌

7. 말 걸기 · 재촉

* 말 걸기 *

저기요. Excuse me. 익스큐즈 미	**A Này.** 아 나이
이봐. Hey. 헤이	**Xem này.** 쎔 나이
잠깐만요. Just a moment. 저스트 어 모우먼트	**Đợi chút.** 더이 쭛
제 말 좀 들어 보세요. Please listen to me. 플리즈 리슨 투 미	**Hãy nghe tôi nói.** 하이 응예 또이 노이
네, 듣고 있어요. Yes, I'm listening. 예스 아임 리스닝	**Vâng, tôi đang nghe.** 벙, 또이 당 응예
제 말을 들어 보세요. Listen to me. 리슨 투 미	**Hãy nghe lời tôi.** 하이 응예 러이 또이
저 급해요. I'm in a hurry. 아임 인 어 허리	**Tôi vội lắm.** 또이 보이 람

제발 말해 봐요.
Please tell me.
플리즈 텔 미

Xin hãy nói đi.
씬 하이 노이 디

＊ 재촉 ＊

너무 재촉하지 마세요.
Don't rush me.
돈 러쉬 미

Đừng thúc giục quá.
등 툭 죽 꽈

그렇게 조급해 하지 마세요.
There's no rush.
데얼즈 노우 러쉬

Đừng vội vàng như thế.
등 보이 방 뉴 테

시간이 많지 않아요.
We don't have much time.
위 돈 해브 머치 타임

Không có nhiều thời gian.
콩 꼬 니우 터이 쟌

늦었어요!
I'm late!.
아임 레이트

Muộn rồi!
무온 조이

우리 늦을 것 같아요.
I think we're going to be late.
아이 땡크 위아 고잉 투 비 레이트

Hình như chúng ta muộn rồi.
힝 뉴 쭝 따 무온 조이

서두르세요.
Hurry up. 허리 업

Mau lên.
마우 렌

서두를 필요 없어요.
There's no need to hurry.
데얼즈 노우 니드 투 허리

Chúng ta không cần vội vã đâu.
쭝 따 콩 껀 보이 바 더우

8. 자기 소개

* 신상을 말할 때 *

고향은 어디십니까? Where is your hometown? 웨어 이즈 유어 홈타운	**Quê hương anh ở đâu?** 꿰 흐엉 아잉 어 더우 = Quê hương chị ở đâu? 꿰 흐엉 찌 어 더우
생일이 언제예요? When is your birthday? 웬 이즈 유어 버쓰데이	**Khi nào là sinh nhật anh?** 키 나오 라 씽 녓 아잉
나이가 어떻게 되세요? May I ask how old you are? 메아이 에스크 하우 올드 유 아	**Anh / Chi bao nhiêu tuổi?** 아잉 / 찌 바오 니우 뚜오이
30대 초반입니다. I'm in my early thirties. 아임 인 마이 얼리 써티즈	**Tôi hơn 30 tuổi.** 또이 헌 바 므어이 뚜오이
저는 올해 서른 살이에요. I'm 30 years old. 아임 써티 이얼즈 올드	**Năm nay, tôi 30 tuổi.** 남 나이 또이 바 므어이 뚜오이
동갑이네요. We're the same age. 위아 더 세임 에이지	**Chúng ta bằng tuổi nhau.** 쭝 따 방 뚜오이 냐우
몇 년생이세요? What year were you born? 왓 이얼 워 본	**Anh sinh năm bao nhiêu?** 아잉 씽 남 바오 니우

저보다 한 살 어리군요.
You are a year younger than I am.
유아 어 이얼 영거 댄 아엠

Trẻ hơn tôi 1 tuổi.
쩨 헌 또이 못 뚜오이

저보다 세 살 형이네요.
You are more than you three old years.
유 아 모아 댄 유 쓰리 올드 이얼즈

Anh nhiêu hơn em 3 tuổi.
아잉 니우 헌 앰 바 뚜오이

나이에 비해 어려 보여요.
You look young for your age.
유 룩 영 포 유어 에이지

Trông trẻ hơn so với tuổi.
쫑 쩨 헌 쏘 버이 뚜오이

나이처럼 보이지 않아요.
You don't look your age.
유 돈 룩 유어 에이지

Trông không đến tuổi đó.
쫑 콩 덴 뚜오이 도

키가 몇이에요?
How tall are you?
하우 톨 아류

Chiều cao bao nhiêu?
찌우 까오 바오 니우

키가 크시네요.
You're tall.
유아 톨

Cao nhỉ.
까오 니

몸무게가 늘었어요.
I gained weight.
아이 게인드 웨이트

Đã tăng cân.
다 땅 껀

살을 좀 빼야겠어요.
I need to lose weight.
아이 니드 투 로즈 웨이트

Phải giảm cân một chút.
파이 잠 껀 못 쭛

살이 좀 빠진 것 같아요. I think I've lost weight. 아이 팅크 아이브 로스트 웨이트	**Hình như đã giảm cân một chút.** 힝 뉴 다 쟘 껀 못 쭛
뚱뚱해요. Fat. 팻	**Béo.** 베오
날씬해요. Thin. 씬	**Mảnh dẻ.** 마잉 제

* 성향을 말할 때 *

당신의 성격은 어떻습니까? How would you describe your personality? 하우 우쥬 디스크라브 유어 퍼스털티	**Tính cách của anh thế nào?** 띵 까익 꾸어 아잉 테 나오
저는 낙천적인 편입니다. I'm an optimistic person. 아임 언 업티미스틱 퍼슨	**Tôi thuộc diện lạc quan.** 또이 투옥 지엔 락 꾸안
활동적인 편이에요. I'm an active person. 아임 언 액티브 퍼슨	**Thuộc diện thích hoạt động.** 투옥 지엔 틱 홧 동
적극적이에요. I'm very outgoing. 아임 베리 아웃고잉	**Thuộc diện tích cực.** 투옥 지엔 띡 끅
유머 감각이 뛰어난 편이에요. I have a good sense of humor. 아이 해버 굿 센스 오브 유머	**Thuộc diện có năng khiếu hài hước nổi bật.** 투억 지엔 꼬낭 키우 하이 흐억 노이 벗

결단력이 있는 편이죠. I'm a go-getter. 아임 어 고 게더	**Thuộc diện có tính quyết đoán.** 투옥 지엔 꼬 띵 꾸옛 도안
사교적이에요. I'm a social person. 아임 어 소셜 퍼슨	**Thuộc diện quảng giao dễ kết bạn.** 투옥 지엔 꽝 쟈오 제 껫 반
좀 수다스러워요. I'm a chatterbox. 아임 어 채러박스	**Thuộc diện hay nói.** 투옥 지엔 하이 노이
말이 없어요. I'm a person of few words. 아임 어 퍼슨 오브 퓨 워드즈	**Ít nói.** 잇 노이
내성적이에요. I'm a quiet person. 아임 어 콰이어트 퍼슨	**Có tính lạnh lùng.** 꼬 띵 라잉 룽
성격이 급해요. I'm an impatient person. 아임 언 임패이션 퍼슨	**Tính cách nóng vội.** 띵 까익 농 보이
좀 다혈질이에요. I have a bit of a temper. 아이 해버 빗 오브 어 템퍼	**Hơi nóng nảy.** 허이 농 나이
이성적이라는 이야기를 많이 들어요. I've been told that I'm a reasonable person. 아이브 빈 톨드 댓 아임 어 리즌어블 퍼슨	**Nghe nói nhiều rằng anh rất lý trí.** 응예 노이 니우 장 아잉 젓 리 찌

9. 행동 · 지시

* 안내할 때 *

이리 와요. Come here. 컴 히어	**Lại đây.** 라이 더이
앉으세요. Sit down. 씻 다운	**Mời ngồi ạ.** 머이 응오이 아
안으로 들어오세요. Come inside. 컴 인싸이드	**Mời đi vào trong.** 머이 디 바오 쫑
이리 오십시오. Come this way. 컴 디스 웨이	**Xin mời lại đây ạ.** 씬 머이 라이 더이 아
앞으로 나와요. Come to the front. 컴 투 더 프런트	**Hãy đi lên phía trước.** 하이 디 렌 피어 쯔억
저리 가요. Get away from me. 겟 어웨이 프럼 미	**Đi ra đằng kia.** 디 자 당 끼어
잠깐만요. Wait. 웨잇	**Đợi một chút.** 더이 못 쭛

＊ 주의사항 ＊

비켜 주세요.
Could you please get out of the way?
쿠쥬 플리즈 겟 아웃 업 더 웨이

Xin hãy tránh ra.
씬 하이 짜잉 자

직접 가져가세요.
Help yourself.
헬프 유어셀프

Hãy trực tiếp mang đi.
하이 쯕 띠엡 망 디

떨어지려고 해요.
It's about to fall.
잇츠 어바웃 투 폴

Nó chực rơi ra.
노 쯕 저이 자

차 세워요.
Pull over.
풀 오버

Đỗ xe lại.
도 쎄 라이

조심하세요.
Be careful.
비 케어풀

Cẩn thận.
껀 턴

mini 회화

A : 계단 조심해요.
Chú ý cầu thang.
쭈 이 꺼우 탕

B : 네, 미끄럽네요. 고마워요.
Vâng, trơn quá, cảm ơn.
벙, 쩐 꽈, 깜 언

10. 숫자 · 시각 · 시간 · 날짜 · 날씨

* 숫자 *

여기 다섯 명 있어요.
We've got five people here.
위브 갓 파이브 피플 히어

Ở đây có 5 người.
어 더이 꼬 남 응어이

이거 두 개 주세요.
I'll have two of these, please.
아일 햅 투 업 디즈, 플리즈

Cho tôi 2 cái này.
쪼 또이 하이 까이 나이

중국 인구는 십삼억 명이 넘었죠 .
The population in China is over one point three billion.
더 파퓰레이션 인 차이나 이즈 오버 원 포인트 쓰리 빌리언

Dân số Trung Quốc vượt quá một tỷ ba trăm triệu người.
전 쏘 쭝 꿕 브엇 꽈 못 띠 바 짬 찌우 응어이

* 시각 *

몇 시에 갈까요?
What time should I be there?
왓 타임 슈드 아이 비 데어

Mấy giờ đi nhỉ?
머이 져 디 니

죄송하지만, 저는 시계가 없어요.
I'm sorry, I don't have a watch.
아임 쏘리, 아이 돈 햅 어 워치

Xin lỗi nhưng tôi không có đồng hồ.
씬 로이 늉 또이 콩 꼬 동 호

시간

시간이 참 안 가네요.
It feels like it's been hours.
잇 필스 라익 잇츠 빈 아워즈

Thời gian chẳng trôi gì cả.
터이 쟌 짱 쪼이 지 까

한국과 시차가 얼마예요?
What's the time difference with Korea?
왓츠 더 타임 디퍼런스 윗 코리아

Múi giờ chênh với Hàn Quốc là bao nhiêu nhỉ?
무이 져 쩨잉 버이 한 꿕 라 바오 니우 니

시간 좀 벌었네요.
We've bought some time.
윕 보웃 썸 타임

Dôi ra được một chút thời gian.
조이 자 드억 못 쭛 터이 쟌

세 시간 동안 기다렸어요.
I've been waiting for three hours.
아입 빈 웨이팅 포 쓰리 아워즈

Tôi đã đợi trong 3 tiếng.
또이 다 더이 쫑 바 띠엥

날짜 · 요일

오늘이 음력 며칠이지요?
What day is it on the lunar calendar today?
왓 데잇 이즈 잇 온 더 루너 캘린더 트데이

Hôm nay âm lịch là ngày bao nhiêu?
홈 나이 엄 릭 라 응아이 바오 니우

이번 주 토요일에 시간 있어요?
Do you have time this Saturday?
두유 햅 타임 디스 쌔터데이

thứ bảy tuần này anh có thời gian không?
트 바이 뚜언 나이 아잉 꼬 터이 쟌 콩

* 날씨 *	
오늘 기온이 몇 도예요? What temperature is it today? 왓 템퍼레처 이즈 잇 트데이	**Hôm nay nhiệt độ là bao nhiêu độ?** 홈 나이 니엣 도 라 바오 니우 도
바람이 많이 불어요. It's windy. 잇츠 윈디	**Gió thổi nhiều.** 죠 토이 니우
무척 더워요. It's really hot. 잇츠 리얼리 핫	**Rất nóng.** 젓 농
밖은 조금 쌀쌀합니다. It's a little chilly outside. 잇츠 어 리들 칠리 아웃사이드	**Mùa xuân đã tới.** 무어 쑤언 다 떠이
함박눈이 와요. Heavy snow is falling. 헤비 스노우 이즈 폴링	**Có bông tuyết rơi.** 또 봉 뚜옛 저이
봄이 왔어요. Spring has come. 스프링 해즈 컴	**Mùa xuân đã tới.** 무어 쑤언 다 떠이

비행기 탑승
Lên máy bay

1. 출국 심사

*** 항공권 예약 ***

방콕행 비행기를 예약하고 싶어요. I'd like to book a flight to Bangkok. 아잇 라익 투 북 어 플라잇 투 방콕	**Tôi muốn đặt vé chuyến đi Băng Cốc.** 또이 무온 닷 베 쭈옌 디 방 꼭
일반석으로 부탁해요. Economy, please. 이코노미, 플리즈	**Tôi đề nghị hạng ghế thường.** 또이 데 응이 항 게 트엉
요금이 얼마죠? How much is the fare? 하우 머치 이즈 더 페어?	**Giá vé là bao nhiêu?** 쟈 베 라 바오 니우?
도착 시각은 언제예요? What is the arrival time? 왓 이즈 디 어라이벌 타임?	**Giờ đến thế nào?** 져 덴 테 나오
예약을 확인하고 싶어요. I'd like to confirm my reservation. 아잇 라익 투 컨펌 마이 레저베이션	**Tôi muốn xác nhận đặt chỗ.** 또이 무온 싹 년 닷 쪼

예약을 변경하고 싶어요.
I'd like to change my reservation.
아잇 라익 투 체인지 마이 레저베이션

Tôi muốn thay đổi vé đặt.
또이 무온 타이 도이 베 닷

* 요금 문의 *

어린이는 어떻게 계산해요?
How much is the fare for children?
하우 머치 이즈 더 페어 포 췰드런

Trẻ em thì tính tiền thế nào?
쩨 엠 티 띵 띠엔 테 나오

더 싼 티켓이 있어요?
Is there a cheaper ticket?
이즈 데어 어 치퍼 티켓

Có vé rẻ hơn không?
꼬 베 제 헌 콩

왕복 티켓은 얼마죠?
How much is a round ticket?
하우 머치 이즈 어 라운드 티켓

Vé khứ hồi bao nhiêu tiền?
베 크 호이 바오 니우 띠엔

* 예약확인 · 변경 · 발권 *

예약이 확인됐습니다.
Your reservation is confirmed.
유어 레저베이션 이즈 컨펌드

Đã xác nhận giữ chỗ rồi.
다 싹 년 즈 쪼 조이

탑승은 언제부터 하나요?
When does the boarding start?
웬 더즈 더 보딩 스타트

Từ khi nào sẽ cho lên máy bay?
뜨 키 나오 쎄 쪼 렌 마이 바이

비행기를 취소해야겠어요.
I need to cancel my flight.
아이 닛 투 캔슬 마이 플라잇

Sẽ phải hủy chuyến bay.
쎄 파이 휘 쭈옌 바이

항공권을 바꾸고 싶어요. 자리가 있어요?
I'd like to change my ticket. Are there any seats left?
아잇 라익 투 체인지 마이 티켓. 아 데어 애니 씨츠 레프트

Tôi muốn đổi vé máy bay. Có chỗ không?
또이 무온 도이 베 마이 바이. 꼬 쪼 콩

마일리지를 적립해 주세요.
Please add it to my mileage points.
플리즈 애드 잇 투 마이 마일리지 포인츠

Hãy tích điểm dặm bay cho tôi.
하이 띡 디엠 잠 바이 쪼 또이

이 짐을 부쳐 주세요.
I want to check this piece of luggage.
아이 원 투 첵 디스 피스 업 러기지

Hãy gửi hành lý này cho tôi.
하이 그이 하잉 리 나이 쪼 또이

이것을 기내로 가져갈 수 있어요?
Can I take this on the plane?
캔 아이 테익 디스 온 더 플레인

Cái này có mang vào máy bay được không?
까이 나이 꼬 망 바오 마이 바이 드억 콩

* 수화물 접수 *

맡길게요.
I'll check my bag.
아일 첵 마이 백

Tôi sẽ gửi.
또이 쎄 그이

이 짐을 부쳐 주세요.
I want to check this piece of luggage.
아이 원 투 첵 디스 피스 업 러기지

Hãy gửi hành lý này cho tôi.
하이 그이 하잉 리 나이 쪼 또이

이쪽으로 짐을 올려 주세요. Please put your luggage here. 플리즈 풋 유어 러기지 히어	**Hãy đưa hành lý lên chỗ này.** 하이 드어 하잉 리 렌 쪼 나이
무게 제한이 얼마인가요? What's the weight limit? 왓츠 더 웨잇 리밋	**Hạn chế cân nặng là bao nhiêu?** 한 쩨 껀 낭 라 바오 니에우
짐을 저울에 올려 주세요. Please put your luggage on the scale. 플리즈 풋 유어 러기지 온 더 스케일	**Hãy đưa hành lý lên cân.** 하이 드어 하잉 리 렌 껀
추가 운임을 내야 해요? Do I have to pay additional charges? 두 아이 햅 투 페이 어디셔널 차지스	**Tôi có phải trả cước phí thêm không?** 또이 꼬 파이 짜 끄억 피 템 콩
이것을 기내로 가져갈 수 있어요? Can I take this on the plane? 캔 아이 테익 디스 온 더 플레인	**Cái này có mang vào máy bay được không?** 까이 나이 꼬 망 바오 마이 바이 드억 콩

mini 회화

A: 부칠 짐이 있어요?

Có hành lý cần gửi không ạ?

꼬 하잉 리 껀 그이 콩 아?

B: 가방이 두 개 있어요.

Vâng tôi có 2 va ly.

벙 또이 꼬 하이 바 리

2. 좌석 찾기

* 좌석 안내 *	
탑승권을 보여 주시겠습니까? Would you show me your boarding pass, please. 우쥬 쇼 미 유어 보딩 패스 플리즈	**Xin cho xem thẻ lên máy bay.** 씬 쪼 쎔 테 렌 마이 바이
네, 여기 있습니다. Yes, Here you are. 예스 히어 유아	**Vâng, đây ạ.** 벙 더이 아
제 좌석을 가르쳐 주시겠습니까? Can you direct me to my seat, please. 캔 유 드랙트 미 투 마이 시트 플리즈	**Có thể hướng dẫn tôi đến chỗ ngồl được không?** 꼬 테 흐엉 전 또이 덴 쪼 응오이 드억 콩
감사합니다. Thank you very much. 땡큐 베리 머치	**Xin cảm ơn.** 씬 깜 언

TIP

'Đây ạ. 더이 아 (여기 있습니다.)'라는 표현은 사람과 물건을 건네줄 때 사용되는 상용어입니다. 'Đây rồi. 더이 조이'는 누군가가 찾고 있는 데 그것이 발견되지 않을 때 'Ồ, đây rồi ! 오 더이 조이'라고 표현합니다. 'Đến rồi. 덴 조이 (도착했습니다)'와 혼동하지 않도록 주의해야 됩니다.

저기 창 쪽입니다. Your seat is right over there by the window. 유어 시트 이즈 라잇 오버 데아 바이 더 윈도우	**Chỗ của quý khách ngay ở kia, bên cạnh cửa sổ ạ.** 쪼 꾸어 뀌 캍 응아이 어 끼어 벤 까잉 끄어 쏘 아
좌석을 찾아드릴까요? May I help you find your seat? 메아이 헬퓨 파인드 유어 시트	**Tôi giúp quý khách tìm chỗ ngồi nhé.** 또이 줍 뀌 캍 띰 쪼 응오이 녜
네, 부탁합니다. Yes, please. 예스 플리즈	**Vâng, xin cảm ơn.** 벙 씬 깜 언
뒤쪽으로 곧장 두 번째 구획에 가시면 왼쪽에 있습니다. Would you please go straight back to the second section? 우쥬 플리즈 고 스트라이트 백 투 더 세컨드 섹션 Your seat is on the left. 유어 시트 이즈 온 더 레프트	**Xin vui lòng đi thẳng đến khu thứ hai.** 씬 부이 롱 디 탕 덴 쿠 트 하이 **Chỗ của quý khách ở bên trái.** 쪼 꾸어 뀌 캍 어 벤 짜이
이쪽으로 오십시오. 손님 좌석은 저쪽 통로입니다. This way, please your seat is right over there on the aisle. 디스 웨이 플리즈 유어 시트 이즈 라잇 오버 데어 온 디 아일	**Bên này ạ, ngay ở kia, chỗ lối đi.** 벤 나이 아 응아이 어 끼어 쪼 로이 디
지나가겠습니다. Excuse me. I need to get through. 익스큐즈 미 아이 니드 투 겟 쓰루	**Cho tôi đi qua.** 쪼 또이 디 꽈

죄송합니다. 자리를 바꿀 수 없습니다. Sorry, sir. That's not the case. 쏘리 써 댓츠 낫 더 케이스	**Xin lỗi, không thể đổi chỗ được ạ.** 씬 로이 콩 테 도이 쪼 드억 아
저랑 자리를 바꾸실래요? Would you like to change seats with me? 우쥬 라익 투 체인지 시츠 위드 미	**Đổi chỗ cho tôi được không?** 도이 쪼 쪼 또이 드억 콩
다른 빈자리가 있어요? Is there another empty seat? 이즈 데어 어너더 엠티 시트	**Có chỗ trống nào khác không?** 꼬 쪼 쫑 나오 칵 콩
복도 쪽 자리로 바꿔 주세요. I want to move to an aisle seat. 아이 원 투 무브 투 언 아일 시트	**Hãy đổi sang chỗ phía lối đi cho tôi.** 하이 도이 쌍 쪼 피어 로이 디 쪼 또이
창 쪽 자리로 바꿀 수 있을까요? Can I move to a window seat? 캔 아이 무브 투 어 윈도우 시트	**Tôi có thể đổi sang chỗ phía cửa sổ được không?** 또이 꼬 테 도이 쌍 쪼 피어 끄어 쏘 드억 콩
실례합니다. 여기는 제 자리예요. Excuse me. I think this is my seat. 익스큐즈 미 아이 씽크 디스 이즈 마이 시트	**Xin lỗi. Đây là chỗ của tôi thì phải.** 씬 로이 더이 라 쪼 꾸어 또이 티 파이

3. 기내 서비스

* 식사 *	
부르셨습니까? 무엇을 도와드릴까요? Did you call me? What can I do for you, sir? 디쥬 콜 미 왓 캔 아이 포 유 써	**Quý khách gọi tôi phải không ạ?** 뀌 칼 고이 또이 파이 콩 아
어떤 음료로 하시겠어요? What would you like to drink? 왓 우쥬 라익 투 드링크	**Quí khách dùng đồ uống gì ạ?** 뀌 칼 중 도 우옹 지 아 = Quý khách muốn uống gì ạ? 뀌 칼 무온 우웅 지 아
뭐가 있죠? What do you have? 왓 두 유 해브	**Có cái gì ạ?** 꼬 까이 지 아
주스, 탄산음료 그리고 물이 있습니다. We have juice, soda and water. 위 해브 주스 소다 앤 워터	**Nước quả, đồ uống có ga và nước ạ.** 느억 꽈 도 우옹 꼬 가 바 느억 아

TIP

비행기가 이륙하면 기내에는 'Cấm hút thuốc 껌 훗 투옥' 'Cài dây an toàn 까이 저이 안 또안'라는 사인이 꺼지고, 승객은 시트를 눕혀서 'Ngã lưng ghế ra sau 응아 릉 게 자 사우' 편안한 자세를 취할 수 있다. 스튜어디스가 커피, 홍차, 간단한 다과류를 서비스 한 뒤에도 목이 마를 때에는 스튜어디스를 불러서, 필요한 드링크(nước ngọt 느윽 응옷)를 무료로 마실 수 있다.

주스 주세요. Juice, please. 주스 플리즈	**Cho tôi nước quả.** 쪼 또이 느억 꽈
커피 좀 주십시오. Please give me some coffee. 플리즈 깁 미 섬 커피	**Xin vui lòng cho tôi cà phê.** 씬 부이 롱 쪼 또이 까 페
크림과 설탕을 부탁합니다. Cream and sugar, please. 크림 앤 슈거 플리즈	**Kem và đường luôn nhé.** 껨 바 드엉 루온 녜
탄산음료 주세요. Soda, please. 소다 플리즈	**Cho tôi đồ uống có ga.** 쪼 또이 도 우옹 꼬 가
잠깐만요. **곧 갖다 드리겠습니다.** Just a moment, please. 저스터 모우먼트 플리즈 I'll bring it right away, sir? 아윌 브링 잇 라잇 어웨어 써	**Xin vui lòng chờ một chút.** 씬 부이 롱 쩌 못 쭛 **Tôi sẽ mang đến ngay.** 또이 쎄 망 덴 응아이
마실 것을 드릴까요? Would you like something to drink? 우쥬 라익 섬씽 투 드링크	**Quý khách có muốn uống gì không ạ?** 뀌 칻 꼬 무온 우옹 지 콩 아
마실 것을 좀 주시겠습니까? May I have something to drink? 메아이 해브 섬씽 투 드링크	**Có thể cho tôi chút gì để uống không ạ?** 꼬 테 쪼 또이 쭛 지 데 우옹 콩 아
그럼요. Of course, sir. 어브 코스 써	**Vâng ạ.** 벙 아

물론이죠. 무료로 커피와 알코올성 음료가 있습니다. 무엇을 드시겠습니까? Sure. We have complimentary coffee and alcoholic beverages. 슈어 위 해브 컴플이먼티리 커피 앤 알콜닉 베버리지 What would you like? 왓 우쥬 라익	**Vâng.** **Có cà phê và thức uống có cồn.** 벙 꼬 까 페 바 특 우웅 꼬 꼰 **Quý khách uống gì ạ?** 뀌 칼 우웅 지 아
와인 한 잔 주세요. I'd like to have a glass of wine, please. 아이두 라익 투 해버 글라스 어브 와인 플리즈	**Xin cho tôi rượu.** 씬 쪼 또이 즈어우
식사는 언제 나와요? When will meals be served? 웬 윌 밀스 비 서브드	**Khi nào đến giờ ăn.** 키 나오 덴 져 안
식사할 때 깨워 주세요. Would you wake me up for meal time? 우쥬 웨익 미 업 포 밀 타임	**Khi đến giờ ăn, hãy đánh thức tôi dậy nhé.** 키 덴 져 안 하이 다잉 특 또이 저이 녜

TIP

음료수를 내가 주문할 때 'Có thể cho tôi chút gì để uống không ạ? 꼬 테 쪼 또이 쭛 지 데 우웅 콩 아' 또는 'Có gì để uống không ạ? 꼬 지 데 우웅 콩 아' 혹은 'Tôi muốn uống nước. 또이 무온 우웅 느억' 라는 표현을 기억해 두면 아주 편리하다.

식사 준비가 되면 깨워 주세요. Please wake me up when dinner is ready. 플리즈 웨익 미 업 웬 디너 이즈 레이디	**Khi bữa ăn tối sẵn sàng xin vui lòng đánh thức tôi nhé.** 키 브어 안 또이 싼쌍 씬 부이 롱 다잉 특 또이 녜
쇠고기로 하겠습니다. I'd like the beef, please. 아이두 라익 더 비프 플리즈	**Xin cho tôi món thịt bò.** 씬 쪼 또이 몬 팃 보
쇠고기와 생선 중 어느 것을 드릴까요? Would you like beef or fish? 우쥬 라익 비프 오어 피쉬	**Có thịt bò và cá, quí khách muốn dùng gì ạ?** 꼬 팃 보 바 까 뀌 칼 무온 중 지 아
생선으로 주세요. Fish, please. 피쉬 플리즈	**Cho tôi cá.** 쪼 또이 까
트레이 테이블을 열어 주십시오. Please open your tray table. 플리즈 오픈 유어 츄레이 테이블	**Xin hãy mở khay ra.** 씬 하이 머 카이 자
닭고기를 주문하셨죠? Sir, I believe you ordered chicken? 써 아이 빌리브 유 오더드 치킨	**Ông đã gọi món thịt gà phải không ạ?** 옹 다 고이 몬 팃 가 파이 콩 아
다이어트 특별 식사를 주문했는데요. I ordered a special diet meal. 아이 오더드 어 스페셜 다이어트 밀	**Tôi đã gọi thức ăn kiêng đặc biệt.** 또이 다 고이 특 안 끼엥 닥 비엣

포크가 떨어졌어요. 하나 더 주세요. I dropped my fork. 아이 드럽드 마이 포크 Could I have another one? 쿠드 아이 해브 어너더 원	**Nĩa bị rơi, cho tôi thêm một cái nữa.** 니어 비 저이 쪼 또이 템 못 까이 느어
샌드위치와 초콜릿이 있습니다. 무엇으로 드시겠습니까? We have sandwich and chocolate. 위 해브 샌드위치 앤 초코릿 What would you like, sir? 왓 우쥬 라익 써	**Có bánh sandwich và sô-cô-la.** 꼬 반 샌드위치 바 소-꼬-라 **Quý khách dùng gì ạ?** 꿔 캍 중 지 아
다이어트 중입니다. No thank you. I'm on a diet. 노우 땡큐 아임 온 어 다이어트	**Tôi đang ăn kiêng.** 또이 당 안 끼엥
식사 다 하셨습니까? Do you have finished your dinner, sir? 두 유 해브 피니쉬드 유어 디너 써	**Quý khách đã dùng bữa xong chưa ạ?** 꿔 캍 다 중 브어 쏭 쯔어 아
네, 잘 먹었습니다. 음식이 따뜻하고 맛있었습니다. Yes, I enjoyed it very much. 예스 아이 인조이드 잇 베리 머치 The food was hot and delicious. 더 푸드 워즈 핫 앤 딜리셔스	**Vâng, tôi rất thích.** 벙 또이 젓 틱 **Thức ăn nóng và ngon lắm.** 특 안 농 바 응온 람

실례합니다.
Excuse me. 익스큐즈 미

Xin lỗi.
씬 로이

네, 무엇을 도와 드릴까요?
Yes, sir. May I help you?
예스 써 메아이 헬퓨

Vâng, quý khách cần gì ạ?
벙 뀌 칵 껀 지 아

* 기내휴식 *

잠깐 자고 싶은데요.
모포를 좀 주시겠어요?
I'd like to take a nap.
아이두 라익 투 테이커 넵
May I have a blanket, please?
메아이 해버 블랭킷 플리즈

Tôi muốn ngủ một chút.
또이 무온 응우 못 쭛

Có thể cho Tôi một cái mền được không?
꼬 테 쪼 또이 못 까이 멘 드억 콩

모포가 좀 필요한데요.
I need a blanket, please.
아이 니드 어 블랭킷 플리즈

Xin vui lòng cho tôi một cái mền.
씬 부이 롱 쪼 또이 못 까이 멘

TIP

기내에서 수면을 취하고 싶을 때 의자 손잡이 가까이에 부착되어 있는 단추를 눌러 승무원을 불러 베게, 모포 등을 부탁하는 것이 좋다.
이 경우 승객은 'Có thể cho tôi một cái mền được không? 꼬 테 쪼 또이 못 까이 멘 드억 콩'라고 말하면 'Vâng, đây ạ. 벙 더이 아' 라고 말하면 모포와 베게를 갖다 준다. 특별히 베게만 부탁할 때는 'Có thể cho tôi một cái gối được không? 꼬 테 쪼 또이 못 까이 고이 드억 콩' 라고 표현한다.
'Quý khách có cần gối và mền không ạ? 뀌 칵 꼬 껀 고이 바 멘 콩 아 베게와 담요를 드릴까요?'

베개와 담요를 주세요. Can I have a pillow and a blanket. 캔 아이 해버 필로우 앤 어 블랭킷	**Cho tôi gối và chăn.** 쪼 또이 고이 바 짠
잠깐만 기다려주세요. Just a moment, please. 저스트 어 모우먼트 플리즈	**Xin vui lòng chờ một chút.** 씬 부이 롱 쩌 못 쭛
여기 있습니다. Here it is. 히어 잇 이즈	**Đây ạ.** 더이 아
대단히 감사합니다. Thank you very much. 땡큐 베리 머취	**Vâng, xin cám ơn rất nhiều.** 벙 씬 깜 언 젓 니우

*** 신문 · 잡지 · 영화 · 음악 ***

읽을 만한 게 있을까요? Do you have anything to read? 두 유 해브 애니씽 투 리드	**Có gì đáng để đọc không?** 또 지 당 데 독 콩
한국어 신문이나 잡지가 있습니다. We have Korean newspapers and magazines. 위 해브 코리안 뉴즈페이퍼스 앤 매거진즈	**Có báo tiếng Hàn Quốc và tạp chí ạ.** 꼬 바오 띵 한 꾸옥 바 땁 찌 아
한국어 신문 주세요. Could I have a paper, please? 쿠드 아이 해버 페이퍼 플리즈	**Cho tôi báo.** 쪼 또이 바오

잡지를 주세요. I'd like a magazine, please. 아이두 라이커 매거진 플리즈	**Cho tôi tạp chí.** 쪼 또이 땁 찌
잡지나 읽을거리가 있나요? May I have a magazine or something? 메아이 해버 매거진 오어 섬씽	**Có tạp chí hay cái gì để đọc không?** 꼬 땁 찌 하이 까이 지 데 독 콩
한국어로 된 것을 부탁합니다. One in Korean, please. 원 인 코리언 플리즈	**Tiếng Hàn ạ.** 띵 한 아
신문보시겠습니까? Would you like a newspaper? 우쥬 라이커 뉴즈페이퍼	**Quý khách có muốn đọc báo không ạ?** 뀌 캍 꼬 무온 독 바오 콩 아
아니오. 괜찮습니다. No, thank you. 노 땡큐	**Không, xin cám ơn.** 콩 씬 깜 언
곧 영화가 상영됩니까? Will the movie be on soon? 윌 더 무비 비 온 순	**Một chút nữa có phim không?** 못 쭛 느어 꼬 핌 콩
네, 15분 쯤 있으면 상영됩니다. Yes, sir. In about 15 minutes. 예스 써 인 어바웃 피프티 미니츠	**Vâng, khoảng 15 phút nữa sẽ có ạ.** 벙 콰앙 므어이람 풋 느어 쎄 꼬 아

여기서는 영화를 볼 수가 없는데 좌석을 바꿔도 될까요?

I can't see the movie from here.

아이 캔트 씨 더 무비 프럼 히어

May I change seats?

메아이 체인지 시츠

Ngồi đây không thể xem phim được.

응오이 더이 콩 테 샘 핌 드억

Tôi có thể đổi chỗ được không?

또이 꼬 테 도이 쪼 드억 콩

어느 단추가 음량조절기 인가요?

Which button is the volume control?

위치 버튼 이즈 더 볼륨 컨트롤

Nút nào là volume?

눗 나오 라 볼륨

제 음향 장치가 고장 났습니다.

My sound system is out of order.

마이 사운드 시스템 이즈 아웃 어브 오더

Hệ thống âm thanh bị hư rồi.

헤 통 엄 타잉 비 흐 조이

헤드폰에서 소리가 안 나와요.

The sound doesn't come out of the headphone.

더 사운드 더즌트 컴 아웃 어브 더 헤드폰

Không có tiếng phát ra ở tai nghe.

콩 꼬 띵 팟 자 어 따이 응예

4. 기내 생활

*** 몸이 불편할 때 ***

화장실은 어디에 있습니까? Where is the toilet? 웨어 이즈 더 토일릿	**Nhà vệ sinh ở đâu ạ?** 냐 베 씬 어 더우 아
이 통로 바로 뒤쪽에 있습니다. Right in the back of this aisle. 라잇 인 더 백 어브 디스 아일	**Ngay cuối lối đi này ạ?** 응아이 꾸이 로이 디 나이 아
어디가 아프세요? What's the problem? 왓츠 더 프로블럼	**Quý khách có sao không ạ?** 뀌 캍 꼬 싸오 콩 아
속이 안 좋아요. I feel sick. 아이 필 씩	**Trong bụng tôi khó chịu.** 쫑 붕 또이 코 찌우

TIP

- 비어있음
  Phòng trống 퐁 쫑
- 사용 중
  Có người 꼬 응어이
- 버튼을 누르십시오.
  Nhấn nút 년 눗
- 문은 잠가 주세요.
  Khóa cửa. 코아 끄어
- 좌석벨트를 매어 주십시오.
  Cài dây an toàn.
  까이 저이 안 또안
- 좌석으로 돌아가세요.
  Trở về chỗ ngồi.
  쩌 베 쪼 응오이

구토용 봉지를 드릴까요? Would you like an airsickness bag? 우쥬 라익 언 에어씩니스 백	**Để tôi mang túi nôn cho nhé.** 데 또이 망 뚜이 논 쪼 녜
네, 주세요. Yes, please. 예스 플리즈	**Vâng, mang cho tôi.** 벙 망 쪼 또이
토할 것 같아요. I feel like vomiting. 아이 필 라익 버미팅	**Tôi thấy buồn nôn.** 또이 터이 부온 논
그래요? 잠깐만요, 구토 봉지를 가져오겠습니다. Do you? Just a minute. 두 유 저스트 어 미니트 Let me get the airsick bag ready. 렛 미 겟 디 에어씩 백 레이디	**Vậy à? Xin chờ một chút.** 버이 아 씬 쩌 못 쭛 **Tôi sẽ chuẩn bị sẵn túi để nôn.** 또이 쎄 쭈언 비 산 뚜이 데 논
좀 창백해 보이는데요. You look kind of pale. 유 룩 카인드 어브 페일	**Trông quý khách tái lắm.** 쫑 뀌 칻 따이 람

TIP

기내에서 몸이 안 좋을 때 'Tôi thấy không khỏe. 또이 터이 콩 쾌'라고 말하면 된다.
좀 더 구체적으로 'Tôi thấy buồn nôn. 또이 터이 부온 논 (구토할 것 같아요)'라고 표현하면 된다.

머리가 아파요.
I have a headache.
아이 해버 헤데이크

Tôi đau đầu.
또이 다우 더우

기분이 좋지 않아요.
I'm not feeling well.
아임 낫 필링 웰

Tôi thấy không khỏe.
또이 터이 콩 쾌

어디가 아프신가요?
What seems to be the problem?
왓 씸즈 투 비 더 프라블럼

Quý khách thấy không khỏe như thế nào?
뀌 캍 터이 콤 쾌 뉴 느 테 나오

배가 아파요. 소화제 좀 갖다 주시겠습니까?
I have a stomachache.
아이 해버 스토머치
Do you have any medicine for a digestive?
두 유 해브 애니 메디슨 포 어 다이제스트브

Tôi bị đau bụng.
또이 비 다우 붕

Có thuốc tiêu không ạ?
꼬 투옥 띠우 콩 아

* 기내쇼핑 · 면세품 *

기내 면세품을 판매해요?
Do you sell duty-free goods on the flight?
두 유 세일 듀티프리 굿스 온 더 플라잇

Có bán hàng miễn thuế trên máy bay không?
꼬 반 항 미엔 투에 쩬 마이 바이 콩

기내 면세품을 사고 싶어요.
I'd like to buy in-flight duty-free goods.
아이두 라익 투 바이 인-플라잇 듀티프리 굿즈

Tôi muốn mua hàng miễn thuế trên máy bay.
또이 무언 무어 항 미엔 투에 쩬 마이 바이

저 넥타이를 보고 싶은데요. I'd like to see one of those ties. 아이두 라익 투 씨 원 어브 도즈 타이즈	**Tôi muốn xem một cái cà vạt.** 또이 무온 쎔 못 까이 까 밧
이것 말씀인가요? You mean this one? 유 민 디스 원	**Cái này phải không ạ?** 까이 나이 파이 콩 아
네. Yes, that's right. 예스 댓츠 라잇	**Vâng, đúng rồi.** 벙 둥 조이
화장품을 구입하고 싶은데요. I'd like to buy cosmetics. 아이두 라익 투 바이 코즈메틱스	**Tôi muốn mua mỹ phẩm.** 또이 무온 무어 미 펌
캔디를 사고 싶어요. I'd like to buy candy. 아이두 라익 투 바이 캔디	**Tôi muốn mua kẹo.** 또이 무온 무어 께오
여기 있습니다. Here it is. 히어 잇 이즈	**Đây ạ.** 더이 아
예쁘죠? It's beautiful, isn't it? 잇츠 뷰티풀 이즌트 잇	**Rất đẹp phải không?** 젓 뎁 파이 콩

이것을 선물용으로 포장해 주시겠습니까?
Will you gift wrap it, please?
윌 유 기프트 랩 잇 플리즈

Có thể gói quà được không?
꼬 테 고이 꽈 드억 콩

결제는 현금으로 하시겠어요? 카드로 하시겠어요?
How would you like to pay, cash or card?
하우 우쥬 라익 투 페이 캐시 오어 카드

Trả tiền bằng tiền mặt hay bằng thẻ ạ?
짜 띠엔 방 띠엔 맛 하이 방 테 아

카드로 하겠습니다.
I'll pay by card.
아윌 페이 바이 카드

Bằng thẻ.
방 테

펜 좀 빌릴 수 있을까요?
May I use your pen?
메아이 유즈 유어 펜

Cho tôi mượn bút nhé?
쪼 또이 므언 붓 녜

* 입국전 준비 *

입국 신고서를 한 장 더 주세요.
Can I have one more arrival card?
캔 아이 해브 원 모어 어라이벌 카드

Cho tôi thêm một tờ giấy khai báo nhập cảnh.
쪼 또이 템 못 떠 져이 카이 바오 녑 까잉

이 세관신고서를 기입해 주십시오.
Please fill out this customs declaration.
플리즈 필 아웃 디스 커스텀스 데크레이션

Xin vui lòng ghi vào tờ khai hải quan này.
씬 부이 롱 기 바오 떠 카이 하이 꾸안 나이

실례합니다. 입국카드를 어떻게 쓰는지 잘 모르는데, 설명해 주실 수 있습니까? Excuse me. 익스큐즈 미 I'm not sure how to fill out the immigration card. 아임 낫 슈어 하우 투 필 아웃 디 이미그레션 카드 Could you please explain it to me? 쿠쥬 플리즈 익스프랜 잇 투 미	**Xin lỗi, tôi không biết ghi vào thẻ nhập cư này như thế nào.** 씬 로이 또이 콩 비엣 기 바오 테 녑 끄 나이 뉴 테 나오 **Xin vui lòng giải thích cho tôi được không?** 씬 부이 롱 자이 틱 쪼 또이 드억 콩
물론이죠. Certainly. 서든리	**Vâng.** 벙
이 신고서를 기입하는데 좀 도와주시겠어요? Can you help me with this declaration form? 캔 유 헬프 미 위드 디스 데크레이션 폼	**Có thể giúp tôi viết tờ khai này không?** 꼬 테 줍 또이 비엣 떠 카이 나이 콩
이 입국카드를 제 대신에 좀 써 주시겠습니까? Could you fill in this form for me? 쿠쥬 필 인 디스 폼 포 미	**Có thể ghi vào thẻ này dùm tôi không?** 꼬 테 기 바오 태 나이 줌 또이 콩
호텔 이름만 써도 됩니다. You have to put down is the name of that hotel. 유 해브 투 풋 다운 이즈 더 네임 어브 댓 호텔	**Quý khách chỉ cần ghi địa chỉ của khách sạn cũng được.** 뀌 캍 찌 껀 기 디아 찌 꾸어 캍 싼 꿍 드억

5. 환승

실례합니다. 10A 게이트는 어떻게 가요? Excuse me. 익스큐즈 미 How do I get to gate 10A 하우 두 아이 겟 투 게이트 텐 에이	**Xin lỗi. Ra cửa số 10 A đi thế nào ạ?** 씬 로이 자 끄어 쏘 므어이 아 디 테 나오 아
이 길을 곧장 걸어가세요. Go straight this way. 고 스트레이트 디스 웨이	**Cứ đi bộ thẳng đường này.** 끄 디 보 탕 드엉 나이
저는 비행기를 갈아탑니다. 어디에서 확인할 수 있죠? I'm changing flight. 아임 체인징 플라잇 Where can I confirm my flight? 웨어 캔 아이 컨펌 마이 플라잇	**Tôi đổi chuyến bay.** 또이 도이 쭈옌 바이 **Tôi có thể xác nhận chỗ ở đâu ạ?** 또이 꼬 테 싹 년 쪼 어 더우 아
항공사 데스크로 가세요. Go to the Airlines desk, please. 고 투 디 에어라인 데스크 플리즈	**Xin vui lòng đến bàn của hãng hàng không.** 씬 부이 롱 덴 반 꾸어 항 항 콩
출발시간은 몇 시입니까? What's the boarding time? 왓츠 더 보딩 타임	**Giờ khởi hành là mấy giờ ạ?** 저 커이 하잉 라 머이 저 아

여행지 공항 도착
Đến sân bay

1. 입국 심사

여권을 좀 보여 주시겠습니까? May I see your passport, please? 메아이 씨 유어 패스포트 플리즈	**Xin cho xem hộ chiếu ạ.** 씬 쪼 쎔 호 찌우 아
여기 있습니다. Here you are. 히어 유아	**Vâng, đây ạ.** 벙 더이 아
어떤 목적으로 오셨습니까? What's the purpose of your trip? 왓츠 더 퍼포스 어브 유어 트립	**Anh đến với mục đích gì?** 아잉 덴 버이 묵 딕 지
관광입니다. For sightseeing. 포 사이트시잉	**Du lịch ạ.** 주 릭 아
얼마나 머무르실 겁니까? How long will you stay? 하우 롱 윌 유 스테이	**Sẽ lưu trú trong bao lâu ạ?** 쎄 르우 쮸 쫑 바오 러우 아

TIP

관광 Du lịch 주릭
휴가 Nghỉ mát 응이 맛
업무차 Công tác 꽁 딱
공무 Công vụ 꽁 부

일주일입니다. I'm staying for a week. 아임 스테잉 포 어 윅	**Một tuần.** 못 뚜언
어디에 머무르실 예정입니까? Where are you going to stay? 웨어 아 유 고잉 투 스테이	**Định lưu trú ở đâu ạ?** 딩 르우 쭈 어 더우 아 = Sẽ ở đâu ạ? 쎄 어 더우 아
유스 호텔요. At the Youth Hotel. 앳 디 유스 호텔	**Khách sạn Youth.** 칼 싼 유스
알겠습니다. 좋은 여행 되세요. I see. Have a nice trip. 아이 씨 해버 나이스 트립	**Vâng. Chúc một kỳ nghỉ vui vẻ.** 벙 쭉 못 끼 응이 부이 베
여긴 여행차 오셨습니까? You're here for pleasure? 유아 히어 포 프레줘	**Quý khách đi du lịch phải không ạ?** 뀌 칼 디 주 릭 파이 콩 아
네, 그렇습니다. Yes, that's right. 예스 댓츠 라잇	**Vâng, đúng rồi.** 벙 둥 조이
베트남엔 얼마동안 머무실 예정입니까? How long do you plan to stay in Vietnam? 하우 롱 두 유 플랜 투 스테이 인 베트남	**Thời gian sẽ ở Việt Nam là bao lâu ạ?** 터이 쟌 쎄 어 비엣 남 라 바오 러우 아

7일 정도요. For 7 days. 포 세븐 데이즈	**Bảy ngày ạ.** 바이 응아이 아
혼자 여행중이십니까? Are you traveling alone? 아류 트레블링 어론	**Anh(chị) đi một mình phải không?** 안(찌) 디 못 민 파이 콩
네, 그렇습니다. Yes. I am. 예스 아임	**Vâng.** 벙
얼마나 머물 예정입니까? How long are you going to stay? 하우 롱 아류 고잉 투 스테이	**Thời gian ở là bao lâu ạ?** 터이 쟌 어 라 바오 러우 아
2주일입니다. For two week. 포 투 위크	**Hai tuần.** 하이 뚜언
됐습니다. 앞으로 가셔서 짐을 찾으십시오. OK. Go ahead and pick up your baggage, please. 오케이 고 어해드 앤 픽 업 유어 배기지 플리즈	**Vâng. Xin vui lòng đi thẳng và lấy hành lý.** 벙 씬 부이 롱 디 탕 바 러이 하잉 리
대단히 감사합니다. Thank you very much. 땡큐 베리 머치	**Xin cảm ơn.** 씬 깜 언
휴가 왔어요. I'm here on vacation. 아임 히어 온 베케이션	**Đến để đi nghỉ.** 덴 데 디 응이

어디서 머무를 예정입니까? Where will you be staying while you're here? 웨어 윌 유 비 스테잉 와일 유아 히어	**Trong thời gian ở đây, ông sẽ ở đâu?** 쫑 터이 쟌 어 더이 옹 새 어 더우
사업차 왔습니다. I'm here on business. 아임 히어 온 비즈니스	**Đến vì mục đích công việc.** 덴 비 묵 딕 꽁 비엑

*** 짐찾기 ***

수하물 찾는 곳이 어디예요? Where is the baggage claim area? 웨어 이즈 더 배기지 클레임 에어리어	**Nơi lấy hành lý gửi ở đâu ạ?** 너이 러이 하잉 리 그이 어 더우 아
1층으로 가세요. Go to the first floor. 고 투 더 퍼스트 플로어	**Hãy đi xuống tầng 1.** 하이 디 쑤옹 떵 못
제 짐을 찾을 수가 없습니다. 도와주시겠습니까? I can't find baggage. 아이 캔트 파인드 배기지 Will you please? 윌 유 플리즈	**Tôi không thể tìm được hành lý.** 또이 콩 테 띰 드억 하잉 리 **Có thể giúp tôi không?** 꼬 테 즙 또이 콩
수하물 영수증이 있으세요? Do you have a baggage claim tag? 두 유 해버 배기지 클레임 택	**Có biên lai hành lý gửi không ạ?** 꼬 비엔 라이 하잉 리 그이 콩 아

여기 있어요. Here it is. 히어 잇 이즈	**Có đây.** 꼬 더이
제 짐이 없어졌어요. My luggage is missing. 마이 러기지 이즈 미씽	**Hành lý của tôi bị mất.** 하잉 리 꾸어 또이 비 멋
분실물 센터는 어디예요? Where is the lost and found? 웨어 이즈 더 로스트 앤 파운드	**Trung tâm quản lý đồ thất lạc ở đâu ạ?** 쭝 떰 꾸안 리 도 텃 락 어 더우 아
제 짐이 파손됐어요. My luggage is broken. 마이 러기지 이즈 브로큰	**Hành lý của tôi bị hỏng.** 하잉 리 꾸어 또이 비 홍

mini 회화

A : 베트남에는 얼마나 체류하실 계획입니까?
Ông dự định sẽ ở Việt Nam trong bao lâu?
옹 즈 딘 새 어 비엣 남 쫑 바오 러우

B : 2주일 입니다.
Hai tuần.
하이 뚜언

A : 됐습니다. 앞으로 가셔서 짐을 찾으십시오.
Vâng. Xin vui lòng đi thẳng và lấy hành lý.
벙 씬 부이 롱 디 탕 바 러이 하잉 리

2. 세관 검사

* 세관 안내 *	
신고할 물건이 있습니까? Do you have anything to declare? 두 유 해브 애니씽 투 디클레어	**Quý khách có gì phải khai báo không?** 뀌 캍 꼬 지 파이 카이 바오 콩 = Có gì cần khai báo không? 꼬 지 껀 카이 바오 콩
없습니다. I don't. 아이 돈트	**Không có.** 콩 꼬
세관 신고서는 어디에 있습니까? Your customs declaration? 유어 커스텀즈 디클러레이션	**Tờ khai hải quan đâu ạ?** 떠 카이 하이 꾸안 더우 아
여기 있습니다. Here it is. 히어 잇 이즈	**Đây ạ.** 더이 아
가방을 열어 보십시오. Open your baggage, please. 오픈 유어 배기지 플리즈	**Xin mở túi hành lý ra.** 씬 머 뚜이 하잉 리 자
개인용품 뿐입니다. I have only personal effects. 아이 해브 온니 퍼스널 이펙츠	**Chỉ có những đồ cá nhân thôi.** 찌 꼬 늉 도 까 년 토이

신고할 것은 아무 것도 없어요. I have nothing to declare. 아이 해브 낫씽 투 디클레어	**Tôi không có gì phải khai báo.** 또이 콩 꼬 지 파이 카이 바오
이 상자 안에는 무엇이 있습니까? What's the box? 왓츠 더 박스	**trong hộp đó có gì?** 쫑 홉 도 꼬 지
단지, 개인용품입니다. Only personal effects. 온니 퍼스널 이펙츠	**Chỉ những đồ cá nhân thôi.** 찌 늉 도 까 년 토이
녹색 통로로 나가십시오. You can go out through green line. 유 캔 고 아웃 스루 그린 라인	**Xin đi ra theo lối đi màu xanh.** 씬 디 자 태오 로이 디 마우 싼
나가려면 어디로 가야하는지 가르쳐 주시겠어요? Can you tell me which way I should go to get out? 캔 유 텔 미 위치 웨이 아이 슈드 고 투 겟 아웃	**Xin vui lòng cho biết đường nào để đi ra ạ.** 씬 부이 롱 쪼 비엣 드엉 나오 데 디 자 아
세관 신고서를 보여 주세요. Please hand me the customs declaration form. 플리즈 핸드 미 더 커스텀즈 디클러레이션 폼	**Xin cho xem giấy khai báo hải quan.** 씬 쪼 쎔 져이 카이 바오 하이 꾸안

네, 여기 있습니다. 약간의 선물뿐입니다. Yes, here it is, Just a few gifts. 예스 히어 잇 이즈 저스트 어 퓨 기프츠	**Đây ạ. Chỉ có một vài món quà để tặng thôi.** 더이 아 찌 꼬 못 바이 몬 꽈 데 땅 토이
그러면, 녹색 통로를 통과하세요. Then, go through the green channel. 댄 고 스루 더 그린 채널	**Vậy, xin hãy đi theo lối đi màu xanh.** 버이 씬 하이 디 테오 로이 디 마우 싼
알겠습니다. 감사합니다. I see. Thank you. 아이 씨 땡큐	**Vâng. Xin cảm ơn.** 벙 씬 깜 언
천만에요. Not at all. 낫 앳 올	**Không có gì ạ.** 콩 꼬 지 아
없습니다. Nothing. 낫씽	**Không.** 콩

TIP

세관원은 통상적으로 'Quý khách có gì phải khai báo không? 뀌 캍 꼬 지 파이 카이 바오 콩'라고 묻는데, 신고할 것이 없으면 'Không. 콩'을 붙여서, "Không, tôi không có gì phải khai báo. 콩 또이 콩 꼬 지 파이 카이 바오"라고 말하면 된다.
또한 본인이 가지고 있는 물건을 설명할 때는 "Chỉ có những đồ cá nhân thôi. 찌 꼬 늉 도 까 년 토이" 개인 소지품뿐입니다. 라고 말하면 된다. 꼭 기억해 두어야 할 것은 "Xin vui lòng cho biết đường nào để đi ra ạ. 씬 부이 롱 쪼 비엣 드엉 나오 데 디 자 아" 나가려면(Đi ra 디 자) 어디로 나가야 하는지 가르쳐 주시겠습니까?라는 표현을 반드시 기억해 두어야 한다.

방문객입니까? 거주자입니까?
Are you a visitor or resident?
아류 어 비지터 오어 레지던트

Ông là khách đi du lịch hay ở thường trú?
옹 라 캍 디 주 릭 하이 어 트엉 쭈

방문객입니다.
출장중입니다.
A visitor.
어 비지터
I'm traveling on business.
아임 트레블링 온 비지니스

Là khách đi du lịch.
라 캍 디 주 릭

Tôi đang đi công tác.
또이 당 디 꽁 딱

세관 신고서를 갖고 계십니까?
Do you have your customs declaration with you, please?
두 유 해브 유어 커스텀즈 디크러레이션 위듀 플리즈

Ông có tờ khai hải quan ở đây không?
옹 꼬 떠 카이 하이 꾸안 어 더이 콩

여기 갖고 계신 것 말고 또 신고 할 게 있습니까?
Do you have anything else to declare other than what you have got here?
두 유 해브 애니씽 엘스 투 디클레어 어더 댄 왓 유 해브 갓 히어

Ông có gì khác cần phải khai báo không?
옹 꼬 지 칵 껀 파이 카이 바오 콩

TIP

창고(Kho 코) 과세 대상 물품 중 세관 보세 창고에 맡겼다가 출국시에 찾아가면 과세되지 않는다. 이때 반드시 보관증을 받고 출국시 항공사 카운터에서 보관물이 있다는 것을 신고해야 된다. Tôi muốn gửi hành lý này vào kho. 또이 무온 그이 하잉 리 나이 바오 코 이 수화물을 보세 창고에 맡기고 싶습니다.

네, 위스키 2병이 있는데요. Yes, I have two bottles of whiskey. 예스 아이 해브 투 버틀즈 어브 위스키	**Vâng, tôi có hai chai whiskey.** 벙 또이 꼬 하이 짜이 위스키
저 가방도 열어 주시지요. Open that bag too, please. 오픈 댓 백 투 플리즈	**Xin mở túi kia luôn.** 씬 머 뚜이 끼어 루온
제가 볼 수 있게 가방을 열어 주시지요. Open your bags for me, please. 오픈 유어 백즈 포 미 플리즈	**Xin hãy mở những túi hành lý ra.** 씬 하이 머 늉 뚜이 한 리 자
이 가방 좀 열어 주시겠습니까? Will you please open this bag? 윌 유 플리즈 오픈 디스 백	**Ông có thể mở túi này ra không?** 옹 꼬 테 머 뚜이 나이 자 콩
네. Yes. 예스	**Có.** 꼬

mini회화

A: 이게 뭐예요?

Cái này là cái gì ?

까이 나이 라 까이 지?

B: 개인 소지품이에요.

Là đồ dùng cá nhân.

라 도 중 까 년

3. 환전

*** 환전 안내 ***

여행자 수표를 현금으로 바꾸고 싶은데요. I'd like to cash this travellers check. 아이두 라익 투 캐시 디스 트래벌즈 첵	**Tôi muốn đổi chi phiếu du lịch này ra tiền mặt.** 또이 무온 도이 찌 피우 주 릭 나이 자 띠엔 맛
여권을 보여 주시겠습니까? May I see your passport? 메아이 씨 유어 패스포트	**Xin vui lòng cho xem hộ chiếu.** 씬 부이 롱 쪼 쎔 호 찌우
네. 여기 있습니다. Yes. Here it is. 예스 히어 잇 이즈	**Vâng, đây ạ.** 벙 더이 아
얼마나 현금으로 바꾸시겠어요? How much would you like to cash? 하우 머치 우쥬 라익 투 캐시	**Ông muốn đổi bao nhiêu?** 옹 무온 도이 바오 니우
50달러요. Fifty dollars, please. 피프티 달러즈 플리즈	**50 đô-la.(113만 8,477,80동)** 남므어이 도-라
현금을 어떻게 드릴까요? How would you like your money? 하우 우쥬 라익 유어 머니	**Ông muốn đổi ra tiền như thế nào?** 옹 무온 도이 자 띠엔 뉴 테 나오

20달러 지폐 1장, 10달러 지폐 2장, 나머지는 동전으로 주세요. Twenty dollar bill, two tenner, and rest in coins, please. 투엔티 달러 빌 투 테너 앤 레스트 인 코인 플리즈	**Một tờ 20 đô, hai tờ 10 đô, còn lại bằng tiền lẻ.** 못 떠 하이므어이 도 하이 떠 므어이 도 꼰 라이 방 띠엔 래
알겠습니다. 여기에 사인해 주십시오. Right. Sign it, please. 라잇 사인 잇 플리즈	**Vâng. Xin vui lòng ký tên.** 벙 씬 부이 롱 끼 뗀
환전해 주세요. I'd like to exchange this, please. 아이두 라익 투 익스체인지 디스 플리즈	**Hãy đổi tiền cho tôi.** 하이 도이 띠엔 쪼 또이
얼마나 환전하시겠어요? How much do you want to exchange? 하우 머치 두 유 원 투 익스체인지	**Đổi bao nhiêu ạ?** 도이 바오 니우 아
어떻게 환전해 드릴까요? How do you want it exchanged? 하우 두 유 원트 잇 익스체인지드	**Muốn đổi như thế nào ạ?** 무온 도이 뉴 테 나오 아
한국 돈을 미국 달러로 바꾸고 싶어요. I'd like to exchange Korean won to U.S dollars. 아이두 라익 투 익스체인지 코리안 원 투 유에스 달러즈	**Tôi muốn đổi tiền Hàn Quốc ra Đôla.** 또이 무온 도이 띠엔 한 꿕 자 도 라

오늘 베트남 환율은 어떻게 돼요? What is the Vietnam exchange rate today? 왓 이즈 더 베트남 익스체인지 레잇 투데이	**Hôm nay tỷ giá Việt nam đồng thế nào?** 홈 나이 띠 쟈 비엣 남 동 테 나오
수수료는 얼마입니까? How much is the fee? 하우 머치 이즈 더 피	**Phí hoa hồng là bao nhiêu?** 피 호아 홍 라 바오 니우
환전할 수 있을까요? Can I exchange money? 캔 아이 익스체인지 머니	**Đổi tiền được không?** 도이 띠엔 드억 콩
지금 환율은 얼마나 됩니까? What is the current exchange rate? 왓 이즈 더 커런트 익스체인지 레잇	**Bây giờ tỷ giá là bao nhiêu?** 버이 져 띠 쟈 라 바오 니우

TIP

* 화폐단위는 DONG으로 지폐종류가 5만, 2만, 1만, 5천, 2천, 1천, 5백, 2백, 1백동 짜리가 있다. 화폐 종류가 많고, 지폐 모델이 모두 베트남 건국 영웅 호찌민이어서 사용할 때 헷갈릴 수 있으니 주의해야 된다.
* 베트남의 경우 달러로 환전을 하는 것이 아주 편리하다. 베트남 동화를 달러화로 재 환전하는 것은 어려우므로 꼭 필요한 만큼만 환전하도록 하며, 환전 시 수수료는 부과되지 않는다.
* 베트남 100만동/ 원화 5만원(1/20)

지폐를 좀 바꿔 주시겠습니까? Would you please change some dollar bills? 우쥬 플리즈 체인지 섬 달라 빌즈	**Xin đổi giùm tôi những tờ đô này được không?** 씬 도이 줌 또이 늉 떠 도 나이 드억 콩
20달러 지폐를 바꿀 수 있습니까? Can I have change for twenty dollar bill? 캔 아이 해브 체인지 포 투엔티 달러 빌	**Đổi giùm tôi tờ 20 đô này được không?** 도이 줌 또이 떠 하이므어이 도 나이 드억 콩
어떻게 바꿔 드릴까요? How do you want the money? 하우 두 유 원트 더 머니	**Ông muốn tiền như thế nào?** 옹 무온 띠엔 뉴 테 나오
잔돈으로 주십시오. Small change, please. 스몰 체인지 플리즈	**Tiền lẻ ạ.** 띠엔 래 아

mini 회화

A : 얼마나 환전하시겠어요?
Đổi bao nhiêu ạ?
도이 바오 니우 아

B : 백만 동으로 바꾸고 싶어요.
Tôi muốn đổi ra 1 triệu đồng.
또이 무온 도이 자 못 찌우 동

4. 관광 안내소

* 관광정보 수집 *

관광 안내소는 어디에 있습니까? Where is the tourist information center? 웨어 이즈 더 투어리스트 인포메이션 센터	**Quầy hướng dẫn du lịch ở đâu?** 꿔이 흐엉 전 주 릭 어 더우
1층으로 가세요. Go to the first floor. 고 투 더 퍼스트 플로어	**Hãy đi xuống tầng 1.** 하이 디 쑤옹 떵 못
호텔가는 길을 좀 가르쳐 주시겠어요? Could you give me directions to my hotel? 쿠쥬 깁 미 드렉션스 투 마이 호텔	**Có thể chỉ đường đến khách sạn cho tôi không?** 꼬 테 찌 드엉 덴 캍 산 쪼 또이 콩

* 시내 관광 *

시내로 들어가는 택시는 어디서 타요? Where can I take a taxi downtown? 웨어 캔 아이 테이커 택시 다운타운	**Chỗ đi tắc xi về thành phố ở đâu ạ?** 쪼 디 딱 씨 베 타잉 포 어 더우 아
10번 출구로 가시면 있습니다. Go to exit 10. 고 투 엑시트 텐	**Đi ra cửa ra số 10 là có.** 디 자 끄어 자 쏘 므어이 라 꼬

관광 안내 책자 하나 주세요.
I want a guidebook for tourists.
아이 원 어 가이드북 포 투어리스츠

Cho tôi một cuốn sách hướng dẫn du lịch.
쪼 또이 못 꾸온 싸익 흐엉 전 주 릭

무료 지도가 있어요?
Do you have a free map?
두 유 해버 프리 맵

Có bản đồ miễn phí không?
꼬 반 도 미엔 피 콩

시내 지도를 하나 가져도 될까요?
Can I have a map of downtown?
캔 아이 해버 맵 어브 다운타운

Tôi lấy một tấm bản đồ thành phố được không?
또이 러이 못 떰 반 도 타잉 포 드억 콩

실례합니다. 시내 지도 한 장을 얻고 싶어요.
Excuse me. I'd like to get a city map, please.
익스큐즈 미 아이두 라익 투 겟 어 시티 맵 플리즈

Xin lỗi. Tôi muốn có được một bản đồ thành phố?
씬 로이 또이 무온 꼬 드억 못 반 도 타잉 포

공중전화는 어디 있죠?
Where can I find a public booth?
웨어 캔 아이 파인더 퍼블릭 브스

điện thoại công cộng ở đâu ạ?
디엔 토아이 꽁 꽁 어 더우 아

이 지역의 호텔 전화번호를 알고 싶은데요.
I need information on local hotel phone number. Do you know?
아이 니드 인포메이션 온 로컬 호텔 폰 넘버즈 두 유 노우

Tôi cần số điện thoại của những khách sạn ở khu vực này.
또이 껀 쏘 디엔 토아이 꾸어 늉 캍 싼 어 크븍 나이

네, 알고 있습니다. Yes, I see. 예스 아이 씨	**Vâng.** 벙
그러면, 전화 좀 걸어주시겠습니까? Then, would you mind calling for me? 댄 우쥬 마인드 콜링 포 미	**Có thể vui lòng gọi giúp tôi được không?** 꼬 테 부이 롱 고이 줍 또이 드억 콩
기꺼이 확인해 드리지요. 요금은 어느 수준으로 원하시는지요? I'll be glad to check for you. 아윌 비 글래드 투 체크 포 유 What price range, sir. 왓 퍼라이스 래인지 써	**Dĩ nhiên được.** 지 니엔 드억 **Ông muốn khách sạn khoảng giá nào ạ?** 옹 무온 칼 싼 콰앙 자 나오 아
보통요금에 싱글 룸이면 좋겠습니다. A medium-priced hotel with a single room. 어 미듐 퍼라이스드 호텔 위더 싱글 룸	**Khoảng giá trung bình. Một phòng đơn.** 콰앙 쟈 쭝 빈 못 퐁 던
요금이 보통인 호텔이 좋겠습니다. I'd like a medium-priced hotel. 아이두 라이커 미듐 퍼라이스 호텔	**Tôi muốn một khách sạn giá trung bình.** 또이 무온 못 칼 싼 쟈 쭝 빈

5. 렌터카 예약

자동차를 대여하고 싶은데요.
I'd like to rent a car.
아이두 라익 투 렌터 카

Tôi muốn thuê một chiếc ô-tô.
또이 무온 투에 못 찌엑 오-또

안녕하세요. 3일간 자동차를 대여하고 싶은데요.
Hi. I'd like to rent a car for a three days.
하이 아이두 라익 투 렌터 카 포 어 쓰리 데이즈

Xin chào. Tôi muốn thuê một chiếc ô-tô trong ba ngày.
씬 짜오 또이 무온 투에 못 찌엑 오-또 쫑 바 응아이

어떤 자동차를 원하십니까?
What kind would you like?
왓 기인드 우쥬 라익

Ông muốn loại nào?
옹 무온 로아이 나오

소형차를 원합니다.
3일 동안 요금은 얼마인가요?
A compact.
어 컴팩트
How much do you charge for a three days.
하우 머치 두 유 차지 포 어 쓰리 데이즈

Tôi muốn xe loại nhỏ.
또이 무온 새 로아이 뇨

Ba ngày bao nhiêu tiền?
바 응아이 바오 니우 띠엔

TIP

렌터카를 빌리려면 여권, 국제운전면허, 그리고 카드 및 현금이 있으면 된다. 단, 승차 전에 차의 외상 유무를 담당자가 입회하에 충분히 점검해야 된다.

30달러에 연료비가 포함되어 있습니다. Thirty dollars, plus gag. 써티 달라즈 플러스 개스	**30 đô-la, bao gồm tiền xăng.** 바므어이 도-라 바오 곰 띠엔 쌍
좋습니다. 3일간 사용하겠습니다. OK. For a three days. 오케이 포 어 쓰리 데이즈	**Vâng, ba ngày.** 벙 바 응아이
국제운전면허증 좀 보여 주시겠습니까? May I see your international driver's license? 메아이 씨 유어 인터네셔널 드라이브즈 라이센스	**Ông có thể cho xem bằng lái xe quốc tế không ạ?** 옹 꼬 테 쪼 쌤 방 라이 쌔 꿕 떼 콩 아
네, 여기 있습니다. Yes, here it is. 예스 히어 잇 이즈	**Vâng, đây ạ.** 벙 더이 아
그러면 이 서류에 기입해 주시겠습니까? Will you fill out this form then? 윌 유 필 아웃 디스 폼 댄	**Vậy, ông có thể ghi vào giấy này không?** 버이 옹 꼬 테 기 바오 져이 나이 콩
이 곳의 주소를 적어주시고, 페이지 하단에 서명해주시기 바랍니다. Write your address here, and sign your name on the bottom of the page. 라이트 유어 어드레스 히어 앤 사인 유어 네임 온 더 버텀 어브 더 페이지	**Xin ghi địa chỉ ở đây, và ký tên ở cuối trang.** 씬 기 디아 찌 어 더이 바 끼 뗀 어 꾸오이 짱

알겠습니다. 지금 차는 어디에 있습니까?
I see. Where is your car now?
아이 씨 웨어 이즈 유어 카 나우

Tôi hiểu rồi. Xe bây giờ ở đâu?
또이 히우 조이 쎄 버이 져 어 더우

주차장에 있습니다.
It's in the parking lot.
잇츠 인 더 파킹 낫

Ở bãi đậu xe ạ.
어 바이 더우 쎄 아

자동차를 꼭 이곳에다 반납해야 합니까?
Do I have to return the car to this location?
두 아이 해브 투 리턴 더 카 투 디스 로케이션

Tôi có phải trả xe ở địa điểm này không?
또이 꼬 파이 짜 쎄 어 디아 디엠 나이 콩

아닙니다. 어느 대리점에 반납하셔도 됩니다.
No, you can drop it off at any of car local branches.
노 유 캔 드랍 잇 오프 앳 애니 어브 카 로컬 브랜치스

Không, ông trả ở bất cứ chi nhánh xe nào cũng được.
콩 옹 짜 어 벗 끄 찌 냔 쎄 나오 꿍 드억

얼마나 사용하실 거예요?
How long will you be renting it?
하우 롱 윌 유 비 렌팅 잇

Chị sẽ dùng bao lâu ạ?
찌 쎄 중 바오 러우 아

3일 동안 쓸 거예요. 하루에 얼마예요?
For three days.
포 쓰리 데이즈
How much does it cost a day?
하우 머치 더즈 잇 코스트 어 데이

Tôi sẽ dùng trong ba ngày.
또이 쎄 중 쫑 바 응아이

Mỗi ngày bao nhiêu tiền?
모이 응아이 바오 니우 띠엔

어떤 차를 원하세요? Which model do you want? 위치 모델 두 유 원트	**Muốn thuê xe ô tô nào ạ?** 무온 투어 쎄 오또 나오 아
소형차요. I want a compact car. 아이 원 어 컴팩트 카	**Cho tôi loại xe nhỏ.** 쪼 또이 로아이 쎄 뇨
모든 보험을 다 들겠어요. Sign me up for everything. 싸인 미 업 포 에브리씽	**Tôi sẽ đóng tất cả bảo hiểm.** 또이 쎄 동 떳 까 바오 히엠
차는 어디에서 반납하나요? Where should I return the car? 웨어 슈드 아이 리턴 더 카	**Trả xe ở đâu ạ?** 짜 쎄 어 더우 아
사용하신 후에 여기로 다시 오세요. Come back here when you're done. 컴 백 히어 웬 유어 던	**Sau khi sử dụng hãy quay lại đây ạ.** 싸우 키 쓰 중 하이 꽈이 라이 더이 아

mini 회화

A: 차를 빌리고 싶어요.
Tôi muốn thuê xe ô tô.
또이 무온 투에 쎄 오 또

B: 어떤 차를 원하세요?
Muốn thuê xe ô tô nào ạ?
무온 투에 쎄 오또 나오 아?

6. 시내로 이동

＊ 숙소 찾아가기 ＊

유스 호텔로 가려는데, 거기에 가는 버스는 어디에서 탑니까? I want to go to Youth Hotel. 아이 원 투 고 투 유스 호텔 Where can I take the bus? 웨어 캔 아이 테익 더 버스	**Tôi muốn đến khách sạn Youth.** 또이 무온 덴 칼 싼 이윳 **Tôi có thể đón xe buýt ở đâu?** 또이 꼬 테 돈 쎄 부잇 어 더우
곧장 앞으로 가시면 돼요. Go straight ahead and you'll come right to it. 고 스트레이트 어헤드 앤 유윌 컴 라잇 투 잇	**Cứ đi thẳng là đến.** 끄 디 탕 라 덴
이 버스가 시내 중심가에서 나요? Does this bus stop at the town center? 더즈 디스 버스 스탑 앳 더 타운 센터	**Xe buýt này có dừng ở trung tâm thành phố không?** 쎄 부잇 나이 꼬 증 어 쭝 떰 타잉 포 콩
네, 갑니다. Yes, it does. 예스 잇 더즈	**Có.** 꼬

TIP

버스를 탄다 라고 말 할 때는 'Lên xe 렌 새' 내리다 'Xuống xe 쑤옹 쎄'로 표현하며, 행선지를 물어 볼 때 'Xe buýt này đi đâu ạ? 쎄 부잇 나이 디 더우 아 (이 버스가 어디로 갑니까?)'라는 표현을 기억해 두면 아주 편리하다.

버스 요금은 얼마죠? What's the bus fare? 왓츠 더 버스 페어	**Giá vé bao nhiêu?** 쟈 배 바오 니우
유스 호텔에서 내리려고 합니다. **몇 번째 정류장 입니까?** I'm going to get off at Youth Hotel. 아임 고잉 투 겟 오프 앳 유스 호텔 How many stop from here is it? 하우 메니 스탑 프럼 히어 이즈 잇	**Tôi đi đến khách sạn Youth.** 또이 디 덴 캍 싼 이윳 **Từ đây đi đến trạm thứ mấy thì được?** 뜨 더이 디 덴 짬 트 머이 티 드억
15번째 정류장입니다. The fifteenth stop. 더 피프틴스 스탑	**Đến trạm thứ 15.** 덴 짬 트 므어이람
내릴 때가 되면 알려 주시겠습니까? Will you tell me when to get off? 윌 유 텔 미 웬 투 겟 오프	**Khi nào đến có thể cho tôi biết được không?** 키 나오 덴 꼬 테 쪼 또이 비엣 드억 콩
알겠습니다. Certainly. 서든리	**Vâng.** 벙
실례합니다. **이 버스가 유스 호텔에 서나요?** Excuse me, but does this bus stop at Youth Hotel? 익스큐즈 미 벗 더즈 디스 버스 스탑 앳 유스 호텔	**Xe buýt này có dừng lại ở khách sạn Youth không?** 쎄 부잇 나이 꼬 즈응 라이 어 캍 싼 유스 콩

버스를 잘못 타셨습니다. You are on the wrong bus. 유 아 온 더 렁 버스	**Ông đi nhầm xe rồi.** 옹 디 념 쎄 조이
다음 정류장에 내려서 5번 버스를 타세요. Get off at the next stop and take bus number five. 겟 오프 앳 더 넥스트 스탑 앤 테익 버스 넘버 파이브	**Hãy xuống ở trạm kế tiếp và lên xe số năm nhé.** 하이 쑤옹 어 짬 께 띠엡 바 렌 새 소 남 녜
손님, 어디로 모실까요? Where to, sir? 웨어 투 써	**Đi đâu, thưa ông?** 디 더우 트어 옹
유스 호텔에 갑시다. I'd like to go to Youth Hotel, please. 아이두 라익 투 고 투 유스 호텔 플리즈	**Xin cho tôi đến khách sạn Youth.** 씬 쪼 또이 덴 칼 산 이윳
얼마를 드리면 될까요? How much do I owe you? 하우 머치 두 아이 원 유	**Tôi trả bao nhiêu thì được?** 또이 짜 바오 니우 티 드억

TIP

'Cho tôi đến chỗ này. 쪼 또이 덴 쪼 나이 이곳에 데려다 주세요.'라고 말하면서 지도나 쪽지에 쓴 것을 보여주는 것도 좋다. 택시 안에서 흡연을 하고 싶을 때는 운전자에게 꼭 양해를 구해야 된다.
베트남에서 일반적으로 이용하는 인력거를 'Xích lô 씩 로' 라 한다. 또한, 오토바이로 이동할 수 있는 'Xe ôm 새 옴' 이 있다.

손님 14달러 되겠습니다. The fare is fourteen dollars, sir. 더 패어 이즈 포틴 달라즈 써	**14 đô-la ạ.** 므어이본 도-라 아
여기 있습니다. 잔돈은 가지세요. Here you are keep the charge, please. 히어 유아 킵 더 차지 플리즈	**Đây ạ. Xin hãy giữ luôn tiền lẻ.** 더이 아 씬 하이 즈으 루온 띠엔 래
트렁크에 짐을 모두 실을 수 있을까요? Can you fit all the baggage in the trunk? 캔 유 피트 올 더 배기지 인 더 트렁크	**Có thể cho hết hành lý vào thùng xe được không?** 꼬 테 쪼 헷 하잉 리 바오 퉁 쎄 드억 콩
그럼요. Sure. 슈어	**Vâng, được ạ.** 벙 드억 아
호텔까지 가는데 얼마나 걸리죠? How long will it take to get there? 하우 롱 윌 잇 테익 투 겟 데어	**Đến đó thì mất bao lâu?** 덴 도 티 멋 바오 러우
약 15분가량 걸립니다. About fifteen minutes. 어바웃 피프틴 미니츠	**Khoảng 15 phút.** 콰앙 므어이람 풋

호텔
khách sạn

1. 예약확인 및 변경과 취소

유스 호텔입니다. 무엇을 도와드릴까요? Youth Hotel. May I help you? 유스 호텔 메아이 헬퓨	**Khách sạn Youth xin nghe.** 칼 싼 이웃 씬 응애
다음 주 금요일부터 3일간 방을 예약할 수 있습니까? Could I make a reservation for three days starting next Friday? 쿠드 아이 메이커 레저베이션 포 쓰리 데이즈 스타팅 넥스트 프라이데이	**Đặt phòng trong 3 ngày tính từ thứ sáu tuần sau được không?** 닷 퐁 쫑 바 응아이 띵 뜨 트 싸우 뚜언 싸우 드억 콩
3월 1일부터 3일까지 쓸 방 하나를 예약하려고 합니다. I'd like to book a room for March 1 through 3. 아이두 라익 북 어 룸 포 마치 원 쓰로우 쓰리	**Tôi muốn đặt một phòng từ ngày 1 đến ngày 3 tháng 3.** 또이 무온 닷 못 퐁 뜨 응아이 못 덴 응아이 바 탕 바
몇 분이십니까? For how many people? 포 하우 메니 피플	**Mấy người ạ?** 머이 응어이 아
한 사람이에요. Just one person. 저스트 원 퍼슨	**Một người.** 못 응어이

하룻밤 숙박요금이 얼마지요? What's your rate per night? 왓츠 유어 레이트 퍼 나잇	**Một đêm giá bao nhiêu?** 못 뎀 쟈 바오 니우
하룻밤에 10달러이며, 세금과 서비스 요금이 추가됩니다. Ten dollars per night, plus tax and service charge. 텐 달라즈 퍼 나잇 플러스 택스 앤 서비스 차지	**10 đô một đêm, chưa tính thuế và phí phục vụ.** 므어이 도 못 뎀 쯔어 띤 투에 바 피 푹 부
좋아요. 예약해 주세요. All right, reserve a room for me, please. 올 라잇 리저버 룸 포 미 플리즈	**Vâng, xin giữ cho tôi một phòng nhé.** 벙 씬 즈으 쪼 또이 못 퐁 녜
성함이 어떻게 되시죠? What's your name, sir? 왓츠 유어 네임 써	**Xin cho biết quý danh?** 씬 쪼 비엣 뀌 자잉
이 예약을 취소하려면 언제까지 통고해야 하나요? Until when do I have to cancel this reservation? 언틸 웬 두 아이 해브 투 캔슬 디스 레저베이션	**Nếu muốn hủy đặt phòng, khi nào báo thì được?** 네우 무온 휘 닷 퐁 키 나오 바오 티 드억
예약하고 싶어요. I'd like to make a reservation. 아이두 라익 투 메이커 레저베이션	**Tôi muốn đặt phòng.** 또이 무온 닷 퐁
어떤 방을 원하세요? What kind of room do you want? 왓 카인드 어브 룸 두 유 원트	**Chị muốn phòng thế nào ạ?** 찌 무온 퐁 테 나오 아

2인실 부탁합니다. I'd like a double, please. 아이두 라익 어 더블 플리즈	**Tôi muốn phòng đôi.** 또이 무온 퐁 도이
며칠 동안 묵으실 거예요? How many days will you be staying? 하우 메니 데이즈 윌 유 비 스테잉	**Sẽ ở trong mấy ngày ạ?** 쎄 어 쫑 머이 응아이 아
3일이요. Three days. 쓰리 데이즈	**3 ngày.** 바 응아이
안녕하세요. 오늘 저녁 묵을 방이 있습니까? Hello. Is there a room available tonight? 헬로우 이즈 데어 룸 어베일러블 투나잇	**Xin chào. Tối nay có phòng không ạ?** 씬 짜오 또이 나이 꼬 퐁 콩 아
어떤 방을 원하십니까? What kind of room do you have in mind? 왓 카인드 어브 룸 두 유 해브 인 마인드	**Ông muốn loại phòng nào ạ?** 옹 무온 로아이 퐁 나오 아
욕실이 있는 더블 룸을 예약하고 싶은데요. I'd like to reserve a double room with bath. 아이두 라익 투 리저버 더블 룸 위드 배쓰	**Tôi muốn đặt một phòng đôi có nhà tắm.** 또이 무온 닷 못 퐁 도이 꼬 냐 땀

요금은 얼마죠? What's the room rate? 왓츠 더 룸 레이트	**Giá bao nhiêu?** 쟈 바오 니우
세금 포함해서 1박에 13달러 입니다. Thirteen dollars a night including tax. 써틴 달라즈 어 나잇 인크루딩 텍스	**13 đô một đêm, bao gồm thuế ạ.** 므어이바 도 못 뎀 바오 곰 투에 아
그 방으로 하겠습니다. I'll take room. 아윌 테익 룸	**Tôi sẽ lấy phòng đó.** 또이 새 러이 퐁 도
몇시에 호텔에 도착하실 예정입니까? What time do you expect to arrive at the hotel? 왓 타임 투 유 익스팩트 투 어라이브 앳 더 호텔	**Khoảng mấy giờ thì ông đến khách sạn ạ?** 콰앙 머이 져 티 옹 덴 캍 싼 아
아마 저녁 7시쯤 체크인하게 될 것입니다. I'll probably check in at about 7 p.m. 아윌 프로바블리 체크인 앳 어바웃 세븐 피엠	**Có lẽ tôi sẽ nhận phòng lúc bảy giờ tối.** 꼬 레 또이 쎄 년 퐁 룩 바이 져 또이
혹시 그보다 더 늦어지게 되면 저희에게 전화 주십시오. If you're going to be later than that, please call us. 이퓨아 고잉 투 비 레더 댄 댓 플리즈 콜 어스	**Nếu có đến trễ, xin ông vui lòng gọi cho chúng tôi nhé.** 네우 꼬 덴 쩨 씬 옹 부이 롱 고이 쪼 쭝 또이 녜

오늘밤 투숙할 트윈 룸 하나 있습니까? Do you have a twin room for tonight? 두 유 해버 트윈 룸 포 투나잇	**Tối nay có một phòng hai giường không ạ?** 또이 나이 꼬 못 퐁 하이 즈엉 콩 아
잠깐만 기다려 주십시오, 네, 있습니다. Hold on please. Yes, we have. 홀 온 플리즈 예스 위 해브	**Xin vui lòng giữ máy... Vâng, có ạ.** 씬 부이 롱 즈으 마이 벙 꼬 아
죄송하지만, 오늘밤 빈 방이 없습니다. I'm sorry. We are full tonight. 아임 쏘리 위 아 풀 투나잇	**Xin lỗi. Tối nay chúng tôi không còn phòng ạ.** 씬 로이 또이 나이 쭝 또이 콩 꼰 퐁 아
지금 비어있는 건 싱글 룸 뿐입니다. The only room available at the moment is single. 디 온리 룸 어베일러블 앳 더 모우먼트 이즈 싱글	**Bây giờ chỉ còn một phòng đơn thôi.** 버이 져 찌 꼰 못 퐁 던 토이
그 방의 요금은 얼마입니까? What's the rate for the room? 왓츠 더 레이트 포 더 룸	**Phòng đó giá bao nhiêu?** 퐁 도 쟈 바오 니우
방값은 얼마예요? How much is the room? 하우 머치 이즈 더 룸	**Giá phòng là bao nhiêu ạ?** 쟈 퐁 라 바오 니우 아
빈 방 있습니까? Can I have a room, please? 캔 아이 해버 룸 플리즈	**Xin cho tôi một phòng.** 씬 쪼 또이 못 퐁

오늘 밤에 잘 수 있는 방 있어요?
Do you have a room for tonight?
두 유 해버 룸 포 투나잇

Có phòng để ngủ đêm nay không?
꼬 퐁 데 응우 뎀 나이 콩

네, 3층에 멋진 방이 있습니다.
Yes, we have a nice room on the third floor.
예스 위 해버 나이스 룸 온 더 써드 플로어

Vâng. Có một phòng đẹp ở tầng ba.
벙 꼬 못 퐁 뎁 어 떵 바

오늘밤만 투숙하실 겁니까?
Are you going to stay here just for tonight?
아류 고잉 투 스테이 히어 저스트 포 투나잇

Ông chỉ ở đêm nay thôi phải không ạ?
옹 찌 어 뎀 나이 토이 파이 콩 아

네. 하룻밤 숙박요금이 얼마지요?
Yes. What's you rate per night?
예스 왓츠 유 레이트 퍼 나잇

Vâng, một đêm giá bao nhiêu?
벙 못 뎀 쟈 바오 니우

하룻밤에 10달러이며, 세금과 서비스 요금이 추가됩니다.
Ten dollars per night, plus tax and service charge.
텐 달라즈 퍼 나잇 플러스 택스 앤 서비스 차쥐

10 đô một đêm, chưa tính thuế và phí phục vụ.
므어이 도 못 뎀 쯔어 띤 투에 바 피 푹 부

더 싼 가격은 없나요?
Do you have anything cheaper?
두 유 해브 애니씽 치퍼

Không có giá rẻ hơn ư?
콩 꼬 쟈 제 헌 으

더 싼 방은 없습니까?
Don't you have a cheaper room?
돈츄 해버 치퍼 룸

Không có phòng rẻ hơn sao?
콩 꼬 퐁 재 헌 사오

어떤 방을 원하십니까?
What kind of room are you looking for?
왓 카인드 어브 룸 아류 룩킹 포

Ông muốn loại phòng nào ạ?
옹 무온 로아이 퐁 나오 아

해변 쪽 방으로 주세요.
I'd like a room with a seaside view, please.
아이두 라익 어 룸 위더 씨사이드 뷰 플리즈

Cho tôi phòng ở phía bờ biển.
쪼 또이 퐁 어 피어 버 비엔

더블 룸 있습니까?
Do you have a double room?
두 유 해버 더블 룸

Có một phòng đôi không?
꼬 못 퐁 도이 콩

있습니다. 며칠 머무실 건가요?
Yes. How long will you be staying here?
예스 하우 롱 윌 유 비 스테잉 히어

Có ạ. Ông ở đây mấy đêm?
꼬 아 옹 어 더이 머이 뎀

2일간 입니다. 숙박 요금은 얼마죠?
Two nights. What is the room rate?
투 나잇츠 왓 이즈 더 룸 레이트

Hai đêm. Giá phòng bao nhiêu?
하이 뎀 쟈 퐁 바오 니우

하룻밤에 25달러입니다.
Twenty-five dollars per night.
투엔티 파이브 달라즈 퍼 나잇

25 đô một đêm.
하이므어이람 도 못 뎀

아침식사는 요금에 포함되어 있습니까? Is breakfast included in the charge? 이즈 블랙퍼스트 인클루디드 인 더 차지	**Giá Có bao gồm ăn sáng không?** 쟈 꼬 바오 곰 안 상 콩
세금과 서비스가 포함된 것입니까? Does it include the tax and service charge? 더즈 잇 인클루디 더 택스 앤 서비스 차지	**Có bao gồm thuế và phí phục vụ chưa?** 꼬 바오 곰 투에 바 피 푹 부 쯔어
그럼요. Sure. 슈어	**Có rồi ạ.** 꼬 조이 아
식사 시간은 언제입니까? When are the meal times? 웬 아 더 밀 타임즈	**Giờ ăn là khi nào?** 져 안 라 키 나오
아침은 7시부터 9시까지, 점심은 11시부터 2시까지, 저녁은 5시부터 9시까지입니다. Breakfast is from seven to nine, lunch from eleven to two, and dinner from five to nine. 블랙퍼스트 이즈 프럼 세븐 투 나인 런치 프럼 일레븐 투 투 앤 디너 프럼 파이브 투 나인	**Ăn sáng từ bảy giờ đến chín giờ, ăn trưa từ mười một giờ đến hai giờ và ăn tối từ năm giờ đến chín giờ.** 안 상 뜨 바이 져 덴 찐 져 안 쯔어 뜨 므어이 못 져 덴 하이 져 바 안 또이 뜨 남 져 덴 찐 져

방을 보여 주시겠습니까? May I see the room? 메아이 씨 더 룸	**Có thể xem phòng được không?** 꼬 테 쎔 퐁 드억 콩
물론이죠. 이쪽으로 오세요. Sure. Come this way, please. 슈어 컴 디스 웨이 플리즈	**Vâng, được ạ. Xin vui lòng theo hướng này.** 벙 드억 아 씬 부이 롱 테오 흐엉 나이
이 방을 주세요. Take this room, please. 테익 디스 룸 플리즈	**Cho tôi lấy phòng này.** 쪼 또이 러이 퐁 나이

mini 회화

A: 다음 주 월요일부터 3일간 방을 예약할 수 있습니까?
Đặt phòng trong 3 ngày tính từ Thứ hai tuần sau được không?
닷 퐁 쫑 바 응아이 띵 뜨 트 하이 뚜언 싸우 드억 콩

B: 어떤 방을 원하십니까?
Ông muốn loại phòng nào ạ?
옹 무온 로아이 퐁 나오 아

A: 욕실이 있는 더블 룸을 예약하고 싶은데요.
Tôi muốn đặt một phòng đôi có nhà tắm.
또이 무온 닷 못 퐁 도이 꼬 냐 땀

2. 체크인

안녕하세요. 무엇을 도와드릴까요? Good evening. May I help you? 굿 이브닝 메아이 헬퓨	**Xin chào. Tôi có thể giúp gì cho ông không?** 씬 짜오 또이 꼬 테 줍 지 쪼 옹 콩
네, 체크인을 하려고 합니다. Yes, I'd like to check in, please. 예스 아이두 라익 투 체크 인 플리즈	**Vâng, tôi muốn nhận phòng.** 벙 또이 무온 년 퐁
예약은 하셨습니까? Do you have a reservation? 두 유 해버 레저베이션	**Ông có đặt phòng không ạ?** 옹 꼬 닷 퐁 콩 아
샤워실이 있는 싱글 룸으로 예약했습니다. I have a reservation for a single room with bath. 아이 해버 레저베이션 포 어 싱글 룸 위드 배쓰	**Tôi đã đặt một phòng đơn có nhà tắm.** 또이 다 닷 못 퐁 던 꼬 냐 땀
네, 예약이 되어 있습니다. Oh, yes. We have your reservation. 오 예스 위 해브 유어 레저베이션	**Ồ, vâng. Đặt phòng của ông đây rồi.** 오 벙 닷 퐁 꾸어 옹 더이 조이
방은 7층의 715호입니다. Your room is No. 715 on the seventh floor. 유아 룸 이즈 넘버 세븐피프틴 온 더 세븐스 플로어	**Phòng số 715, lầu 7.** 퐁 쏘 바이짬므어이람 러우 바이

*** 숙박카드 작성 ***

이 숙박 카드에 기입해 주시겠습니까? Will you please fill out this registration card? 윌 유 플리즈 필 아웃 디스 레지스트레이션 카드	**Xin vui lòng ghi vào giấy đăng ký này.** 씬 부이 롱 기 바오 져이 당 끼 나이
어떻게 기입해야 합니까? Can you tell me how to fill out this form? 캔 유 텔 미 하우 투 필 아웃 디스 폼	**Xin cho biết điền vào như thế nào ạ.** 씬 쪼 비엣 디엔 바오 뉴 테 나오 아
성함과 주소만 기입해 주시면 됩니다. Just put your name and address here. 저스트 풋 유어 네임 앤 어드레스 히어	**Chỉ ghi tên và địa chỉ ở đây thôi.** 찌 기 뗀 바 디아 찌 어 더이 토이
여기 있습니다. Here you are. 히어 유아	**Đây ạ.** 더이 아
벨맨이 방까지 안내해 드릴 것입니다. The bellman will show you to your room. 더 벨맨 윌 쇼 유 투 유어 룸	**Trực tầng sẽ hướng dẫn ông lên phòng.** 쯕 떵 새 흐응 전 옹 렌 퐁
여기가 손님방입니다. Well, here we are. This is your room. 웰 히어 위 아 디스 이즈 유어 룸	**Đến rồi ạ. Đây là phòng của ông.** 덴 조이 아 더이 라 퐁 꾸어 옹

즐겁게 지내십시오. Enjoy your stay. 인조이 유어 스테이	**Ông nghĩ ngơi nhé.** 옹 응이 응어이 녜
필요하면 불러주십시오. If you need more assistance, call me. 이퓨 니드 모아 어시던스 콜 미	**Nếu cần gì, xin ông cứ gọi ạ.** 네우 껀 지 씬 옹 끄 고이 아
숙박 수속을 하고 싶은데요, 이름은 페리입니다. I want to check in my name is Perry. 아이 원 투 체크 인 마이 네임 이즈 페리	**Cho tôi một phòng.** **Tên tôi là Perry.** 쪼 또이 못 퐁 뗀 또이 라 페리
며칠 동안 계실건가요? How long will you be staying here? 하우 롱 윌 유 비 스테잉 히어	**Ông sẽ ở đây mấy đêm ạ?** 옹 쎄 어 더이 머이 뎀 아
3일입니다. Three nights. 쓰리 나잇츠	**Ba đêm.** 바 뎀
여기 방 열쇠가 있습니다. Here's your room key. 히어즈 유어 룸 키	**Chìa khóa phòng đây ạ.** 찌어 코아 퐁 더이 아
짐을 방까지 좀 부탁해요. Could you bring my luggage up to the room? 쿠쥬 브링 마이 러기지 업 투 더 룸	**Tôi nhờ mang hành lý đến tận phòng.** 또이 녀 망 하잉 리 덴 떤 퐁

어느 분 앞으로 예약되어 있습니까?

Whose name is the reservation under?

후즈 네임 이즈 더 레저베이션 언더

Phòng được đặt theo tên của vị nào ạ?

퐁 드억 닷 테오 뗀 꾸어 비 나오 아

제 이름으로 예약했습니다.

It's in my name.

잇츠 인 마이 네임

Đã đặt phòng theo tên tôi.

다 닷 퐁 테오 뗀 또이

체크인하고 싶습니다.

I'd like to check in.

아이두 라익 투 체크인

Tôi muốn nhận phòng.

또이 무온 년 퐁

mini 회화

A : 며칠 동안 계실건가요?

Ông sẽ ở đây mấy đêm ạ?

옹 쎄 어 더이 머이 뎀 아

B : 2일입니다.

Hai đêm.

하이 뎀

A : 이 숙박 카드에 기입해 주시겠습니까?

Xin vui lòng ghi vào giấy đăng ký này?

씬 부이 롱 기 바오 져이 당 끼 나이

3. 룸서비스

룸서비스입니다. 무엇을 도와드릴까요?
Room service. How may I help you?
룸 서비스 하우 메아이 헬퓨

Dịch vụ phòng đây ạ. Quý khách cần gì ạ?
직 부 퐁 더이 아 뀌 캍 껀 지 아

* 모닝콜 부탁 *

내일 아침에 모닝콜을 부탁해요.
I'd like to request a wake-up call tomorrow.
아이두 라익 투 리퀘스트 어 웨이크 업 콜 투마로우

Tôi nhờ gọi báo thức vào sáng ngày mai.
또이 녀 고이 바오 특 바오 쌍 응아이 마이

몇 시에 모닝콜 해 드릴까요?
What time should I call you?
왓 타임 슈드 아이 콜 유

Gọi báo thức cho quý khách lúc mấy giờ ạ?
고이 바오 특 쪼 뀌 캍 룩 머이 져 아

내일 아침 7시에 깨워주세요.
Please wake me up at seven tomorrow morning.
플리즈 웨익 미 업 앳 세븐 투마로우 모닝

Vui lòng báo thức cho tôi lúc bảy giờ sáng ngày mai nhé.
부이 롱 바오 특 쪼 또이 룩 바이 져 상 응아이 마이 녜

TIP

'모닝콜'을 '웨이크 업 콜'로 부르는 곳도 있다. 깨우는 방법은 전화벨만 울려 주는 곳도 있지만, 한번 수화기를 들어 고맙다는 인사를 잊지 않도록 주의한다. 시간을 지정할 때에는 오전(sáng 쌍)인지 저녁(tối 또이)인지를 확실하게 전한다. 예를 들어 아침 6시면 시간 뒤에 (sáng)을 붙인다.

성함과 방 번호를 가르쳐 주세요.
May have your name and room number, please?
메이 해브 유어 네임 앤 룸 넘버 플리즈

Xin cho biết tên và số phòng ạ.
씬 쪼 비엣 뗀 바 쏘 퐁 아

2호실의 에릭 조입니다.
Eric Cho in room 2.
에릭 조 인 룸 투

Ông Cho, phòng số 2.
옹 쪼 퐁 쏘 하이

알겠습니다. 안녕히 주무십시오.
OK. Good night.
오케이 굿 나잇

Vâng, chúc ông ngủ ngon.
벙 쭉 옹 웅우 응온

감사합니다.
Thank you. 땡큐

Xin cảm ơn.
씬 깜 언

여보세요, 모닝콜을 부탁합니다.
Hello. I'd like a morning call please.
헬로우 아이두 라이커 모닝 콜 플리즈

Xin vui lòng báo thức cho tôi có được không?
씬 부이 롱 바오 특 쪼 또이 꼬 드억 콩

방 번호는 몇 번이지요?
What is your room number?
왓 이즈 유어 룸 넘버

Số phòng bao nhiêu ạ?
쏘 퐁 바오 니우 아

1517호입니다.
Fifteen seventeen.
피프틴 세븐틴

Phòng 1517.
퐁 못응인남짬므이바이

아침 여섯 시에 깨워 주세요. Please wake me at six in the morning. 플리즈 웨익 미 앳 씩스 인 더 모닝	**Hãy đánh thức tôi lúc 6 giờ sáng.** 하이 다잉 특 또이 룩 싸우 져 쌍
여기는 37호실인데요. **내일 아침 6시에 좀 깨워 주십시오.** This is room 37. 디스 이즈 룸 써티세븐 Give me a wake-up call at 6 tomorrow morning, please. 깁 미 어 웨이크 업 콜 앳 씩스 투마로우 모닝 플리즈	**Phòng số 37 đây ạ.** 퐁 쏘 바므어이바이 더이 아 **Xin vui lòng báo thức cho tôi lúc 6 giờ sáng mai.** 씬 부이 롱 바오 특 쪼 또이 룩 싸우져 쌍 마이
알겠습니다. 안녕히 주무십시오. OK. Good night. 오케이 굿 나잇	**Vâng, chúc ông ngủ ngon.** 벙 쭉 옹 응우 응온
룸서비스입니다. Room Service. 룸 서비스	**Room service xin nghe.** 룸 서비스 씬 응예

＊ 아침 식사 ＊

아침 식사 주문할 수 있어요? Can I order breakfast? 캔 아이 오더 브랙퍼스트	**Có gọi bữa sáng được không?** 꼬 고이 브어 쌍 드억 콩

TIP

룸서비스는 10시까지 제한되어 있으며 그 이후 시간은 호텔 구내식당을 이용해야 된다. 룸서비스로 간단한 음료나 아침 식사를 시킬 때는 봉사료(1달러)를 준다. 잔돈이 없을 때는 청구서에 봉사료를 추가하여 서명하면 된다. 이 봉사료는 체크아웃 할 때 계산된다.

손님. 무슨 음식을 원합니까? Sir. What would you like? 써 왓 우쥬 라익	**Thưa ông muốn dùng gì ạ?** 트어 옹 무온 중 지 아
아침을 주문하고 싶은데요. I'd like to order breakfast, please. 아이두 라익 투 오더 브랙퍼스트 플리즈	**Tôi muốn gọi thức ăn sáng.** 또이 무온 고이 특 안 쌍
아침식사를 어떻게 드시겠습니까? What do you want to have for breakfast? 왓 두 유 원 투 해브 포 프랙퍼스트	**Ông muốn dùng gì ạ?** 옹 무온 중 지 아
햄에그 두개와 토스트, 커피를 주세요. Two ham and eggs, toast and coffee. 투 햄 앤 에그즈 토스토 앤 커피	**Thịt hun khói, trứng, bánh mì nướng và cà phê.** 팃 훈 코이 쯩 반 미 느엉 바 까 페
알겠습니다. 곧 올려 보내드리죠. All right. I'll send it up right away. 올 라잇 아윌 센드 잇 업 라잇 어웨이	**Vâng, có ngay ạ.** 벙 꼬 응아이 아

TIP

팃훈코이. 훈제고기. 유럽에서 유래한 음식으로 돼지고기나 소고기를 훈제한 음식이다. 베트남에서는 아침에 훈제고기를 썰어서 채소와 같이 빵 사이에 넣어서 먹기도 한다.

여보세요. 교환입니까? 룸서비스 좀 부탁하겠습니다. Hello. Operator? 헬로우 아퍼레이터 Could I have room service, please? 쿠드 아이 해브 룸 서비스 플리즈	**Xin chào, tổng đài phải không?** 씬 짜오 똥 다이 파이 콩 **Xin cho nói chuyện với room service.** 씬 쪼 노이 쭈엔 버이 룸 서비스
연결시켜 드리겠습니다. I'll connect you now. 아윌 커넥트 유 나우	**Tôi sẽ nối máy ngay ạ.** 또이 쎄 노이 마이 응아이 아
룸서비스입니다. 무엇을 도와드릴까요? Room service. May I help you? 룸 서비스 메아이 헬퓨	**Room service xin nghe.** 룸 서비스 씬 응예
아침 식사를 주문하고 싶은데요. I'd like to order breakfast, please. 아이두 라익 투 오더 브랙퍼스트 플리즈	**Tôi muốn gọi thức ăn sáng.** 또이 무온 고이 특 안 쌍
어떻게 드시겠습니까? What do you want to have for breakfast? 왓 두 유 원 투 해브 포 블랙퍼스트	**Thưa ông muốn dùng gì ạ?** 트어 옹 무온 중 지 아
계란 프라이와 토스트를 부탁합니다. Fried eggs and toast, please. 프라이드 에그즈 앤 토스트 플리즈	**Trứng chiên và bánh mì nướng.** 쯩 찌엔 바 반 미 느엉

계란은 어느 정도로 할까요?
OK. How would you like your eggs?
오케이 하우 우쥬 라익 유어 에그즈

Vâng. Trứng chiên như thế nào ạ?
벙 쯩 찌엔 뉴 테 나오 아

한쪽만 튀긴 것으로 부탁합니다.
Sunny-side up, please.
서니 사이드 업 플리즈

Chiên một mặt thôi.
찌엔 못 맛 토이

방 번호는 몇 번이지요?
What is your room number?
왓 이즈 유어 룸 넘버

Số phòng của ông là bao nhiêu?
소 퐁 꾸어 옹 라 바오 니우

1517호입니다.
Fifteen seventeen.
피프틴 세븐틴

Phòng 1517.
퐁 못응인남짬므이바이

알겠습니다. 곧 가져가겠습니다.
All right. I'll be right up.
올 라잇 아윌 비 라잇 업

Vâng, có ngay ạ.
벙 꼬 응아이 아

주문한 아침 식사가 아직 안 왔습니다.
I'm still waiting for breakfast I ordered.
아임 스틸 웨이팅 포 블랙퍼스트 아이 오더드

Tôi đã gọi thức ăn sáng rồi nhưng vẫn chưa có.
또이 다아 고이 특 안 쌍 조이 늉 번 쯔어 꼬

* 세탁 의뢰 *

세탁을 부탁합니다.
Could I have these washed, please?
쿠드 아이 해브 디즈 워쉬드 플리즈

Tôi nhờ giặt là.
또이 녀 쟛 라

세탁할 것이 있습니다. I'd like to have my laundry. 아이두 라익 투 해브 마이 런드리	**Tôi có đồ giặt.** 또이 꼬 도 쟛
제 셔츠를 세탁해 주세요. I want my shirts cleaned. 아이 원트 마이 셔츠 클리너드	**Tôi muốn giặt áo sơ mi.** 또이 무온 쟛 아오 서 미
이 옷을 다림질해 주세요. I want these clothes ironed. 아이 원트 디즈 클로우드즈 아이런드	**Tôi muốn ủi đồ này.** 또이 무온 우이 도 나이
이 재킷에 얼룩을 지워주세요. Take off this stain on this jacket. 테익 오프 디스테인 온 디스 재킷	**Xin hãy tẩy vết bẩn trên áo jacket này.** 씬 하이 떠이 벳 번 쩬 아오 재킷 나이
교환입니까? 세탁부 좀 부탁 합니다. Operator? Could I have laundry service, please? 아퍼레이터 쿠드 아이 해브 런드리 서비스 플리즈	**Tổng đài phải không?** 똥 다이 파이 콩 **Xin cho nói chuyện với dịch vụ giặt ủi.** 씬 쪼 노이 쭈엔 버이 직 부 쟛 우이
연결시켜 드리겠습니다. I'll connect you now. 아윌 커낵트 유 나우	**Vâng, tôi sẽ nối máy ngay.** 벙 또이 쎄 노이 마이 응아이
방 번호는 몇 번이지요? What's your room number? 왓츠 유어 룸 넘버	**Phòng số bao nhiêu ạ?** 퐁 쏘 바오 니우 아

1517호입니다. Fifteen seventeen. 피프틴 세븐틴	**Phòng 1517.** 퐁 못응인남짬므이바이
셔츠 두 장 세탁 부탁합니다. Hello. I'd like to have two shirts washed. 헬로우 아이두 라익 투 해브 투 셔츠 워쉬트	**Tôi muốn giặt hai áo sơ mi.** 또이 무온 쟛 하이 아오 서 미
오늘밤까지 갖다 주실 수 있습니까? Can I have them back by evening? 캔 아이 해브 뎀 백 바이 이브닝	**Ahn có thể mang đến tối nay được không?** 안 꼬 테 망 덴 또이 나이 드억 콩
네, 손님. 일곱 시경에 됩니다. Yes, Around 7 o'clock, sir. 예스 어라운드 세븐 어클락 써	**Vâng, khoảng bảy giờ tối, thưa ông.** 벙 콰앙 바이 져 또이 트어 옹
곧 가지러 가겠습니다. I'll come up and by them. 아월 컴 업 앤 바이 뎀	**Tôi sẽ đến lấy ngay ạ.** 또이 쎄 덴 러이 응아이 아
알겠습니다. All right. 올 라잇	**Vâng.** 벙

4. 프런트 데스크

* 안내 *

안녕하세요? 무엇을 도와 드릴까요? Hi! May I help you, sir? 하이 메아이 헬퓨 써	**Xin chào ông. Chúng tôi có thể giúp gì ạ?** 씬 짜오 옹 쭝 또이 꼬 테 줍 지 아
예, 열쇠 부탁합니다. 제 방 번호는 1517호입니다. Yes. Key please. 예스 키 플리즈 My room number is 1517. 마이 룸 넘버 이즈 피프틴 세븐틴	**Cho tôi lấy chìa khóa.** 쪼 또이 러이 찌어 코아 **Số phòng của tôi là 1517.** 쏘 퐁 꾸어 또이 라 못응인남짬므이바이
제 가방 좀 잠깐만 봐 주시겠습니까? Could you watch my bags for a minute? 쿠쥬 와치 마이 백스 포 어 미니츠	**Có thể trông chừng hành lý của tôi một chút được không?** 꼬 테 쫑 쯩 하잉 리 꾸어 또이 못 쭛 드억 콩
4시까지 제 짐을 맡아 주시겠어요? Could you keep my baggage until 4 o'clock? 쿠쥬 킵 마이 배기지 언틸 포 어클락	**Có thể giữ hành lý của tôi đến bốn giờ được không?** 꼬 테 즈으 하잉 리 꾸어 또이 덴 본 져 드억 콩
저녁까지 제 짐을 보관해 주실 수 있어요? Could you keep my luggage until this evening? 쿠쥬 킵 마이 러기지 언틸 디스 이브닝	**Có thể trông giữ hộ hành lý của tôi đến tối được không?** 꼬 테 쫑 즈 호 하잉 리 꾸어 또이 덴 또이 드억 콩

*** 귀중품 맡길 때 ***

귀중품을 맡길 수 있을까요? Can I deposit valuables here? 캔 아이 디파짓 밸류어블즈 히어	**Tôi có thể gửi những vật quý giá ở đây không?** 또이 꼬 테 그이 늉 벗 뀌 쟈 어 더이 콩
귀중품을 맡기고 싶어요. Could you keep my valuables for me? 쿠쥬 킵 마이 밸류어블즈 포 미	**Tôi cũng muốn gửi đồ quý hiếm.** 또이 꿍 무온 그이 도 뀌 히엠
네. 그러시죠. **언제까지 맡겨 두실 건가요?** Yes, you can. 예스 유 캔 How long would you like us to keep it? 하우 롱 우쥬 라익 어스 투 킵 잇	**Vâng, được ạ.** 벙 드억 아 **Ông sẽ gửi bao lâu?** 옹 쎄 그이 바오 러우
다음 주 월요일 체크아웃 할 때까지요. Till next Monday when we check out. 틸 넥스트 먼데이 웬 위 체크 아웃	**Đến thứ hai tuần sau, khi chúng tôi trả phòng.** 덴 트 하이 뚜언 싸우 키 쭁 또이 짜 퐁
맡긴 짐을 찾아가도 될까요? May I have my baggage back? 메아이 해브 마이 배기지 백	**Xin cho tôi lấy hành lý.** 씬 쪼 또이 러이 하잉 리
여기 있습니다. Here it is. 히어 잇 이즈	**Vâng, đây ạ.** 벙 더이 아
감사합니다. Thank you. 땡큐	**Xin cảm ơn.** 씬 깜 언

천만에요. You're welcome. 유아 웰컴	**Không có chi ạ.** 콩 꼬 찌 아

*** 외출할 때 ***

시내 지도 있습니까? Do you have a map of this town? 두 유 해버 맵 어브 디스 타운	**Có bản đồ thành phố không ạ?** 꼬 반 도 타잉 포 콩 아
지금 외출합니다. 열쇠 좀 맡아주세요. I'm going out, keep my room key, please. 아임 고잉 아웃 킵 마이 룸 키 플리즈	**Bây giờ tôi đi ra ngoài. Xin vui lòng giữ giùm chìa khóa phòng.** 버이 져 또이 디 자 응와이 씬 부이 롱 즈으 줌 찌어 코아 퐁
열쇠 좀 맡아 주세요. Could you keep my key for me? 쿠쥬 킵 마이 키 포 미	**Hãy nhận giữ chìa khóa giúp tôi.** 하이 년 즈 찌어 코아 즙 또이
호텔 위치 표시 카드를 주십시오. Please give me a card with your hotel's address? 플리즈 깁 미 어 카드 위드 유어 호텔즈 어드레스	**Xin cho tôi thẻ có địa chỉ của khách sạn.** 씬 쪼 또이 테 꼬 디아 찌 꾸어 칼 싼
여기서 관광버스표를 살 수 있나요? Can I buy tickets for a sightseeing bus here? 캔 아이 바이 티킷 포 어 사이트시잉 버스 히어	**Tôi có thể mua vé xe buýt tham quan ở đây không?** 또이 꼬 테 무어 베 쌔 부잇 탐 꽌 어 더이 콩

이 여행자 수표를 현금으로 바꾸고 싶어요.
I'd like to cash these traveler's cheques.
아이두 라익 투 캐시 디즈 트래블러즈 첵스

Tôi muốn đổi ngân phiếu du lịch này thành tiền mặt.
또이 무온 도이 응언 피우 주 릭 나이 타잉 띠엔 맛

안녕하세요. 프런트 데스크입니다.
Hello. Front desk.
헬로우 프런트 데스크

Xin chào. Bộ phận tiền sảnh xin nghe.
씬 짜오 보 펀 띠엔 싸잉 씬 응예

1517호인데 택시 좀 불러 주십시오.
This is room 1517.
디스 이즈 룸 피프틴 세븐틴
Please call me a taxi.
플리즈 콜 미 어 택시

Phòng 1517 đây.
퐁 못응인남짬므이바이 더이

Xin vui lòng gọi taxi giúp ạ.
씬 부이 롱 고이 딱씨 줍 아

택시가 도착하면, 저에게 전화해 주세요.
You can call me, if there arrive in front of this hotel.
유 캔 콜 미 이프 데아 어라이브 인 프런트 어브 디스 호텔

Nếu taxi đến, xin vui lòng gọi tôi nhé.
네우 딱씨 덴 씬 부이 롱 고이 또이 녜

알겠습니다.
All right. 올 라잇

Vâng ạ.
벙 아

* 호텔 서비스 *

아침 식사는 언제 할 수 있어요?
When do you serve breakfast?
웬 두 유 서브 브랙퍼스트

Khi nào dùng bữa sáng được?
키 나오 중 브어 쌍 드억

아침 여섯 시부터 열 시까지 가능합니다. From six to ten in the morning. 프럼 씩스 투 텐 인 더 모닝	**Có thể dùng từ 6 giờ đến 10 giờ.** 꼬 테 중 뜨 싸우 져 덴 므어이 져
수영장은 몇 층이에요? What floor is the swimming pool? 왓 플로어 이즈 더 스위밍 풀	**Bể bơi ở tầng mấy ạ?** 베 버이 어 떵 머이 아
피트니스 이용 시간은 어떻게 돼요? What time is the fitness center open? 왓 타임 이즈 더 피트니스 센터 오픈	**Thời gian sử dụng phòng tập thể hình thế nào?** 터이 쟌 쓰 중 퐁 떱 테 힝 테 나오
제 방을 청소해 주세요. My room needs to be cleaned, please. 마이 룸 니즈 투 비 클린드 플리즈	**Hãy dọn vệ sinh phòng giúp tôi.** 하이 존 베 씽 퐁 즙 또이
하루 일찍 나가고 싶어요. I'd like to leave a day early. 아이두 라익 투 리브 어 데이 얼리	**Tôi muốn trả phòng sớm một ngày.** 또이 무온 짜 퐁 썸 못 응아이
공항 가는 버스는 어디서 타요? Where do I board the bus going to the airport? 웨어 두 아이 보드 더 버스 고잉 투 디 에어포트	**Chỗ đi xe buýt ra sân bay ở đâu?** 쪼 디 쎄 부잇 자 썬 바이 어 더우

5. 불편사항 요청

방이 너무 추워요. My room is too cold. 마이 룸 이즈 투 콜드	**Phòng tôi lạnh quá.** 퐁 또이 란 꽈
방이 너무 더워요. My room is too hot. 마이 룸 이즈 투 핫	**Phòng nóng quá.** 퐁 농 꽈
옆방이 너무 시끄러워요. The room next to mine is making too much noise. 더 룸 넥스트 투 마인 이즈 메이킹 투 머치 노이즈	**Phòng bên cạnh ầm ĩ quá.** 퐁 벤 까잉 엄 이 꽈
다른 방으로 바꿔 주세요. I'd like to change rooms, please. 아이두 라익 투 체인지 룸스 플리즈	**Hãy đổi phòng khác cho tôi.** 하이 도이 퐁 칵 쪼 또이
창문이 열리지 않아요. The window is jammed. 더 윈도우 이즈 잼드	**Cửa sổ bị kẹt.** 끄어 쏘 비 껫
문이 잠겨서 열 수가 없습니다. The door is locked, I can't open it. 더 도어 이즈 락트 아이 캔트 오픈 잇	**Cửa khóa rồi, tôi không thể mở được.** 끄어 코아 조이 또이 콩 테 머 드억

더운 물이 나오지 않습니다. There's no hot water. 데어즈 노 핫 워러	**Không có nước nóng.** 콩 꼬 느윽 농
에어컨이 돌아가지 않습니다. The air conditioner doesn't work. 디 에어 컨디셔너 더즌트 웍	**Máy điều hòa bị hư rồi.** 마이 디우 호아 비 흐 조이
수건을 더 주세요. Could I have more towels? 쿠드 아이 해브 모어 타월즈	**Cho tôi thêm khăn.** 쪼 또이 템 칸
다른 담요로 바꿔 주세요. I'd like to change this for another blanket. 아이두 라익 투 체인지 디스 포 어나더 블랭킷	**Hãy đổi cho tôi cái chăn khác.** 하이 도이 쪼 또이 까이 짠 칵
세면대가 막혔어요. The wash basin is blocked. 더 워쉬 베이슨 이즈 블락트	**Bồn rửa mặt bị nghẹt rồi.** 본 즈어 맛 비 응엣 조이
변기가 고장 났어요. The toilet is out of order. 더 토일렛 이즈 아웃 어브 오더	**Bệt toa lét bị hỏng rồi.** 벳 또아 렛 비 홍 조이
여기 전압은 몇 볼트 입니까? What's the voltage here? 왓츠 더 보올테지 히어	**Điện áp ở đây bao nhiêu?** 디엔 압 어 더이 바오 니우

문이 잠겨 들어갈 수가 없어요. 마스터키를 부탁합니다. I'm locked out of my room. 아임 락드 아웃 어브 마이 룸 Do you have a master key? 두 유 해버 마스터 키	**Cửa bị khóa không vào được.** 끄어 비 코아 콩 바오 드억 **Cho tôi cầu khóa vạn năng.** 쪼또이 꺼우 코아 반 낭
제 방이 아직 청소가 안되어 있어요. My room has not been prepared. 마이 룸 해즈 낫 빈 프리페어드	**Chưa dọn phòng cho tôi.** 쯔어 존 퐁 쪼 또이
룸 키를 내 방 안에 놓고 나왔습니다. I left the room key in my room. 아이 레프트 더 룸 키 인 마이 룸	**Tôi để quên chìa khóa phòng ở trong phòng rồi.** 또이 데 꾸엔 찌어 코아 퐁 어 쫑 퐁 조이

mini 회화

A : 1116호인데 택시 좀 불러 주십시오.
Phòng 1116 đây. Xin vui lòng gọi taxi giúp ạ.
퐁 므어이못 므어이싸우 더이 씬 부이 롱 고이 딱씨 줍 아

B : 알겠습니다. 역 5분쯤 걸리겠는데요.
Vâng, khoảng nằm phút nữa sẽ đến ạ.
벙 콰앙 남 풋 느어 쎄 덴 아

A : 택시가 도착하면, 저에게 전화해 주세요.
Nếu taxi đến, xin vui lòng gọi tôi nhé.
네우 딱씨 덴 씬 부이 롱 고이 또이 녜

6. 체크아웃

체크아웃 하겠습니다. I want to check out, please. 아이 원 투 체크 아웃 플리즈	**Xin cho trả phòng.** 씬 쪼 짜 퐁
알겠습니다. 현금입니까? 카드입니까? All right. Cash or Charge? 올 라잇 캐시 오어 차지	**Vâng. Ông trả bằng tiền mặt hay thẻ ạ?** 벙 옹 짜 방 띠엔 맛 하이 테 아
여행자수표도 됩니까? May I pay by traveler's check? 메아이 페이 바이 트레블러즈 첵	**Tôi trả bằng chi phiếu du lịch được không?** 또이 짜 방 찌 피우 주 릭 드억 콩
예, 좋습니다. Yes you may. 예스 유 메이	**Vâng, được ạ.** 벙 드억 아
전부 얼마입니까? How much is the total bill? 하우 머치 이즈 더 토털 빌	**Tất cả bao nhiêu?** 떳 까 바오 니우
120달러입니다. It comes to one hundred and twenty dollars. 잇 컴스 투 원 헌드레드 앤 투앤티 달러즈	**120 đô-la ạ.** 못짬하이므어이 도-라 아
안녕하세요. 1517호입니다. Hello. This is in room fifteen seventeen. 헬로우 디스 이즈 인 룸 피프틴 세븐틴	**Xin chào. Phòng 1517 đây.** 씬 짜오 퐁 못응인남짬므이바이 더이

짐을 갖고 내려갈 사람을 보내 주세요. Please send someone to bring down my baggage. 플리즈 센드 섬원 투 브링 다운 마이 배기지	**Xin cho người lên mang hành lý xuống giùm tôi.** 씬 쪼 응어이 렌 망 한 리 쑤옹 줌 또이
체크아웃하실 건가요, 손님? Are you checking out, sir? 아류 체킹 아웃 써	**Ông trả phòng phải không ạ?** 옹 짜 퐁 파이 콩 아
네. 계산서를 준비해 주세요. Yes. Would you please have my bill ready? 예스 우쥬 플리즈 해브 마이 빌 레디	**Vâng. Xin sẵn hóa đơn trước giùm tôi.** 벙 씬 싼 호아 던 쯔억 중 또이
125달러입니다. That will be one hundred and twenty-five dollars. 댓 윌 비 원 헌드레드 앤 투앤티 파이브 달라즈	**125 đô-la ạ.** 못짬하이므어이람 도-라 아
네, 영수증 여기 있습니다. Yes, here's your receipt. 예스 히어즈 유어 리씨트	**Vâng, hóa đơn đây ạ.** 벙 화 던 더이 아
안녕히 계십시오. I'll try. Good bye. 아윌 트라이 굿 바이	**Vâng. Xin tạm biệt.** 벙 씬 땀 비엣
그간 즐겁게 지냈습니다. My stay in your hotel has been very pleasant. 마이 스테인 유어 호텔 해즈 빈 베리 프레즌트	**Tôi ở đây rất thoải mái.** 또이 어 더이 젓 토아이 마이

저희 호텔에 머물러 주셔서 감사합니다. Thank you for staying with us, sir. 땡큐 포 스테잉 위드 어스 써	**Xin cảm ơn ông rất nhiều đã ở đây với chúng tôi.** 씬 깜 언 옹 젓 니우 다 어 더이 버이 쭝 또이
안녕하세요. 내일 아침 11시경에 퇴실하려고 합니다. Good evening. I'll checking out tomorrow morning about 11. 굿 이브닝 아윌 체킹 아웃 투마로우 모닝 어바웃 일레븐	**Xin chào. Tôi sẽ trả phòng khoảng 11 giờ trưa mai.** 씬 짜오 또이 쎄 짜 퐁 콰앙 므어이못 져 쯔어 마이
알겠습니다. 계산서를 준비해 놓겠습니다. OK. We'll have your bill ready. 오케이 위윌 해브 유어 빌 레디	**Vâng. Chúng tôi sẽ chuẩn bị sẵn hóa đơn cho ông.** 벙 쭝 또이 쎄 쭈언 비 산 화 던 쪼 옹
여행자 수표로 지불하고 싶습니다. I'd like to pay for that with traveler's check. 아이두 라익 투 페이 포 댓 위드 트래블러즈 첵	**Tôi muốn trả bằng chi phiếu du lịch.** 또이 무온 짜 방 찌 피우 주 릭
다시 뵙기를 바랍니다. I'm looking forward to seeing you again. 아임 룩킹 포워드 투 씽 유 어겐	**Rất mong được gặp lại ông.** 젓 몽 드억 갑 라이 옹

식당
hiệu ăn

1. 식당 예약

안녕하세요. 저녁 식사 예약을 하고 싶은데요. Hello. I'd like to make a reservation for dinner. 헬로우 아이두 라익 투 메이커 레저베이션 포 디너	**Xìn chào. Tôi muốn đặt ăn tối.** 씬 짜오 또이 무온 닷 안 또이
언제 예약하려고 합니까? When would you like to go? 웬 우쥬 라익 투 고	**Thưa ông. Khi nào ạ?** 트어 옹 키 나오 아
오늘밤입니다. Tonight, please. 투나잇 플리즈	**Tối nay.** 또이 나이
몇 명입니까? For how many people? 포 하우 메니 피플	**Mấy người ạ?** 머이 응어이 아
다섯 명입니다. For five. 포 파이브	**Năm người.** 남 응어이
예약할게요. I'd like to make a reservation. 아이두 라익 투 메이커 레저베이션	**Tôi sẽ đặt trước.** 또이 쎄 닷 쯔억

일곱 시에 가능합니다.

We have a table at seven.

위 해버 테이블 앳 세븐

7 giờ thì được ạ.

바이 져 티 드억 아

오늘 밤 여섯 시에 세 사람 자리를 예약하고 싶어요.

I'd like to make a reservation for three at six tonight.

아이두 라익 투 메이커 레저베이션 포 쓰리 앳 씩스 투나잇

Tôi muốn đặt chỗ cho 3 người lúc 6 giờ tối hôm nay.

또이 무온 닷 쪼 쪼 바 응어이 룩 싸우 져 또이 홈 나이

죄송합니다. 그때는 자리가 없습니다.

I'm sorry. We're fully booked then.

아임 쏘리 위아 풀리 북드 덴

Xin lỗi, lúc đó không còn chỗ ạ.

씬 로이 룩 도 콩 꼰 쪼 아

오늘 저녁 7시에 테이블 하나를 예약하고 싶습니다.

I'd like to reserve a table at 7 this evening.

아이두 라익 투 리저브 어 테이블 앳 세븐 디스 이브닝

Tôi muốn đặt một bàn vào lúc 7 giờ tối nay.

또이 무온 닷 못 반 바오 룩 바이 져 또이 나이

그 시간에 예약은 끝났습니다.

We're booked up that time.

위아 북트 업 댓 타임

Giờ đó đã được đặt hết rồi ạ.

져 도 다 드억 닷 헷 조이 아

7시 30분으로 하면 안 되겠습니까?

Could you make it at 7: 30?

쿠쥬 메이킷 앳 세븐 써티

Ông có thể đặt vào lúc 7:30 được không?

옹 꼬 테 닷 바오 룩 바이져 바므어이 드억 콩

알겠습니다. 7시 30분에 가겠습니다. All right. We can. We'll be there at 7:30. 올 라잇 위 캔 위윌 비 데아 앳 세븐써티	**Vâng, được. Chúng tôi sẽ đến lúc 7:30.** 벙 드억 쭝 또이 쎄 덴 룩 바이져 바므어이
평상복도 괜찮습니까? Can I wear casual clothes? 캔 아이 웨어 캐쥬얼 크로우드즈	**Mặc quần áo bình thường có được không?** 막 꾸언 아오 빈 트엉 꼬 드억 콩
네, 괜찮습니다. Yes, sir. 예스 써	**Vâng, được ạ.** 벙 드억 아

mini 회화

A : 오늘 밤 여섯 시에 세 사람 자리를 예약하고 싶어요.
Tôi muốn đặt chỗ cho 3 người lúc 6 giờ tối hôm nay.
또이 무온 닷 쪼 쪼 바 응어이 룩 싸우 져 또이 홈 나이

B : 알겠습니다. 성함을 말씀해 주세요?
Vâng, được rồi ạ. Xin vui lòng cho biết tên?
벙 드억 조이 아 씬 부이 롱 쪼 비엣 뗀

A : 한사람 당 얼마입니까?
Một người bao nhiêu?
못 응어이 바오 니우

2. 주문 · 식사

* 자리 안내 *

안녕하세요. 빈자리가 있습니까? Hello. Any tables available? 헬로우 애니 테이블즈 어베일러블	**Xin chào. Còn bàn trống không?** 씬 짜오 꼰 반 쫑 콩
어떤 자리를 원하세요? What kind of table would you like? 왓 카인드 어브 테이블 우쥬 라익	**Muốn chỗ ngồi thế nào ạ?** 무온 쪼 응오이 테 나오 아
창가 자리로 부탁해요. I'd like a window seat, please. 아이두 라이커 윈도우 시트 플리즈	**Tôi đề nghị chỗ sát cửa sổ.** 또이 데 응이 쪼 쌋 끄어 쏘
테라스에 앉고 싶어요. I'd like to sit out on the terrace. 아이두 라익 투 씻 아웃 온 더 테라스	**Tôi muốn ngồi ở ban công.** 또이 무온 응오이 어 반 꽁
가능하다면 조용한 테이블에 앉고 싶어요. I'd like a quiet table, if possible. 아이두 라이커 콰이트 테이블 이프 파시블	**Nếu được tôi muốn ngồi ở bàn yên tĩnh.** 네우 드억 또이 무온 응오이 어 반 이옌 띵
이리 오세요. Please come this way. 플리즈 컴 디스 웨이	**Xin theo lối này ạ.** 씬 테오 로이 나이 아

*** 주문할 때 ***

주문하시겠습니까? Are you ready to order now, sir? 아류 레디 투 오더 나우 써	**Bây giờ gọi món chưa ạ?** 버이 져 고이 몬 쯔어 아
네, 주문할게요. I would like to order now. 아이 우드 라익 투 오더 나우	**Vâng, tôi sẽ gọi món.** 벙 또이 쎄 고이 몬
무엇을 드시겠어요? What will you be having? 왓 윌 유 비 해빙	**Quí khách dùng gì ạ?** 뀌 캍 중 지 아
콤비네이션 샐러드를 부탁할 수 있을까요? Can we have a combination salad? 캔 위 해버 콤비네이션 샐러드	**Cho tôi món rau trộn luôn được không?** 쪼 또이 몬 자우 쫀 루온 드억 콩
네, 그렇게 하죠. Yes, we can. 예스 위 캔	**Vâng.** 벙
소스는 무엇으로 할까요? What kind of dressing would you like? 왓 카인드 어브 드레싱 우쥬 라익	**Ông dùng loại nước xốt nào ạ?** 옹 중 로아이 느윽 쏫 나오 아
샐러드 드레싱은 어떤 것으로 하시겠어요? What kind of dressing would you like for your salad? 왓 카인드 어브 드레싱 우쥬 라익 포 유어 샐러드	**Nước sốt sa lát quí khách dùng loại nào ạ?** 느억 쏫 싸 랏 뀌 캍 중 로아이 나오 아

이탈리안 드레싱으로 해 주세요. I'll have the Italian dressing. 아윌 해브 디 이탈리안 드레싱	**Cho tôi loại sốt Ý.** 쪼 또이 로아이 솟 이
싸우전드 아일랜드로 주세요. Thousand island, please. 따우전드 아일랜드 플리즈	**Xin cho loại Thousand island.** 씬 쪼 로아이 따우전드 아일랜드
어떤 수프가 있습니까? What kind of soup do you have? 왓 카인드 어브 수프 두 유 해브	**Ở đây có loại súp nào?** 어 더이 꼬 로아이 숩 나오
음료는 무엇으로 하시겠습니까? Anything to drink? 애니씽 투 드링크	**Quý khách dùng đồ uống gì ạ?** 뀌 칼 중 도 우옹 지 아
레드 와인 한 잔 주세요. A glass of red wine, please. 어 글라스 어브 레드 와인 플리즈	**Cho tôi một ly vang đỏ.** 쪼 또이 못 리 방 도
음료수는 식사와 함께 주세요. Could you bring the drinks with the food? 쿠쥬 브링 더 드링스 위드 더 푸드	**Đồ uống mang cùng với đồ ăn cho tôi.** 도 우옹 망 꿍 버이 도 안 쪼 또이
네, 소고기 스테이크 둘 주세요. Yes, we'll have two beef steaks, please. 예스 위윌 해브 투 비프 스테이크 플리즈	**Vâng. Cho hai phần thịt bò bít tết.** 벙 쪼 하이 펀 팃 보 빗 뗏

스테이크는 어느 정도로 구울까요? Yes, sir. How would you like your steaks? 예스 써 하우 우쥬 라익 유어 스테이크	**Vâng. Ông muốn thịt như thế nào?** 벙 옹 무온 팃 느 테 나오
숙녀는 웰던으로 저는 미디엄으로 주십시오. Well-done for the lady and medium for myself. 웰던 포 더 레디 앤 미듐 포 마이셀프	**Một phần chín cho cô ấy, còn một phần chín vừa cho tôi.** 못 펀 찐 쪼 꼬 어이 꼰 못 펀 찐 브어 쪼 또이
디저트로 무얼 드시겠습니까? What would you like for dessert, sir? 왓 우쥬 라익 포 디저트 써	**Ông muốn dùng loại tráng miệng nào ạ?** 옹 무온 중 로아이 짱 미엥 나오 아

TIP

식사 주문은 식욕을 돋우는 Món khai vị 몬 카이 비 (전채), Món chính 몬 찐 (주요리: 샐러드, 소스) Món tráng miệng 몬 짱 미엥 (디저트) 순으로 주문한다. Món tráng miệng 몬 짱 미엥 (디저트)는 식사 후에 별도로 부탁하면 된다. 주문을 결정할 수 없을 때는 웨이터가 권유하는 식사를 주문하면 된다.
스테이크를 주문하면 'Ông muốn thịt như thế nào ạ? 옹 무온 팃 느 테 나오 아' (어느 정도로 구울까요?)라고 묻는데 이때 'Tái 따이 (생구이), Tái vừa 따이 브어 (중간 생구이), Chín vừa 찐 브어 (중간 구이), Chín 찐 (잘구음)' 등으로 말하면 된다.
또한, 'Ông dùng món tráng miệng gì ạ? 옹 중 몬 짱 미엥 지 아 (디저트는 무얼 드시겠습니까?)'라고 물으면 'Xin cho tôi trà. 씬 쪼 또이 짜 또는 Tôi uống trà. 또이 우웅 짜 혹은 Trà ạ. 짜 아'라고 표현하면 차를 달라는 뜻이다.

* 디저트 선택 *

아이스크림이나 커피 중 선택하실 수 있습니다. We have a choice of ice-cream or coffee. 위 해버 초이스 어브 아이스크림 오어 커피	**Kem hay cà phê.** 껨 하이 까 페
커피주세요. Coffee, please. 커피 플리즈	**Xin cho cà phê.** 씬 쪼 까 페
디저트는 뭐가 있어요? What do you have for dessert? 왓 두 유 해브 포 디저트	**Món tráng miệng có cái gì?** 몬 짱 미엥 꼬 까이 지
초콜릿 케이크와 바닐라 푸딩 그리고 커피가 있습니다. Chocolate cake, vanilla pudding and coffee. 초콜릿 케익 바닐라 푸딩 앤 커피	**Có bánh sô cô, bánh pudding vani và cà phê ạ.** 꼬 바잉 쏘 꼬 바잉 푸딩 바니 바 까 페 아
초콜릿 케이크 주세요. I'll have the chocolate cake, please. 아윌 해브 더 초콜릿 케익 플리즈	**Cho tôi bánh sô cô la.** 쪼 또이 바잉 쏘 꼬 라
디저트는 주 요리 식사 후에 주문하겠습니다. I'll order dessert after the main dish. 아윌 오더 디저트 애프터 더 메인 디쉬	**Ăn món chính xong tôi sẽ gọi món tráng miệng sau.** 안 몬 찐 쏭 또이 새 고이 몬 짱 미엥 싸우

식사 다 하셨습니까? Do you have finished your dinner, sir? 두 유 해브 피니쉬드 유어 디너 써	**Ông dùng bữa tối xong chưa ạ?** 옹 중 브어 또이 쏭 쯔어 아
식사 맛있게 하셨어요? Did you enjoy your meal? 디쥬 인조이 유어 밀	**Bữa ăn có ngon không ạ?** 브어 안 꼬 응온 콩 아
네, 잘 먹었습니다. Yes, I enjoyed it very much. 예스 아이 인조이드 잇 베리 머치	**Vâng, xong rồi. Tôi rất thích.** 벙 쏭 조이 또이 젓 틱
감사합니다. Thank you. 땡큐	**Xin cảm ơn.** 씬 깜 언

＊ 메뉴 추천 ＊

여기 메뉴판 주세요. Could we get a menu, please? 쿠드 위 겟 어 메뉴 플리즈	**Cho tôi bản thực đơn.** 쪼 또이 반 특 던
네, 여기 있습니다. Of course, here you go. 어브 코스 히어 유 고우	**vâng, đây ạ.** 벙 더이 아
여기 주문 받아 주세요. We'd like to order, please. 위두 라익 투 오더 플리즈	**Cho chúng tôi gọi món.** 쪼 쭝 또이 고이 몬
햄 샌드위치 있습니까? Do you have ham sandwich? 두 유 해브 햄 샌드위치	**Có bánh mì sandwich và thịt hun khói không.** 꼬 반 미 샌드위치 바 팃 훈 코이 콩

저는 가벼운 식사를 주문하고 싶은데요. I'd like to order a light meal. 아이두 라익 투 오더 어 라이트 밀	**Tôi muốn gọi một món nhẹ.** 또이 무온 고이 못 몬 녜
알겠습니다. Yes, sir. 예스 써	**Vâng, ạ.** 벙 아
음료수 드시겠습니까? What would you like to drink? 왓 우쥬 라익 투 드링크	**Ông muốn dùng thức uống gì?** 옹 무온 중 특 우웅 지
오렌지 주스와 커피가 있습니다. We have orange juice, and coffee. 위 해브 오린지 주스 앤 커피	**Có nước cam và cà phê.** 꼬 느윽 깜 바 까 페
필요 없어요. 그냥 물만 주세요. No, thank you. Just water, please. 노 땡큐 저스트 워터 플리즈	**Không cần. Cứ cho tôi nước thôi.** 콩 껀 끄 쪼 또이 느억 토이
커피주세요. Coffee, please. 커피 플리즈	**Xin cho cà phê.** 씬 쪼 까 페

TIP

가벼운 식사를 주문할 때는 'Tôi muốn gọi một món nhẹ. 또이 무온 고이 못 몬 녜' 또는 'Tôi muốn gọi món ăn nhanh. 또이 무온 고이 몬 안 냔' 라고 말하면 훌륭하게 식사를 주문할 수 있다.

오렌지 주스 주세요. Orange juice, please. 오렌지 주스 플리즈	**Cho tôi nước cam.** 쪼 또이 느억 깜
콜라 주세요. Coke, please. 코우크 플리즈	**Cho tôi cô ca.** 쪼 또이 꼬 까
레모네이드 주세요. Lemonade, please. 레모네이드 플리즈	**Cho tôi nước sô đa chanh.** 쪼 또이 느억 쏘 다 짜잉
주문하시겠어요? May I take your order? 메아이 테익 유어 오더	**Quí khách gọi món không ạ?** 뀌 캍 고이 몬 콩 아
좀 있다가 주문할게요. Give us a little more time. 깁 어스 어 리틀 모어 타임	**Một lát nữa tôi sẽ gọi món.** 못 랏 느어 또이 쎄 고이 몬
정해지면 부를게요. We'll order when we've decided. 위윌 오더 웬 위브 디싸이디드	**chọn xong tôi sẽ gọi.** 쫀 쏭 또이 쎄 고이
오 분 뒤에 다시 와 주세요. Could you come back in five minutes? 쿠쥬 컴 백 인 파이브 미니츠	**5 phút nữa, quay lại giúp tôi nhé.** 남 풋 느어 꽈이 라이 즙 또이 녜

여기요, 메뉴판 다시 보여 주세요. Could we have the menu again? 쿠드 위 해브 더 메뉴 어겐	**Này, em ơi, cho tôi xem lại thực đơn.** 나이 엠 어이 쪼 또이 쎔 라이 특 던
메뉴를 보여 주시겠습니까? Would you show me the menu, please? 우쥬 쇼미 더 메뉴 플리즈	**Xin cho xem thực đơn.** 씬 쪼 샘 특 던

TIP

베트남의 주식은 갖은 야채, 고기, 생선, 양념, 소스 등에 흰쌀을 섞어 만든 요리이다. 증기로 찐 쌀 팬케이크와 뱀장어와 국수, 닭고기, 쓴맛의 소스가 들어가 있는 수프는 간단히 요기할 수 있는 음식으로 유명하다.

PHỞ 퍼 : 쌀국수
CƠM TRẮNG 껌짱 : 흰쌀밥, 푸석푸석한 편이지만 인식과는 달리 맛은 좋은 편이다.
CƠM CHIÊN 껌 찌엔 : 볶음밥
CÁ CHIÊN 까 찌엔 : 생선구이
LẨU 러우 : 생선, 야채수프 / 샤브샤브나 전골과 유사
CHẢ LỤA 짜 루어 : 돼지고기로 만든 소시지
SƯỜN NƯỚNG 스언 느엉 : 돼지고기 숯불고기
THỊT GÀ luộc 팃 가 루옷 : 삶은 닭고기요리
TÔM HẤP 똠 헙 : 새우찜
CUA RANG MUỐI 꾸어 랑 무오이 : 커다란 게를 통째로 튀긴 요리
TÔM NƯỚNG 똠 느엉 : 소금구이를 한 민물 새우구이
CHẢ GIÒ 짜죠 : 프랑스식 만두튀김

*베트남은 열대 지방이기 때문에 코코넛, 망고스틴, 망고, 파파야, 탕롱, 파인애플, 워터 메론, 바나나 등 각종의 풍부한 열대과일이 있다.

여기 있습니다. 주문하시겠습니까?
Here you are. Would you like to order now sir?
히어 유아 우쥬 라익 투 오더 나우 써

Đây ạ. Bây giờ gọi món chưa ạ?
더이 아 버이 져 고이 몬 쯔어 아

＊ 본식사 주문 ＊

주문하시겠어요?
May I take your order?
메아이 테익 유어 오더

Quí khách gọi món không ạ?
뀌 칼 고이 몬 콩 아

이 지방 특별요리가 있습니까?
Do you have a local specialty?
두 유 해버 로우컬 스페셜티

Ở đây có món đặc sản của địa phương không?
어 더이 꼬 몬 닥 싼 꾸어 디아 프엉 콩

연어 훈제 요리가 있습니다.
We have Salmon with Smoked dish.
위 해브 새먼 위드 스모우크드 디쉬

Hôm nay có món cá hồi hun khói ạ.
홈 나이 꼬 몬 까 호이 훈 코이 아

오늘 특별 메뉴는 무엇이 있습니까?
What's today's special menu?
왓츠 투데이즈 스페셜 메뉴

Hôm nay có món gì đặc biệt.
홈 나이 꼬 몬 지 닷 비엣

점심 특선 요리는 뭐예요?
What is your lunch special?
왓 이즈 유어 런치 스페셜

Món ăn đặc biệt cho bữa trưa là gì vậy?
몬 안 닷 비엣 쪼 브어 쯔어 라 지 버이

이 집에서 가장 인기 있는 메뉴는 뭐예요?
What do you recommend here?
왓 두 유 레커멘드 히어

Ở nhà hàng này thực đơn hấp dẫn nhất là cái gì?
어 냐 항 나이 특 던 협 전 녓 라 까이 지

3. 식사 불편사항을 말할 때

저쪽 테이블로 옮기고 싶어요. Could we move to that table? 쿠드 위 무브 투 댓 테이블	**Tôi muốn chuyển sang bàn phía kia.** 또이 무온 쭈옌 쌍 반 피어 끼어
자리를 창가로 바꿔 주세요. Could we change to a window seat? 쿠드 위 체인지 투 어 윈도우 시트	**Đổi chỗ cho tôi ra sát cửa sổ.** 도이 쪼 쪼 또이 자 쌋 꾸어 쏘
여기를 좀 치워 주세요. Could you clean this up? 쿠쥬 클린 디스 업	**Hãy dọn chỗ này giúp tôi.** 하이 존 쪼 나이 줍 또이
컵이 더러워요. This cup is dirty. 디스 컵 이즈 더티.	**Cốc bẩn quá.** 꼭 번 꽈
죄송합니다. 다른 것으로 바꿔 드리겠습니다. I'm sorry. I'll bring you a new one. 아임 쏘리 아윌 브링 유 어 뉴 원	**Xin lỗi. Tôi sẽ đổi cái khác ạ.** 씬 로이 또이 쎄 도이 까이 칵 아
깨끗한 것으로 바꿔 주세요. Could I get a clean one? 쿠드 아이 겟 어 클린 원	**Hãy đổi cho tôi lấy cái sạch sẽ.** 하이 도이 쪼 또이 러이 까이 싸익 쎄

음식은 언제 나와요? Will our food be long? 윌 아워 푸드 비 롱	**Đồ ăn bao giờ thì mang tới?** 도 안 바오 져 티 망 떠이
저희가 좀 바빠서요. We're in a bit of a hurry. 위아 인 어 빗 어브 어 허리	**Vì chúng tôi hơi bận.** 비 쭝 또이 허이 번
요리를 빨리 주세요. We've been waiting a long time. 위브 빈 웨이팅 어 롱 타임	**Mau mang đồ ăn cho chúng tôi.** 마우 망 도 안 쪼 쭝 또이
여기 좀 보세요. Excuse me. 익스큐즈 미	**Lại đây xem này.** 라이 더이 쎔 나이
주문한 것은 언제 나와요? Could you see if our orders are ready? 쿠쥬 씨 이프 아워 오더즈 아 레디	**Món tôi gọi bao giờ thì có?** 몬 또이 고이 바오 져 티 꼬
이것은 제가 주문한 게 아니에요! This isn't what I ordered! 디스 이즌 왓 아이 오더드	**Tôi không có gọi món này.** 또이 콩 꼬 고이 몬 나이 = Cái này không phải thứ tôi gọi. 까이 나이 콩 파이 트 또이 고이
다른 요리가 나왔어요. This is the wrong dish. 디스 이즈 더 롱 디쉬	**Có món khác ra rồi.** 꼬 몬 칵 자 조이

주스는 주문하지 않았어요. I didn't order juice. 아이 디든 오더 주스	**Tôi đã không gọi nước quả.** 또이 다 콩 고이 느억 꽈
음식에서 뭐가 나왔어요. I found something in the food. 아이 파운드 섬씽 인 더 푸드	**Trong món ăn có cái gì đó.** 쫑 몬 안 꼬 까이 지 도
수프에 뭐가 들어 있어요. I found something in the soup. 아이 파운드 섬씽 인 더 수프	**Có cái gì ở trong súp đấy.** 꼬 까이 지 어 쫑 숩 더이
이 음식이 상한 것 같아요. I think this food is off. 아이 씽크 디스 푸드 이즈 오프	**Món ăn này hình như bị thiu rồi.** 몬 안 나이 힝 뉴 비 티우 조이

mini 회화

A : 음식은 언제 나와요?
Đồ ăn bao giờ thì mang tới?
도 안 바오 져 티 망 떠이

B : 죄송합니다. 지금 주방에 확인하겠습니다.
Xin lỗi. Giờ tôi sẽ hỏi nhà bếp ạ.
씬 로이 져 또이 쎄 호이 냐 벱 아

A : 여기를 좀 치워 주세요.
Hãy dọn giúp tôi chỗ này.
하이 존 즙 또이 쪼 나이

4. 계산할 때

제가 낼게요. I'll get this. 아윌 겟 디스	**Để tôi trả.** 데 또이 짜
아니요, 괜찮습니다. No, I insist. 노 아이 인씨스트	**Không, không sao.** 콩 콩 싸오
제가 이번에 내고 다음엔 당신이 내세요. Why don't I get this, and you can take me out next time. 와이 돈 아이 겟 디스 앤 유 캔 테익 미 아웃 넥스트 타임	**Lần này tôi trả, lần sau chị trả nhé.** 런 나이 또이 짜 런 싸우 찌 짜 녜
네, 그러죠. 덕분에 잘 먹었어요. All right then. Thank you. 올 라잇 덴 땡큐	**Vâng, thế vậy. Nhờ anh tôi đã ăn rất ngon.** 벙 테 버이 녀 아잉 또이 다 안 젓 응온
웨이터 계산서 좀 부탁합니다. Waiter! Check, please. 웨이터 첵 플리즈	**Xin tính tiền giùm tôi ạ.** 씬 띤 띠엔 줌 또이 아
계산서 주세요. Check, please. 첵 플리즈	**Cho tôi hóa đơn.** 쪼 또이 호아 던
여기 있습니다. Here you are. 히어 유 아	**Đây ạ.** 더이 아

모두 얼마예요? How much is it? 하우 머치 이즈 잇	**Tất cả là bao nhiêu tiền?** 떳 까 라 바오 니우 띠엔
이십 달러입니다. Twenty dollars. 투엔티 달러즈	**Hai mươi đô-la.** 하이 므어이 도-라
계산할게요. Can I have the bill, please? 캔 아이 해브 더 빌 플리즈	**Tôi thanh toán.** 또이 타잉 또안
봉사료가 포함되어 있습니까? Is service charge included? 이즈 서비스 차지 인클루디	**Có bao gồm phí phục vụ chưa?** 꼬 바오 곰 피 푹 부 쯔어
봉사료 포함입니까? Does this include service charge? 더즈 디스 인클루드 서비스 차지	**Có gồm phí phục vụ không?** 꼬 곰 피 푹 부 콩

*** 계산 방식 ***

같이 계산해 주세요. We're paying together. 위아 페잉 투게더	**Tính chung vào cho tôi.** 띵 쭝 바오 쪼 또이
따로 계산해 주세요. Can we pay separately? 캔 위 페이 쎄퍼레틀리	**Tính riêng ra cho tôi.** 띵 지엥 자 쪼 또이
계산은 각자 하겠습니다. We'll like to pay separately. 위윌 라익 투 페이 세퍼레틀리	**Chúng tôi trả riêng.** 쭝 또이 짜 지엥

제 것은 제가 낼게요.
I'll pay for my share.
아윌 페이 포 마이 쉐어

Tôi sẽ trả phần của tôi.
또이 쎄 짜 펀 꾸어 또이

반씩 내죠.
Let's split it.
렛츠 스플릿 잇

Mỗi người trả một nửa.
모이 응어이 짜 못 느어

계산은 이미 제가 했어요.
I already paid.
아이 얼레디 페이드

Tôi đã thanh toán rồi.
도이 다 타잉 또아 조이

감사합니다.
거스름돈은 가지세요.
Thank you. Keep the change.
땡큐 킵 더 체인지

Cảm ơn. Hãy giữ lấy tiền thừa.
깜 언 하이 즈 러이 띠엔 트어

영수증 주세요.
Could I get a receipt, please?
쿠드 아이 겟 어 리씨트 플리즈

Cho tôi hóa đơn.
쪼 또이 호아 던

*** 계산 오류 ***

계산이 잘못된 것 같아요.
이 금액은 뭐예요?
This isn't right. What's this for?
디스 이즌 라잇 왓츠 디스 포

Hình như tính sai rồi. Số tiền này là cái gì đấy?
힝 뉴 띵 싸이 조이 쏘 띠엔 나이 라 까이 지 더이

죄송합니다. 잘못 계산했네요.
I'm sorry. We miscalculated.
아임 쏘리 위 미스캘큘레이티드

Xin lỗi. Tôi đã tính nhầm.
씬 로이 또이 다 띵 념

이 금액이 틀려요.
This amount is wrong.
디스 어마운트 이즈 롱

Số tiền ở đây sai rồi.
쏘 띠엔 어 더이 싸이 조이

합계가 틀려요.
This sum isn't right.
디스 섬 이즌 라잇

Tổng cộng sai rồi.
똥 꽁 싸이 조이

받은 거스름돈이 모자랍니다.
I didn't get the right change.
아이 디든 겟 더 라잇 체인지

Tiền lẻ chị đưa cho tôi bị thiếu.
띠엔 레 찌 드어 쪼 또이 비 티우

= Tiền lẻ anh đưa cho tôi bị thiếu.
띠엔 레 아잉 드어 쪼 또이 비 티우

mini 회화

A : 식사 다 하셨습니까?
Ông dùng bữa tối xong chưa ạ?
옹 중 브어 또이 쏭 쯔어 아

B : 네, 잘 먹었습니다.
Vâng, xong rồi. Tôi rất thích.
벙 쏭 조이 또이 젓 틱

A : 제가 이번에 내고 다음엔 당신이 내세요.
Lần này tôi trả, lần sau chị trả nhé.
런 나이 또이 짜 런 싸우 찌 짜 녜

5. 패스트푸드점에서

* 주문 *

무얼 드릴까요?
What will you be having?
왓 윌 유 비 해빙

Quý khách dùng gì?
뀌 캍 중 지

햄버거 두개와 핫도그 큰 것 하나 주세요.
Two hamburger and one big hot dog, please.
투 햄버거 앤 원 빅 핫도그 플리즈

Xin cho hai hăm bơ gơ và một bánh mì kẹp xúc xích.
씬 쪼 하이 함 버 거 바 못 반 미 켑 쑥 씩

여기서 드시겠습니까? 가지고 가겠습니까?
For here or to go, sir?
포 히어 오어 투 고 써

Ông dùng ở đây hay mang đi ạ?
옹 중 어 더이 하이 망 디 아

여기서 먹겠습니다.
For here, please.
포 히어 플리즈

Ở đây.
어 더이

햄버거에 무엇을 넣을까요?
What would you like on your hamburgers?
왓 우쥬 라익 온 유어 햄버거즈

Ông muốn cho gì vào hăm bơ gơ?
옹 무온 쪼 지 바오 함 버 거

토마토를 넣어주세요.
Sliced tomatoes, please.
슬라이스드 토메도스 플리즈

Xin cho cà chua xắt lát.
씬 쪼 까 쭈어 쌋 랏

아이스크림 두 개 주세요. Two ice creams, please. 투 아이스크림즈 플리즈	**Cho tôi 2 cái kem.** 쪼 또이 하이 까이 껨
여기 있습니다. 4달러입니다. That'll be four dollars. 댓윌 비 포 달라즈	**Đây ạ. Xin cho 4 đô-la.** 더이 아 씬 쪼 본 도-라
이거 리필해 주세요. Could I get a refill, please? 쿠드 아이 겟 어 리필 플리즈	**Bổ sung thêm cho tôi cái này.** 보 쑹 템 쪼 또이 까이 나이
햄버거와 콜라주세요. A hamburger and coke, please. 어 햄버거 앤 코우크 플리즈	**Cho tôi bánh hăm bơ gơ và cô ca cô la.** 쪼 또이 바잉 함 버 거 바 꼬 까 꼬 라
햄버거에 양파 넣을까요? Do you want onion in your burger? 두 유 원트 어니언 인 유어 버거	**Có cho hành tây vào bánh hăm bơ gơ không?** 꼬 쪼 하잉 떠이 바오 바잉 함 버 거 콩
아니요, 빼 주세요. No, thanks. Without. 노 땡스 위다웃	**Không ạ. Bỏ ra cho tôi.** 콩 아 보 자 쪼 또이
콜라는 어떤 사이즈로 드릴까요? What size coke do you want? 왓 사이즈 코우크 두 유 원트	**Cô ca cô la thì quý khách dùng cỡ nào?** 꼬 까 꼬 라 티 뀌 캍 중 꺼 나오

중간 사이즈로 주세요. Medium, please. 미디엄 플리즈	**Cho tôi loại cỡ vừa.** 쪼 또이 로아이 꺼 브어
여기서 드십니까? 포장이십니까? For here or to go? 포 히어 오어 투 고우	**Ăn ở đây hay gói mang đi.** 안 어 더이 하이 고이 망 디

＊ 포장 요청 ＊

포장해 주세요. To go, please. 투 고 플리즈	**Hãy gói lại cho tôi.** 하이 고이 라이 쪼 또이
따로따로 포장해 주세요. Could you package them separately, please? 쿠쥬 패키지 뎀 쎄퍼리틀리 플리즈	**Hãy gói riêng từng cái cho tôi.** 하이 고이 지엥 뜽 까이 쪼 또이
이 세트 메뉴로 할게요. I'll have this value meal, please. 아윌 해브 디스 밸류 밀 플리즈	**Tôi sẽ dùng theo thực đơn trọn gói này.** 또이 쎄 중 테오 특 던 쫀 고이 나이
이거 하나 더 주세요. We'd like another one of these. 위드 라익 어나더 원 업 디즈	**Cho tôi thêm một cái này.** 쪼 또이 템 못 까이 나이

6. 카페와 주점에서

* 카페에서 *	
뭘 드시겠어요? May I take your order? 메아이 테익 유어 오더	**Qúy khách dùng gì ạ?** 뀌 칼 중 지 아
커피 한 잔 주세요. A cup of coffee, please. 어 컵 어브 커피 플리즈	**Cho tôi một ly cà phê.** 쪼 또이 못 리 까 페
뜨거운 것으로 드릴까요? 차가운 것으로 드릴까요? Hot or iced? 핫 오어 아이스드	**Loại nóng hay lạnh ạ?** 로아이 농 하이 라잉 아
차가운 것으로 주세요. With ice, please. 위드 아이스 플리즈	**Cho tôi loại lạnh.** 쪼 또이 로아이 라잉
디카페인 있어요? Do you have decaf? 두 유 해브 디캐프	**Có loại không có cô ca in không?** 꼬 로아이 콩 꼬 꼬 까 인 콩
아메리카노 한 잔 주세요. One black, please. 원 블랙 플리즈	**Cho tôi một cốc Americano.** 쪼 또이 못 꼭 아메리카노
카모마일 있어요? Do you have chamomile tea? 두 유 해브 캐모마일 티	**Có trà hoa cúc Chamomile không?** 꼬 짜 호아 꾹 챠모마일 콩

테이크 아웃으로 할게요. To go, please. 투 고우 플리즈	**Tôi sẽ mang đi ra ngoài.** 또이 쎄 망 디 자 응와이
크림은 얹지 마세요. No whipped cream, please. 노 웹트 크림 플리즈	**Đừng cho kem.** 등 쪼 껨
와플 하나 주세요. Can I get a waffle? 캔 아이 겟 어 와플	**Cho tôi một bánh quế kem.** 쪼 또이 못 바잉 꿰 껨
이거 리필해 주세요. Could I get a refill, please? 쿠드 아이 겟 어 리필 플리즈	**Thay thêm cái này cho tôi.** 타이 템 까이 나이 쪼 또이
여기서 담배를 좀 피워도 될까요? May I smoke here? 메아이 스모크 히어	**Ở đây hút thuốc lá có được không?** 어 더이 훗 투옥 라 꼬 드억 콩

※ 주점에서 ※

부르셨습니까? Did you call me? 디쥬 콜 미	**Ông gọi phải không ạ?** 옹 고이 파이 콩 아
맥주는 어떤 종류가 있습니까? What kind of beer do you have? 왓 카인드 어브 비어 두 유 해브	**Ở đây có những loại bia nào?** 어 더이 꼬 늉 로아이 비어 나오

밀러와 스타우트가 있습니다. We have a Miller and Stout. 위 해버 밀러 앤 스타우트	**Có Miller và Stout ạ.** 꼬 밀러 바 스타우트 아
스타우트 한 병 주세요. Give me a bottle of Stout. 깁 미 어 바틀 어브 스타우트	**Cho tôi một chai Stout.** 쪼 또이 못 짜이 스타우트
제가 한 잔 따르겠습니다. Allow me. 얼라우 미	**Để tôi rót một chén.** 데 또이 좃 못 쩬
잔을 채워 드릴게요. Let me get that for you. 렛 미 겟 댓 포 유	**Tôi sẽ rót đầy chén.** 또이 쎄 좃 더이 쩬
잔이 비었네요. 한 잔 더 드릴까요? Your glass is empty. Another round? 유어 글래스 이즈 엠티 어나더 라운드	**Chén cạn rồi. Uống chén nữa nhé?** 쩬 깐 조이 우옹 쩬 느어 녜
네, 주세요. Yes, please. 예스 플리즈	**Vâng, cho tôi.** 벙 쪼 또이
한 병 더 시킬까요? How about another bottle? 하우 어바웃 어나더 바틀	**Gọi thêm một chai nữa nhé?** 고이 템 못 짜이 느어 녜
아뇨, 좀 취하네요. No, I'm getting tipsy. 노 아임 게팅 팁씨	**Không, hơi say rồi.** 콩 허이 싸이 조이

안주를 더 시켜야겠어요. We need more food. 위 니드 모어 푸드	**Phải gọi thêm đồ nhắm mới được.** 파이 고이 템 도 냠 머이 드억
맥주, 와인, 위스키가 있습니다. Beer, wine, and whiskey. 비어 와인 앤 위스키	**Có bia, rượu, whiskey.** 또 비어 즈어우 위스키
맥주는 생맥주인가요? 병맥주인가요? Do you have draft beer or bottles? 두 유 해브 드래프트 비어 오어 바틀스	**Bia là bia tươi à? Hay bia chai?** 비어 라 비어 뜨어이 아 하이 비어 짜이
둘 다 있습니다. We have both. 위 해브 보쓰	**Có cả hai ạ.** 꼬 까 하이 아
바텐더가 가장 자신 있는 칵테일은 뭐예요? What's your best cocktail? 왓츠 유어 베스트 칵테일	**Cốc tai mà người pha chế rượu nhất là loại gì?** 꼭 따이 마 응어이 파 쩨 즈어우 녓 라 로아이 지
칵테일 리스트를 좀 보여 주십시오. May I have the cocktail list, please? 메아이 해브 더 칵테일 리스트 플리즈	**Xin cho xem thực đơn uống.** 씬 쪼 쎔 특 던 우웅

네, 손님. 드라이 쉐리, 위스키 소다, 진토닉, 스카치 워터와 스트로 베리가 있습니다. Yes, sir. 예스 써 We have dry sherry, whisky sode, gin tonic, scotch water, and strawberry. 위 해브 드라이 쉐리 위스키 소다 진 토닉 스카취 워더 앤 스트로베리	**Vâng. Có dry sherry, whisky soda, gin tonic, scotch water, và strawberry.** 벙 꼬 드라이 쉐리 위스키 소다 진 토닉 스카취 워터 바 스트로베리
스트로베리 한 잔 주세요. Give me a glass of strawberry, please. 깁 미 어 글래스 어브 스트로베리 플리즈	**Xin cho tôi một ly strawberry.** 씬 쪼 또이 못 리 스트로베리
위스키로 주세요. Whiskey, please. 위스키 플리즈	**Cho tôi uýt ki.** 쪼 또이 우잇 끼
얼음 타서 주세요. On the rocks, please. 온 더 록스 플리즈	**Pha đá vào cho tôi.** 파 다 바오 쪼 또이
한 잔 더 주세요. Another one, please. 언아더 원 플리즈	**Xin cho thêm một ly nữa.** 씬 쪼 템 못 리 느어
알겠습니다. 잠시 기다려 주십시오. OK. Just a moment, please. 오케이 저스트 어 모우먼트 플리즈	**Vâng, xin vui lòng chờ một chút.** 벙 씬 부이 롱 쩌 못 쭛

안녕하세요, 손님. 이쪽으로 오십시오. Good evening, sir. Please come this way. 굿 이브닝 써 플리즈 컴 디스 웨이	**Xin chào ông. Xin theo hướng này.** 씬 짜오 옹 씬 테오 흐엉 나이
와인은 무엇으로 하시겠습니까? What would you like to wine, sir? 왓 우쥬 라익 투 와인 써	**Ông muốn dùng loại rượu nào ạ?** 옹 무온 중 로아이 즈어우 나오 아
샤블리, 모젤, 캘리포니아, 보르도 와인이 있습니다. We have Chablis, Moselle, California and Bordeaux wine. 위 해브 샤블리 모젤 캘리포니아 앤 보르도 와인	**Có Chablis, Moselle, California và Bordeaux.** 꼬 샤블리 모젤 캘리포니아 바 보르도
샤블리 와인으로 주세요. Chablis wine, please. 샤블리 와인 플리즈	**Xin cho Chablis.** 씬 쪼 샤블리
알겠습니다. Yes, sir. 예스 써	**Vâng, thưa ông.** 벙 트어 옹
샤블리 와인입니다. Your Chablis wine. 유어 샤블리 와인	**Chablis của ông đây ạ.** 샤블리 꾸어 옹 더이 아
따라 드릴까요? Would you like me to pour the wine? 우쥬 라익 미 투 프얼 더 와인	**Tôi rót rượu nhé.** 또이 좃 즈어우 녜

네, 따라 주세요. Yes, please. 예스 플리즈	**Vâng, cảm ơn.** 벙 깜 언
자, 모두 한잔 합시다. Here's to us. 히어즈 투 어스	**Chà, tất cả hãy cùng nâng ly.** 짜 떳 까 하이 꿍 넝 리
여러분 모두 잔을 드세요. Raise your glasses! 레이즈 유어 글래시즈	**Nào các bạn, tất cả hãy nâng cốc.** 나오 깍 반 떳 까 하이 넝 꼭
건배하십시다. 건배! Cheers! 치어즈	**Nào cụng ly. Zô!** 나오 꿍 리 조

mini 회화

A : 맥주는 어떤 종류가 있습니까?
Ở đây có những loại bia nào?
어 더이 꼬 늉 로아이 비어 나오

B : 밀러와 바바바가 있습니다.
Có Miller và 333 ạ.
꼬 밀러 바 바바바 아

A : 바바바 한 병 주세요.
Cho tôi một chai 333.
쪼 또이 못 짜이 바바바

교통
Giao thông

1. 길을 물을 때

백화점은 어디에 있습니까? Where is the department store? 웨어 이즈 더 디파트먼트 스토어	**Cửa hàng bách hóa ở đâu ạ?** 끄어 항 바익 호아 어 더우 아?
앞으로 곧장 걸어가세요. Go straight ahead. 고 스트레이트 어헤드	**Hãy đi bộ thẳng lên phía trước.** 하이 디 보 탕 렌 피어 쯔억
여기서 시청 광장까지 얼마나 멀어요? How far is it to the City Hall Square? 하우 파 이즈 잇 투 더 시티 홀 스퀘어	**Từ đây đến quảng trường tòa thị chính bao xa ạ?** 뜨 더이 덴 꽝 쯔엉 또아 티 찡 바오 싸 아
걸어서 얼마나 걸려요? How long does it take by foot? 하우 롱 더즈 잇 테익 바이 풋	**Đi bộ thì mất bao lâu ạ?** 디 보 티 멋 바오 러우 아
걸어서 삼십 분 걸려요. It takes 30 minutes. 잇 테익스 써티 미니츠	**Đi bộ mất khoảng 30 phút** 디 보 멋 콰앙 바 므어이 풋

가장 빨리 가는 방법은 뭐예요? What is the fastest way to get there? 왓 이즈 더 패스티스트 웨이 투 겟 데어	**Cách nào đi nhanh nhất ạ?** 까익 나오 디 냐잉 녓 아
택시가 가장 빠르죠. Taking a taxi would be the fastest. 테이킹 어 택시 우드 비 더 패스티스트	**Tắc xi là nhanh nhất.** 딱 씨 라 냐잉 녓
거기까지 가는 데 얼마나 걸릴까요? How long will it take to get there? 하우 롱 윌 잇 테익 투 겟 데어	**Đi đến đó mất bao lâu?** 디 덴 도 멋 바오 러우
차로 십 분 정도 걸려요. It takes about 10 minutes by car. 잇 테익스 어바웃 텐 미니츠 바이 카	**Bằng ô tô mất khoảng 10 phút.** 방 오 또 멋 콰앙 므어이 풋
괜찮으시다면, 저를 그곳까지 데려다 주시겠어요? Would you mind taking me there? 우쥬 마인드 테이킹 미 데어	**Nếu không phiền, đưa tôi đến chỗ đó được không ạ?** 네우 콩 피엔 드어 또이 덴 쪼 도 드억 콩 아
저도 방향이 같아요. 같이 가요. I'm going in the same direction. Let's go together. 아임 고잉 인 더 쎄임 디렉션 렛츠 고 투게더	**Tôi cũng đi cùng hướng. Chúng ta cùng đi.** 또이 꿍 디 꿍 흐엉 쭝 따 꿍 디

죄송하지만, 약도를 좀 그려 주시겠어요? I'm sorry, but could you draw me a map? 아임 쏘리 벗 쿠쥬 드로우 미 어 맵	**Xin lỗi nhưng vẽ sơ đồ giúp tôi được không?** 씬 로이 늉 베 써 도 쥽 또이 드억 콩
이 주소로 어떻게 가요? How do I get to this address? 하우 두 아이 겟 투 디스 어드레스	**Đi thế nào để đến địa chỉ này ạ?** 디 테 나오 데 덴 디어 찌 나이 아
걸어서 갈 수 있을까요? Can I get there on foot? 캔 아이 겟 데어 온 풋	**Có đi bộ đến đó được không?** 꼬 디 보 덴 도 드억 콩
버스 정류장까지 멉니까? Is the bus stop far? 이즈 더 버스 스탑 파	**Đi đến bến xe buýt có xa không?** 디 덴 벤 쎄 부잇 꼬 싸 콩
실례합니다. 여기가 어디예요? Excuse me. Where am I? 익스큐즈 미 웨어 엠 아이	**Xin lỗi, đây là đâu ạ?** 씬 로이 더이 라 더우 아
시청역입니다. This is the City Hall station. 디스 이즈 더 시티 홀 스테이션	**Là ga City hall.** 라 가 시티 홀
공중화장실은 어디에 있어요? Where are the public toilets? 웨어 아 더 퍼블릭 토일렛츠	**Nhà vệ sinh công cộng ở đâu ạ?** 냐 베 씽 꽁 꽁 어 더우 아

이 근처에 백화점이 있어요? Is there a department store nearby? 이즈 데어 어 디파트먼트 스토어 니어바이	Ở gần đây có bách hóa không ạ? 어 건 더이 꼬 바익 호아 콩 아
죄송합니다만, 저도 잘 몰라요. I'm sorry, I don't know. 아임 쏘리 아이 돈 노우	Xin lỗi nhưng tôi cũng không biết rõ. 씬 로이 늉 또이 꿍 콩 비엣 조
제가 지금 있는 곳이 어디예요? Where am I now? 웨어 엠 아이 나우	Chỗ tôi đang đứng bây giờ là ở đâu? 쪼 또이 당 등 버이 져 라 어 더우
여기가 이 지도에서 어디예요? Where am I on the map? 웨어 엠 아이 온 더 맵	Chỗ này là ở đâu trên bản đồ này? 쪼 나이 라 어 더우 쩬 반 도 나이
길을 잃었어요. 도와주세요. I'm lost. Please help. 아임 로스트 플리즈 헬프	Tôi bị lạc đường. Hãy giúp tôi với. 또이 비 락 드엉 하이 즙 또이 버이
이 주소가 여기예요? Am I at this address? 엠 아이 앳 디스 어드레스	Địa chỉ này ở đây phải không? 디어 찌 나이 어 더이 파이 콩
반대 방향인데요. It's in the opposite direction. 잇츠 인 디 어퍼짓 디렉션	Là hướng ngược lại . 라 흐엉 응억 라이

2. 버스를 이용할 때

*** 길안내 ***

이 버스가 시내 중심가에서 나요? Does this bus stop at the downtown? 더즈 디스 버스 스탑 앳 더 다운타운	**Xe buýt này có dừng lại ở trung tâm thành phố không?** 쎄 부잇 나이 꼬 증 라이 어 쭝 떰 타잉 포 콩
네, 타십시오. Yes, Get on, please. 예스 겟 온 플리즈	**Có, xin mời lên xe.** 꼬 씬 머이 렌 새
요금은 얼마죠? How much is the fare? 하우 머치 이즈 더 페어	**Bao nhiêu ạ?** 바오 니우 아
어떤 버스가 시청에 가요? Which bus goes to City Hall? 위치 버스 고즈 투 시티 홀	**Xe buýt nào đi đến Ủy ban nhân dân thành phố?** 쎄 부잇 나오 디 덴 위 반 년 전 타잉 포

TIP

버스를 '탄다'라고 말 할 때는'Lên xe 렌 쎄', '내린다'는 'Xuống xe 쑤옹 쎄'로 표현하며, 'Bến'(정류장), 'Dừng lại'(차가서다 벤 증 라이)라는 말로 공히 사용 된다. 행선지를 물어 볼 때 Xe buýt này đi đâu ạ? 쎄 부잇 나이 디 더우 아 (이 버스가 어디로 갑니까?)라는 표현을 기억해 두면 아주 편리하다.

시내로 가려면 어느 버스를 타야 해요? Can you tell me which bus goes downtown? 캔 유 텔 미 위치 버스 고즈 다운타운	**Muốn đi lên phố phải đi xe buýt nào ạ?** 무온 디 렌 포 파이 디 쎄 부잇 나오 아
12번 버스를 타세요. Take bus number 12. 테익 버스 넘버 트웰브	**Hãy đi xe số 12.** 하이 디 쎄 쏘 므어이 하이
시티 백화점에서 내리려고 합니다. I'm going to get off at City Department Store. 아임 고잉 투 겟 오프 앳 시티 디파트먼트 스토아	**Tôi sẽ xuống ở cửa hàng bách hóa thành phố.** 또이 쎄 쑤옹 어 끄어 항 바익호아 탄 포
내릴 때가 되면 알려 주시겠습니까? Will you tell me when to get off? 윌 유 텔 미 웬 투 겟 오프	**Có thể báo cho tôi biết khi nào xuống được không ạ?** 꼬 테 바오 쪼 또이 비엣 키 나오 쑤옹 드억 콩 아
네, 알려드리겠습니다. Certainly. 서든리	**Vâng, được.** 벙 드억
시티 플라자에 가려고 합니다. I want to go to the City Plaza. 아이 원 투 고 투 더 시티 플라자	**Tôi muốn đến City Plaza.** 또이 무온 덴 시티 플라자
몇 번째 정류장입니까? How many stop from here is it? 하우 메니 스탑 프럼 히어 이즈 잇	**Trạm thứ mấy thì đến ạ?** 짬 트머이 티 덴 아

5번째 정류장입니다.
The fifth stop.
더 피프스 스탑

Trạm thứ năm.
짬 트 남

도착하면 알려주세요.
Please tell me when we get there.
플리즈 텔 미 웬 위 겟 데어

Khi nào đến xin vui lòng cho tôi biết.
키 나오 덴 씬 부이 롱 쪼 또이 비엣

그곳에 도착하면 제게 알려 주시겠어요?
Will you let me know when we get there?
윌 유 렛 미 노우 웬 위 겟 데어

Khi đến đó bảo cho tôi biết được không ạ?
키 덴 도 바오 쪼 또이 비엣 드억 콩 아

시내 공원에서 내리려고 합니다.
I'm going to get off at City Park.
아임 고잉 투 겟 오프 앳 시티 파크

Tôi muốn đi đến công viên thành phố.
또이 무온 디 덴 꽁 비엔 타잉 포

다음 정류장은 어디예요?
Where is the next stop?
웨어 이즈 더 넥스트 스탑

Bến tiếp theo là đâu ạ?
벤 띠엡 테오 라 더우 아

시청까지 몇 정거장 남았어요?
How many stops are there until City Hall?
하우 메니 스탑스 아 데어 언틸 시티 홀

Còn mấy bến nữa đến Ủy ban nhân dân thành phố?
꼰 머이 벤 느어 덴 위 반 년 전 타잉 포

다음 정류장에서 내리세요. Get off at the next stop. 겟 오프 앳 더 넥스트 스탑	**Hãy xuống ở bến sau.** 하이 쑤옹 어 벤 싸우
중앙 박물관에 가려면 어디서 내려야 해요? Where should I get off for the Central Museum? 웨어 슈드 아이 겟 오프 포 더 센트럴 뮤지엄	**Muốn đi đến Bảo tàng trung ương phải xuống ở đâu ạ?** 무온 디 덴 바오 땅 쭝 으엉 파이 쑤옹 어 더우 아
버스를 잘못 타셨습니다. You are on the wrong bus. 유 아 온 더 롱 버스	**Ông đi nhầm xe rồi.** 옹 디 념 쎄 조이
어디서 갈아타야 해요? Where should I change buses? 웨어 슈드 아이 체인지 버시즈	**Phải đổi xe ở đâu ạ?** 파이 도이 쎄 어 더우 아
이번 정류장에서 내려 갈아타세요. Get off at this stop and change buses. 겟 오프 앳 디스 스탑 앤 체인지 버시즈	**Phải xuống bến này rồi đổi xe.** 파이 쑤옹 벤 나이 조이 도이 쎄
다음 정류장에서 내려서 5번 버스를 타십시오. Get off at the next stop and take bus number five. 겟 오프 앳 더 넥스트 스탑 앤 테익 버스 넘버 파이브	**Trạm kế tiếp ông hãy xuống xe và đón xe buýt số năm nhé.** 짬 께 띠엡 옹 하이 쑤옹 쎄 바 던 쎄 부잇 쏘 남 녜

다음 정류장에서 내릴게요.
I'll get off at the next stop.
아윌 겟 오프 앳 더 넥스트 스탑

Tôi sẽ xuống bến sau.
또이 쎄 쑤옹 벤 싸우

가장 가까운 버스 정류장은 어디예요?
Where is the nearest bus stop?
웨어 이즈 더 니어리스트 버스 스탑

Bến xe buýt gần đây nhất ở đâu?
벤 쎄 부잇 건 더이 녓 어 더우

시청 가는 버스는 어디에서 타요?
Where can I take a bus to City Hall?
웨어 캔 아이 테이커 버스 투 시티 홀

Lên xe buýt đi đến Ủy ban nhân dân thành phố ở đâu ạ?
렌 쎄 부잇 디 덴 위 반 년 전 타잉 포 더 어우 아

저 버스가 시청에 가요?
Does that bus go to City Hall?
더즈 댓 버스 고우 투 시티 홀

Xe buýt kia có đi đến Ủy ban nhân dân thành phố không?
쎄 부잇 끼어 꼬 디 덴 위 반 년 전 타잉 포 콩

다음 버스는 언제 와요?
When will the next bus come?
웬 윌 더 넥스트 버스 컴

Xe buýt chuyến tiếp theo bao giờ đến?
쎄 부잇 쭈옌 띠엡 테오 바오 져 덴

후에로 가는 첫 버스는 언제 떠나요?
What time does the first bus leave for Hue?
왓 타임 더즈 더 퍼스트 버스 리브 포 후에

Xe buýt chuyến đầu tiên đi Huế khi nào khởi hành?
쎄 부잇 쭈옌 더우 띠엔 디 후에 키 나오 커이 하잉

다음 버스는 몇 시에 있습니까? What time will the next bus leave? 왓 타임 윌 더 넥스트 버스 리브	**Mấy giờ thì có xe buýt kế tiếp?** 머이 져 티 꼬 쎄 부잇 께 띠엡
그 버스는 얼마나 자주 와요? How often does the bus come? 하우 오픈 더즈 더 버스 컴	**Xe buýt đó chạy thường xuyên bao lâu một chuyến?** 쎄 부잇 도 짜이 트엉 쑤엔 바오 러우 못 쭈엔
후에에 가고 싶은데요. 표 한 장 주세요. I'd like to go to Hue. 아이두 라익 투 고 투 후에 Give me one ticket, please. 깁 미 원 티킷 플리즈	**Xin vui lòng cho tôi một vé đi Huế.** 씬 부이 롱 쪼 또이 못 베 디 후에
편도입니까, 왕복입니까? Is that one way or round trip? 이즈 댓 원 웨이 오어 라운드 트립	**Một chiều hay khứ hồi ạ?** 못 찌우 하이 크 호이 아
편도입니다. One way ticket. 원 웨이 티킷	**Một chiều.** 못 찌우
후에 요금은 얼마죠? What's the fare to Hue? 왓츠 더 페어 투 후에	**Giá vé đi Huế bao nhiêu?** 쟈 배 디 후에 바오 니우

후에에는 몇 시에 도착해요?
What time will we arrive in Hue?
왓 타임 윌 위 어라이브 인 후에

Mấy giờ thì đến Huế.
머이 져 티 덴 후에

후에에는 언제쯤 도착할까요?
When will we arrive in Hue?
웬 윌 위 어라이브 인 후에

Khoảng bao giờ sẽ đến Huế?
콰앙 바오 져 쎄 덴 후에

저녁 여섯 시에 도착합니다.
We will arrive at 6 p.m.
위 윌 어라이브 앳 씩스 피엠

6 giờ tối sẽ đến.
싸우 져 또이 쎄 덴

후에까지 얼마나 걸려요?
How long will it take to Hue?
하우 롱 윌 잇 테익 투 후에

Đi đến Huế mất khoảng bao lâu?
디 덴 후에 멋 콰앙 바오 러우

버스 시간표를 주시겠습니까?
Can I have a bus timetable?
캔 아이 해버 버스 타임테이블

Có thể cho tôi bảng giờ xe buýt được không?
꼬 테 쪼 또이 방 져 쎄 부잇 드억 콩

차멀미 약이 있습니까?
Do you have any medicine good for carsickness?
두 유 해브 애니 메더선 굿 포 카씩니스

Có thuốc say xe không?
꼬 투옥 싸이 쎄 콩

3. 택시를 이용할 때

* 길안내 *

어디로 모실까요? Where to, sir? 웨어 투 써	**Đi đâu, thưa ông?** 디 더우 트어 옹
시내 공원에 갔으면 합니다. I'd like to go to City Park. 아이두 라익 투 고 투 시티 파크	**Tôi muốn đi đến công viên thành phố.** 또이 무온 디 덴 꽁 비엔 타잉 포
다 왔습니다. Here we are, sir. 히어 위 아 써	**Đến rồi, thưa ông?** 덴 조이 트어 옹
얼마예요? How much is it? 하우 머치 이즈 잇	**Bao nhiêu ạ?** 바오 니우 아
11달러입니다. Eleven dollars. 일레븐 달라즈	**11 đô-la ạ.** 므어이못 도-라 아
여기 있습니다. 잔돈은 가지세요. Here you are. Keep the change, please. 히어 유 아 킵 더 체인지 플리즈	**Đây ạ. Hãy giữ luôn tiền thối.** 더이 아 하이 즈으 루온 띠엔 토이
시내로 갑시다. Downtown, please. 다운타운 플리즈	**Cho tôi đến thành phố.** 쪼 또이 덴 타잉 포

알았습니다. 시내 어느 곳을 가십니까? All right, sir. What part of downtown are you going? 올 라잇 써 왓 파트 어브 다운타운 아류 고잉	**Vâng, thưa ông. Ông đến thành phố chỗ nào ạ?** 벙 트어 옹 옹 덴 타잉 포 쪼 나오 아
벤탄 시장입니다. Ben thanh market, please. 벤 탄 마켓 플리즈	**Xin cho tôi đến chợ bến thành.** 씬 쪼 또이 덴 쩌 벤 탄
약 30분쯤 걸립니다. 교통이 매우 복잡해서요. About thirty minutes. There is very much traffic. 어바웃 써티 미니츠 데어 이즈 베리 머치 트래픽	**Khoảng 30 phút. Đường phố rất đông đúc.** 콰앙 바므어이 풋 드엉 포 젓 동 둑
빨리 가 주세요. Could you try and make this a fast trip? 쿠쥬 트라이 앤 메익 디스 어 패스트 트립	**Hãy đi nhanh giúp tôi.** 하이 디 냐잉 즙 또이
네, 급하십니까? Yes, sir. Are you in a hurry? 예스 써 아류 인 어 허리	**Vâng. Ông đang vội phải không?** 벙 옹 당 보이 파이 콩
네, 한시까지 가야합니다. Yes, I must be there by one o'clock. 예스 아이 머스트 비 데어 바이 원 어클락	**Vâng, tôi phải đến đó trước một giờ.** 벙 또이 파이 덴 도 쯔억 못 져

제일 빠른 길로 가 주세요. Take the shortest route, please. 테익 더 쇼티스트 루트 플리즈	**Hãy đi theo đường nhanh nhất giúp tôi.** 하이 디 테오 드엉 냐잉 녓 즙 또이
어디에 내려 드릴까요? Where can I drop you off? 웨어 캔 아이 드럽 유 오프	**Quý khách xuống ở đâu ạ?** 뀌 캍 쑤옹 어 더우 아
입구에 내려 주세요. Stop at the entrance. 스탑 앳 디 엔츄런스	**Cho tôi xuống ở lối vào.** 쪼 또이 쑤옹 어 로이 바오
여기에 세워 주세요. Please stop here. 플리즈 스탑 히어	**Dừng xe lại đây cho tôi.** 증 쎄 라이 더이 쪼 또이
여기 아무 데서나 내려 주세요. Drop me off anywhere around here. 드럽 미 오프 애니웨어 어라운드 히어	**Cho tôi xuống đây chỗ nào cũng được.** 쪼 또이 쑤옹 더이 쪼 나오 꿍 드억
다음 건널목에서 내릴게요. I'll get off at the next crossing. 아윌 겟 오프 앳 더 넥스트 크로씽	**Tôi sẽ cho xuống ở lối qua đường tiếp theo.** 또이 쎄 쪼 쑤엉 어 로이 꽈 드엉 띠엡 테오
감사합니다. 거스름돈은 가지세요. Thank you. Keep the change. 땡큐 킵 더 체인지	**Cảm ơn, anh hãy giữ lấy tiền thừa.** 깜 언 아잉 하이 즈으 러이 띠엔 트어 = Cảm ơn, chị hãy giữ lấy tiền thừa. 깜 언 찌 하이 즈으 러이 띠엔 트어

잔돈 없으세요? Do you have any change? 두 유 해브 애니 체인지	**Không có tiền thừa à?** 콩 꼬 띠엔 트어 아
거스름돈이 모자랍니다. I'm short of change. 아임 쇼트 어브 체인지	**Thiếu tiền lẻ.** 티우 띠엔 레
요금이 너무 많이 나왔어요. The fare is way too much. 더 페어 이즈 웨이 투 머치	**Cước phí nhiều quá.** 끄억 피 니우 꽈
요금이 잘못된 것 같아요. I don't think the fare is right. 아이 돈 씽크 더 페어 이즈 라잇	**Hình như cước phí bị tính sai rồi.** 힝 뉴 끄억 피 비 띵 싸이 조이
거리에 비해 요금이 비싸요. The fare is too high for the distance. 더 페어 이즈 투 하이 포 더 디스턴스	**Cước phí đắt so với chặng đường.** 끄억 피 닷 쏘 버이 짱 드엉
트렁크를 열어 주시겠어요? Could you open the trunk? 쿠쥬 오픈 더 트렁크	**Mở giúp tôi thùng xe được không?** 머 즙 또이 퉁 쎄 드억 콩
제 가방을 꺼낼게요. I'll get my bag out. 아윌 겟 마이 백 아웃	**Tôi sẽ lấy va li của tôi ra.** 또이 쌔 러이 바 리 꾸어 또이 자
어디까지 가십니까? Where are you going? 웨어 아류 고잉	**Đi đến đâu ạ?** 디 덴 더우 아

이 주소로 가 주세요. Please take me to this address. 플리즈 테익 미 투 디스 어드레스	**Cho tôi đến địa chỉ này.** 쪼 또이 덴 디어 찌 나이
저기서 잠깐 서 주세요. Please stop there for a minute. 플리즈 스탑 데어 포 어 미닛	**Dừng lại ở đằng kia một lát cho tôi.** 증 라이 어 당 끼어 못 랏 쪼 또이
길이 막히네요. There is a traffic jam. 데어 이즈 어 트래픽 잼	**Đường bị tắc rồi.** 드엉 비 딱 조이
늦었어요. 서둘러 주세요. We're late. Hurry up, please. 위아 레잇 허리 업 플리즈	**Muộn rồi. Đi nhanh giúp.** 무온 조이 디 냐잉 쥽

mini 회화

A : 시티 프라자요. 제일 빠른 길로 가 주세요.
Xin cho tôi đến City Plaza. Hãy đi theo đường nhanh nhất giúp tôi.
씬 쪼 또이 덴 씨티 프라자 하이 디 테오 드엉 냐잉 녓 쥽 또이

B : 다 왔습니다.
Đến rồi, thưa ông?
덴 조이 트어 옹

4. 지하철을 이용할 때

* 길안내 *

시청행 편도로 한 장 주세요.
Give me one one-way ticket to City Hall.
깁 미 원 원웨이 티켓 투 시티 홀

Cho tôi một vé một chiều đến Ủy ban nhân dân thành phố.
쪼 또이 못 베 못 찌우 댄 위 반 년 전 타잉 포

몇 호선이 시청역 가요?
What line goes to City Hall?
왓 라인 고우즈 투 시티 홀?

Đường số mấy đi đến ga Ủy ban nhân dân thành phố?
드엉 쏘 머이 디 덴 가 위 반 년 전 타잉 포?

시장으로 가려면 몇 번 출구로 나가야 해요?
Which exit will lead me to the market?
위치 엑짓 윌 리드 미 투 더 마켓?

Muốn đi đến chợ phải ra cửa số mấy ạ?
무온 디 뎀 쩌 파이 자 끄어 쏘 머이 아?

어디서 지하철을 탈 수 있을까요?
Where can I take the subway?
웨어 캔 아이 테익 더 서브웨이?

Có thể đi tàu điện ngầm từ đâu được.
꼬 테 디 따우 디엔 응엄 뜨 더우 드억

지하철 입구가 어디예요?
Where is the entrance to the subway?
웨어 이즈 디 엔츄런스 투 더 써브웨이?

Cửa xuống tàu điện ngầm ở đâu ạ?
끄어 쑤옹 따우 디엔 응엄 어 더우 아?

매표소가 어디 있어요?
Where is the ticket office?
웨어 이즈 더 티켓 오피스?

Quầy bán vé ở đâu?
꿔이 반 베 어 더우?

표는 어디서 살 수 있어요?
Where can I buy a ticket?
웨어 캔 아이 바이 어 티켓?

Có thể mua vé ở đâu?
꼬 테 무어 베 어 더우?

지하철 티켓은 어디서 사요?
Where can I buy a subway ticket?
웨어 캔 아이 바이 어 써브웨이 티켓?

Mua vé tàu điện ngầm ở đâu ạ?
무어 베 따우 디엔 응엄 어 더우 아?

중앙 도서관으로 가려면 몇 호선을 타야 해요?
What line goes to Central Library?
왓 라인 고우즈 투 쎈트럴 라이브러리?

Nếu muốn đi đến thư viện trung ương phải đi đường số mấy?
네우 무온 디 덴 트 비엔 쭝 으엉 파이 디 드엉 쏘 머이?

바꿔 타야 해요?
Should I transfer?
슈다이 트랜스퍼?

Phải đổi tàu à?
파이 도이 따우 아?

어느 역에서 갈아타야 해요?
Where do I transfer?
웨어 두 아이 트랜스퍼?

Phải đổi ở ga nào?
파이 도이 어 가 나오?

저기 빈자리가 있네요.
There is an empty seat.
데어 이즈 언 엠티 씻

Ở kia có chỗ trống.
어 끼어 꼬 쪼 쫑

지금 안내 방송에서 무슨 역이라고 했어요?

What station did the announcement say it was?

왓 스테이션 디드 디 어나운스먼트 쎄이 잇 워즈?

Bây giờ, loa hướng dẫn đang nói ga nào đấy?

버이 져, 로아 흐엉 전 당 노이 가 나오 더이?

안전선 뒤로 물러나 주세요.

Please stay behind the safety line.

플리즈 스테이 비하인드 더 쎄이프티 라인

Hãy lùi lại sau vạch an toàn.

하이 루이 라이 싸우 바익 안 또안

문에 기대지 마세요.

Don't lean on the doors.

돈 린 온 더 도어즈

Đừng tựa vào cửa.

등 뜨어 바오 끄어

mini회화

A : 지하철역은 어디 있습니까?

Ga tàu điện ngầm ở đâu ạ?

가 따우 디엔 응엄 어 더우 아?

B : 길 건너편에 있습니다.

Ở bên kia đường.

어 벤 끼어 드엉

A : 감사합니다.

Cảm ơn

깜 언

5. 기차와 배를 이용할 때

＊ 기차를 이용할 때 ＊

하노이에 가고 싶은데요. 급행열차가 있습니까? I'd like to go to Hanoi. 아이두 라익 투 고 투 하노이 Is there an express train? 이즈 데어 언 익스프레스 트레인	**Tôi muốn đi Hà Nội.** 또이 무온 디 하 노이 **Có xe lửa tốc hành không?** 꼬 쎄 르어 똑 한 콩
10시 40분발이 있습니다. There is a 10:40 express. 데어 이즈 어 텐 포티 익스프레스	**Có một chuyến lúc 10giờ 40phút.** 꼬 못 쭈옌 룩 므어이져 본므어이풋
다음 열차는 몇 시에 있습니까? When is the next train? 웬 이즈 더 넥스트 트레인	**Chuyến kế tiếp là mấy giờ?** 쭈옌 께 띠엡 라 머이 져
11시 40분에 떠납니다. It leaves at 11: 40. 잇 리브즈 앳 일레븐 포티	**Chuyến khởi hành lúc 11:40.** 쭈옌 커이 하잉 룩 므어이못져 본므어이
하노이 요금은 얼마죠? How much is the fare to Hanoi? 하우 머치 이즈 더 페어 투 하노이	**Giá vé đi Hà Nội là bao nhiêu?** 쟈 베 디 하노이 라 바오 니우
어른 두 명, 아이 한 명입니다. Two adults and one child. 투 어덜츠 앤 원 차일드	**Hai người lớn và một trẻ em.** 하이 응어이 런 바 못 쩨 엠

침대칸을 예약하고 싶은데요. 상단을 주세요. I'd like to reserve a berth up berth, please. 아이두 라익 투 리저브 어 버스 업 버스 플리즈	**Xin cho đặt một vé nằm, giường trên.** 씬 쪼 닷 못 베 남 즈엉 쩬
누가 제 자리에 앉아 있어요. Somebody is sitting in my seat. 섬바디 이즈 시팅 인 마이 시트	**Ai đó ngồi vào chỗ của tôi.** 아이 도 응오이 바오 쪼 꾸어 또이
차표 좀 보여 주세요. Could you show me your ticket? 쿠쥬 쇼우 미 유어 티켓	**Hãy cho tôi xem vé.** 하이 쪼 또이 쎔 베
실례지만, 자리가 비어 있어요? Excuse me. Is this seat empty? 익스큐즈미 이즈 디스 시트 엠티	**Xin lỗi nhưng có chỗ trống không?** 씬 로이 늉 꼬 쪼 쫑 콩
이번 역이 무슨 역인가요? What station is this? 왓 스테이션 이즈 디스	**Ga này là ga nào đấy?** 가 나이 라 가 나오 더이
하노이역이에요. This is Hanoi. 디스 이즈 하노이	**Dây là ga Hà Nội.** 더이 라 가 하 노이
예매소는 어디에 있죠? Where's the booking office? 웨어즈 더 북킹 어피스	**Phòng bán vé ở đâu?** 퐁 반 베 어 더우

다낭행 편도 한 장 주세요. I'd like a one way ticket to Danang. 아이두 라익 어 원 웨이 티켓 투 다낭	**Cho tôi một vé một chiều đi thành phố Đà Nẵng.** 쪼 또이 못 베 못 찌우 디 타잉 포 다 낭
편도예요? 왕복이에요? One way or round trip? 원 웨이 오어 라운드 트립	**Vé một chiều hay vé khứ hồi ạ?** 베 못 찌우 하이 베 크 호이 아
왕복이에요. Round trip please. 라운드 트립 플리즈	**Vé khứ hồi.** 베 크 호이
요금이 어떻게 돼요? How much is the fare? 하우 머치 이즈 더 페어	**Giá vé thế nào ạ?** 쟈 베 테 나오 아
학생 할인 돼요? Can I get a student discount? 캔 아이 겟 어 스튜던트 디스카운트	**Học sinh có được giảm giá không?** 혹 씽 꼬 드억 잠 쟈 콩
다낭행은 몇 번 홈에서 출발해요? Which platform do I need to board for the train to Danang? 위치 플랫폼 두 아이 니드 투 보드 포 더 트레인 투 다낭	**Đi tàu Thành phố Đà Nẵng thì lên ở đường ray số mấy?** 디 따우 타잉 포 다 낭 티 렌 어 드엉 자이 쏘 머이
삼 번 홈에서 출발해요. It leaves on the third platform. 잇 리브스 온 더 써드 플랫폼	**Xuất phát ở đường ray số 3 ạ.** 쑤엇 팟 어 드엉 자이 쏘 바 아

이 열차가 10시 10분에 출발하는 다낭행이 맞아요? Is this the train for Danang leaving at 10:10? 이즈 디스 더 트레인 포 다낭 리빙 앳 텐 텐	**Tàu này có phải là tàu đi thành phố Đà Nẵng (chuyến khởi hành) lúc 10 giờ 10 phút không?** 따우 나이 꼬 파이 라 따우 디 타잉 포 다낭 (쭈옌 커이 하잉) 룩 므어이 져 므어이 풋 콩
실례합니다. 여기는 제 자리예요. Excuse me. I think this is my seat. 익스큐즈 미 아이 씽크 디스 이즈 마이 시트	**Xin lỗi, hình như đây là chỗ của tôi.** 씬 로이 힝 뉴 더이 라 쪼 꾸어 또이
식당 칸은 어디예요? Where is the dining car? 웨어 이즈 더 다이닝 카	**Toa ăn ở đâu ạ?** 또아 안 어 더우 아
다음 칸에 있어요. It's the next car. 잇츠 더 넥스트 카	**Ở toa sau ạ.** 어 또아 싸우 아
다낭에는 몇 시에 도착합니까? What time does the train arrive in Danang? 왓 타임 더즈 더 트레인 어라이브 인 다낭	**Xe lửa đến Đà Nẵng lúc mấy giờ?** 쎄 르어 덴 다 낭 룩 머이 져
하노이행 열차는 어느 거예요? Which train is for Hanoi? 위치 트레인 이즈 포 하노이	**Tàu đi thành phố Hà Nội là cái nào ạ?** 따우 디 타잉 포 하노이 라 까이 나오 아

하노이행 막차가 방금 떠났습니다. The train for Hanoi has just left. 더 트레인 포 하노이 해즈 저스트 레프트	**Chuyến tàu cuối đi Thành phố Hà Nội vừa đi rồi.** 쭈옌 따우 꾸오이 디 타잉 포 하노이 브어 디 조이
이 표를 취소할 수 있을까요? Can I cancel this ticket? 캔 아이 캔슬 디스 티켓	**Có thể hủy vé này được không?** 꼬 테 휘 베 나이 드억 콩
호치민시행 기차는 언제 출발해요? When does the train for Ho Chi Minh leave? 웬 더스 더 트레인 포 호치민 리브	**Tàu đi thành phố Hồ Chí Minh bao giờ khởi hành?** 따우 디 타잉 포 호 찌 밍 바오 져 커이 하잉
안녕하세요. 붕따우에 가는 좌석을 예약하고 싶은데요. Hello. I'd like to reserve a deck chair. 헬로우 아이두 라익 투 리저브 어 덱 체어	**Tôi muốn đặt một vế đến Vũng Tàu.** 또이 무온 닷 못 베 덴 붕 따우
요금은 얼마죠? How much is the fare to Vung Tau. 하우 머치 이즈 더 페어 투 붕따우	**Tiền vé bao nhiêu ạ?** 띠엔 베 바오 니우 아
10달러입니다. Ten dollars. 텐 달라즈	**10 đô.** 므어이 도

* 배를 이용할 때 *

승선 시간이 몇 시입니까? What time do we board? 왓 타임 두 위 보드	**Mấy giờ thì lên tàu ạ?** 머이 져 티 렌 따우 아
오전 11시입니다. At 11 a.m. 앳 일레븐 에이엠	**Lúc 11 giờ sáng.** 룩 므어이못 져 상
돌아오는 배는 언제 있어요? When does the return ship leave? 웬 더즈 더 리턴 쉽 리브	**Khi nào có chuyến tàu quay về?** 키 나오 꼬 쭈옌 따우 꽈이 베
배 멀미를 하는데요. I feel like seasick. 아이 필 라익 시씩	**Tôi bị say sóng.** 또이 비 싸이 송
약이 있습니까? Do you have any medicine good for seasickness? 두 유 해브 애니 메더선 굿 포 시씩니스	**Có thuốc không ạ?** 꼬 투옥 콩 아

mini 회화

A: 이번 역이 무슨 역인가요?
Ga này là ga nào đấy?
가 나이 라 가 나오 더이?

B: 하노이역이에요.
Đây là ga Hà Nội.
더이 라 가 하 노이

6. 렌터카를 이용할 때

* 렌터카 상담 *

어떤 차를 원하세요? Which model do you want? 위치 모델 두 유 원트	**Muốn thuê xe ô tô nào ạ?** 무온 투에 쎄 오또 나오 아
소형차요. I want a compact car. 아이 원 어 컴팩트 카	**Cho tôi loại xe nhỏ.** 쪼 또이 로아이 쎄 뇨
얼마나 사용하실 거예요? How long will you be renting it? 하우 롱 윌 유 비 렌팅 잇	**Chị sẽ dùng bao lâu ạ?** 찌 쎄 중 바오 러우 아
3일 동안 쓸 거예요. 하루에 얼마예요? For three days. How much does it cost a day? 포 쓰리 데이즈 하우 머치 더즈 잇 코스트 어 데이	**Tôi sẽ dùng trong ba ngày. Mỗi ngày bao nhiêu tiền?** 또이 쎄 중 쫑 바 응아이 모이 응아이 바오 니우 띠엔
차를 보고 결정하겠어요. I'll decide after I look at the cars. 아윌 디싸이드 에프터 아이 룩 앳 더 카즈	**Tôi xem xe rồi sẽ quyết định.** 또이 쎔 쎄 조이 쎄 꾸옛 딩
전체 요금이 얼마예요? How much does it cost in all? 하우 머치 더즈 잇 코스트 인 올	**Tổng giá tiền là bao nhiêu?** 똥 쟈 띠엔 라 바오 니우

보험은 어떻게 하시겠어요? Would you like to take out any insurance? 우쥬 라익 투 테익 아웃 애니 인슈어런스	**Bảo hiểm thì định thế nào ạ?** 바오 히엠 티 딩 테 나오 아
모든 보험을 다 들겠어요. Sign me up for everything. 싸인 미 업 포 에브리씽	**Tôi sẽ đóng tất cả bảo hiểm.** 또이 쎄 동 떳 까 바오 히엠
사용하신 후에 여기로 다시 오세요. Come back here when you're done. 컴 백 히어 웬 유어 던	**Sau khi sử dụng hãy quay lại đây ạ.** 싸우 키 쓰 중 하이 꽈이 라이 더이 아
반납은 다른 지점으로 하고 싶어요. I'd like to return this to a different branch. 아이두 라익 투 리턴 디스 투 어 디프런트 브랜치	**Tôi muốn trả xe ở địa điểm khác.** 또이 무온 짜 쎄 어 디어 디엠 칵
안녕하세요. 3일간 자동차를 대여하고 싶은데요. Hi. I'd like to rent a car for a three days. 하이 아이두 라익 투 렌터 카 포 어 쓰리 데이즈	**Xin chào. Tôi muốn thuê một chiếc ô-tô trong ba ngày.** 씬 짜오 또이 무온 투에 못 찌엑 오-또 쫑 바 응아이
자동차를 대여하고 싶은데요. I'd like to rent a car. 아이두 라익 투 렌터 카	**Tôi muốn thuê một chiếc ô-tô.** 또이 무온 투에 못 찌엑 오-또

＊ 차량 선택 ＊

어떤 자동차를 원하십니까? What kind would you like? 왓 카인드 우쥬 라익	**Ông muốn loại nào?** 옹 무온 로아이 나오
소형차를 원합니다. **3일 동안 요금은 얼마인가요?** A compact. 어 컴팩트 How much do you charge for a three days. 하우 머치 두 유 차지 포 어 쓰리 데이즈	**Tôi muốn xe loại nhỏ.** 또이 무온 쎄 로아이 뇨 **Ba ngày bao nhiêu tiền?** 바 응아이 바오 니우 띠엔
30달러에 연료비가 포함되어 있습니다. Thirty dollars, plus gag. 써티 달라즈 플러스 개스	**30 đô-la, bao gồm tiền xăng.** 바므어이 도-라 바오 곰 띠엔 쌍
좋습니다. 3일간 사용하겠습니다. OK. For a three days. 오케이 포 어 쓰리 데이즈	**Vâng, ba ngày.** 벙 바 응아이
국제운전면허증 좀 보여 주시겠습니까? May I see your international driver's license? 메아이 씨 유어 인터네셔널 드라이브즈 라이센스	**Ông có thể cho xem bằng lái xe quốc tế không ạ?** 옹 꼬 테 쪼 쎔 방 라이 쎄 꿕 떼 콩 아
네, 여기 있습니다. Yes, here it is. 예스 히어 잇 이즈	**Vâng, đây ạ.** 벙 더이 아

그러면 이 서류에 기입해 주시겠습니까?
Will you fill out this form then?
윌 유 필 아웃 디스 폼 댄

Vậy, ông có thể ghi vào giấy này không?
버이 옹 꼬 테 기 바오 져이 나이 콩

이 곳의 주소를 적어주시고, 페이지 하단에 서명해주시기 바랍니다.
Write your address here, and sign your name on the bottom of the page.
라이트 유어 어드레스 히어 앤 사인 유어 네임 온 더 버텀 어브 더 페이지

Xin ghi địa chỉ ở đây, và ký tên ở cuối trang.
씬 기 디아 찌 어 더이 바 끼 뗀 어 꾸오이 짱

* 차량 반납 *

자동차를 꼭 이곳에다 반납해야 합니까?
Do I have to return the car to this location?
두 아이 해브 투 리턴 더 카 투 디스 로케이션

Tôi có phải trả xe ở địa điểm này không?
또이 꼬 파이 짜 쎄 어 디아 디엠 나이 콩

아닙니다. 아무 대리점에 반납하셔도 됩니다.
No, you can drop it off at any of car local branches.
노 유 캔 드랍 잇 오프 앳 애니 어브 카 로컬 브랜치스

Không, ông trả ở bất cứ chi nhánh xe nào cũng được.
콩 옹 짜 어 벗 끄 찌 냔 쎄 나오 꿍 드억

알겠습니다.
지금 차는 어디에 있습니까?
I see. 아이 씨
Where is your car now?
웨어 이즈 유어 카 나우

Tôi hiểu rồi.
또이 히우 조이

Xe bây giờ ở đâu?
쎄 버이 져 어 더우

* 운전중 불편사항 *

주차장에 있습니다. It's in the parking lot. 잇츠 인 더 파킹 낫	**Ở bãi đậu xe ạ.** 어 바이 더우 쎄 아
길이 막히네요. The traffic is really bad. 더 트래픽 이즈 리얼리 배드	**Đường tắc nhỉ.** 드엉 딱 니
창문 좀 내려 주세요. Could you open the windows? 쿠쥬 오픈 더 윈도우즈	**Hãy hạ cánh cửa sổ xuống giúp.** 하이 하 까잉 끄어 쏘 쑤옹 즙
에어컨 좀 틀어 주세요. Could you turn on the air conditioner? 쿠쥬 턴 온 디 에어 컨디셔너	**Hãy mở điều hòa giúp tôi.** 하이 머 디우 화 즙 또이
차선을 잘못 들었네요. We're in the wrong lane. 위아 인 더 롱 레인	**Đi nhầm làn đường rồi.** 디 념 란 드엉 조이
누군가에게 길을 물어봐야 겠어요. We should ask for directions. 위 슈드 애스크 포 디렉션즈	**Phải hỏi đường ai đó mới được.** 파이 호이 드엉 아이 도 머이 드억
주유소는 어디에 있습니까? Where is the gas station? 웨어 이즈 더 개스 스테이션	**Chỗ đổ xăng ở đâu?** 쪼 도 쌍 어 더우

연료가 다 떨어졌습니다. I've run out of gasoline. 아이브 런 아웃 오브 개설린	**Hết xăng rồi.** 헷 쌍 조이
엔진이 걸리지 않습니다. The engine doesn't start. 디 엔진 더즌트 스타트	**Máy không khởi động được.** 마이 콩 커이 동 드억
오일을 점검해 주십시오. Check the oil, please. 체크 디 오일 플리즈	**Xin kiểm tra dầu.** 씬 끼엠 짜 저우
수리하는데 얼마나 걸릴까요? How long will it take to fix it? 하우 롱 윌 잇 테익 투 픽스 잇	**Sửa mất bao lâu?** 쓰어 멋 바오 러우
견인차를 불러 주시겠습니까? Can you send a breakdown tow car? 캔 유 센드 어 브레이크다운 토우 카	**Xin gọi cho một chiếc xe kéo.** 씬 고이 쪼 못 찌엑 쎄 깨오

mini회화

A: 여기에 주차할 수 있어요?
Có thể đỗ xe ở đây được không?
꼬 테 도 쎄 어 더이 드억 콩?

B: 아니요, 여기는 주차금지 지역이에요.
Không, đây là khu vực cấm đỗ xe.
콩, 더이 라 쿠 븍 껌 도 쎄

쇼핑
Sự mua sắm

1. 쇼핑 장소

* 상가를 찾을 때 *

이 근처에 백화점이 있습니까?
Is there a department store near here?
이즈 데어 디파트먼트 스토아 니어 히어

Có cửa hàng bách hóa nào gần đây không?
꼬 끄어 항 바익 호아 나오 건 더이콩

기념품 가게는 어디에 있어요?
Where is the souvenir shop?
웨어 이즈 더 수브니어 샵

Cửa hàng đồ lưu niệm ở đâu ạ?
끄어 항 도 르우 니엠 어 더우 아

면세점은 몇 층이에요?
Which floor is the duty-free shop?
위치 플로어 이즈 더 듀티 프리 샵

Quầy miễn thuế ở tầng mấy ạ?
꿔이 미엔 투에 어 떵 머이 아

쇼핑 센터는 어느 방향이에요.
Which way is the shopping center?
위치 웨이 이즈 더 쇼핑센터

Trung tâm mua sắm ở hướng nào ạ?
쭝 떰 무어 쌈 어 흐엉 나오 아

이쪽으로 쭉 걸어가세요.
Go straight ahead this way.
고우 스트레이트 어헤드 디스 웨이

Cứ đi bộ thẳng hướng này.
끄 디 보 탕 흐엉 나이

화장품 코너를 찾고 있어요.
I'm looking for the cosmetics section.
아임 루킹 포 더 코스메틱스 섹션

Tôi đang tìm góc mỹ phẩm.
또이 당 띰 곡 미 펌

문구점은 몇 층이에요?
Which floor is the stationery store?
위치 플로어 이즈 더 스테이셔너리 스토어

Quầy bán văn phòng phẩm tầng mấy ạ?
꿔이 반 반 퐁 펌 떵 머이 아

mini 회화

A : 기념품 가게는 어디에 있어요?
Cửa hàng đồ lưu niệm ở đâu ạ?
끄어 항 도 르우 니엠 어 더우 아

B : 이쪽으로 쭉 걸어가세요.
Cứ đi bộ thẳng hướng này.
끄 디 보 탕 흐엉 나이

A : 면세점은 몇 층이죠?
Quầy miễn thuế ở tầng mấy ạ?
꿔이 미엔 투에 어 떵 머이 아

B : 1층으로 가세요.
Hãy đi xuống tầng 1.
하이 디 쑤옹 떵 못

2. 상품 고르기

* 물건을 고를 때 *

무엇을 찾고 계십니까? What are you looking for? 왓 아류 룩킹 포	**Cô đang tìm gì ạ?** 꼬 당 띰 지 아
실례합니다. 이 치마를 입어 봐도 됩니까? Excuse me. May I try this skirt on? 익스큐즈 미 메아이 트라이 스커트 온	**Xin lỗi. Tôi mặc thử váy này được không?** 씬 로이 또이 막 트 바이 나이 드억 콩
치수가 어떻게 되세요? What size do you wear? 왓 사이즈 두 유 웨어	**Cỡ thế nào ạ?** 꺼 테 나오 아
중간 치수입니다. I wear a medium size. 아이 웨어 어 미디엄 사이즈	**Cỡ trung bình ạ.** 꺼 쭝 빙 아
탈의실은 어디예요? Where is the fitting room? 웨어 이즈 더 피팅 룸	**Phòng thay đồ ở đâu?** 퐁 타이 도 어 더우
탈의실은 이쪽입니다. The fitting room is right over here. 더 피팅 룸 이즈 라잇 오버 히어	**Phòng thử đồ ở ngay đây.** 퐁 트 도 어 응아이 더이
맞습니까? How does it fit? 하우 더즈 잇 피트	**Có vừa không?** 꼬 브어 콩

더 큰 치수가 있어요? Do you have larger sizes? 두 유 해브 라저 사이지즈	**Có cỡ lớn hơn không?** 꼬 꺼 런 헌 콩
좀 더 작은 치수로 주세요. I want a smaller size. 아이 원 어 스몰러 사이즈	**Cho tôi cỡ nhỏ hơn một chút.** 쪼 또이 꺼 뇨 헌 못 쭛
알겠습니다. 갖다 드리겠습니다. Right. I'll get it for you. 라잇 아윌 겟 잇 포 유	**Vâng, có. Tôi sẽ lấy cho cô.** 벙 꼬 또이 쎄 러이 쪼 꼬
치마가 좀 길지 않습니까? Isn't the skirt a bit too long? 이즌트 더 스커트 어 빗 투 롱	**Váy dài quá phải không?** 바이 자이 꽈 파이 콩
그렇지 않습니다. 참 멋진데요. Yes. You look beautiful. 예스 유 룩 뷰티풀	**Không. Trông cô rất đẹp.** 콩 쫑 꼬 젓 뎁
이것을 사겠습니다. OK. I'll take it. 오케이 아윌 테이킷	**Tôi sẽ lấy nó.** 또이 쎄 러이 노
현금으로 하시겠습니까? 카드로 하시겠습니까? Can you pay by cash or credit card? 캔 유 페이 바이 캐시 오어 크레딧 카트	**Cô trả bằng tiền mặt hay thẻ tín dụng?** 꼬 짜 방 띠엔 맛 하이 테 띤 중

여행자 수표로 할께요. Traveler's check, please. 트래블러즈 첵 플리즈	**Bằng chi phiếu du lịch ạ.** 방 찌 피우 주 릭 아
좋습니다. 여기에 사인해 주세요. Fine. Sign it here. 파인 사인 잇 히어	**Vâng. Xin ký tên ở đây.** 벙 씬 끼 뗀 어 더이
이 재킷 입어 봐도 됩니까? May I try this jacket on? 메아이 트라이 디스 재킷 온	**Tôi mặc thử áo jacket này được không?** 또이 막 트 아오 재킷 나이 드억 콩
물론이죠. 탈의실에서 입어 보세요. Sure. You can try it on in the fitting room. 슈어 유 캔 트라이 잇 온 인 더 피팅 룸	**Tất nhiên rồi. Hãy mặc thử ở phòng thay đồ.** 떳 니엔 조이 하이 막 트 어 퐁 타이 도
약간 작습니다. 중간 사이즈 있습니까? It's little too tight. May I have a medium? 잇츠 리틀 투 타이트 메아이 해브 어 미디엄	**Hơi chật. Có cái cở vừa không?** 허이 쩟 꼬 까이 꺼 브어 콩
이것은 너무 꽉 낍니다. These are too tight. 디즈 아 투 타이트	**Cái này chật quá.** 까이 나이 쩟 꽈
소매가 길어요. The sleeves are too long. 더 슬리브스 아 투 롱	**Tay áo dài quá.** 따이 아오 자이 꽈

좀 더 큰(작은) 사이즈가 있습니까? Do you have any larger (smalll) size? 두 유 해브 애니 라쥐 스몰 사이즈	**Có cái lớn (nhỏ) hơn không?** 꼬 까이 런 (뇨) 헌 콩
알겠습니다. 갖다 드리겠습니다. Right. I'll get it for you. 라잇 아윌 겟 잇 포 유	**Vâng, có. Tôi sẽ lấy cho cô.** 벙 꼬 또이 쎄 러이 쪼 꼬
너무 잘 어울리세요. You look great in that. 유 룩 그레이트 인 댓	**Hợp quá.** 헙 꽈
약간 끼어요. It's a little tight. 잇츠 어 리들 타이트	**Hơi chật.** 허이 쩟
제 몸엔 안 맞아요. It doesn't fit my body. 잇 더즌 피트 마이 바디	**Không hợp với người tôi.** 콩 헙 버이 응어이 또이
이 옷이 딱 맞아요. It fits well. 잇 피츠 웰	**Áo này rất vừa vặn với tôi.** 아오 나이 젓 브어 반 버이 또이
제겐 어울리지 않네요. I don't think it suits me well. 아이 돈 씽크 잇 슈츠 미 웰	**Không hợp với tôi.** 콩 헙 버이 또이
별로인데요. I don't like it. 아이 돈 라익 잇	**Không đẹp lắm.** 콩 뎁 랍

좀 더 둘러보고 올게요. I'll look around and come back. 아윌 룩 어라운드 앤 컴 백	**Tôi xem quanh thêm rồi quay lại nhé.** 또이 쎔 꽈잉 템 조이 꽈이 라이 녜
무얼 사시겠습니까? What are you looking for? 왓 아류 룩킹 포	**Ông đang tìm gì ạ?** 옹 당 띰 지 아
아니요, 그냥 구경하는 겁니다. No, thank you. I'm just looking around. 노 땡큐 아임 저스트 룩킹 어라운드	**Không, xin cảm ơn. Tôi chỉ xem thôi.** 콩 씬 깜 언 또이 찌 쎔 토이
네, 그럼 천천히 보세요. Yes, sir. 예스 써	**Vâng, xin cứ xem tự nhiên.** 벙 씬 끄 쎔 뜨 니엔
저어, 이것 좀 보여 주세요. Excuse me. Would you show me this one? 익스큐즈 미 우쥬 쇼미 디스 원	**Xin lỗi, cho tôi xem cái này được không?** 씬 로이 쪼 또이 쎔 까이 나이 드억 콩
이것입니까? This one? 디스 원	**Cái này phải không?** 까이 나이 파이 콩
금년에 초록색 가방이 매우 인기가 있습니다. Green bag are very popular this year. 그린 백 아 베리 파퓰러 디스 이어	**Túi xách màu xanh lá cây năm nay rất thịnh hành.** 뚜이 싸익 마우 싸잉 라 꺼이 남 나이 젓 틴 하잉

이것 진짜 가죽 제품입니까? Is it made of real leather? 이즈 잇 메이드 어브 리얼 레더	**Có phải bằng da thật không?** 꼬 파이 방 자 텃 콩
네 가죽 제품입니다. Yes, it is. 예스 잇 이즈	**Vâng, phải ạ.** 벙 파이 아
얼마입니까? How much is it? 하우 머치 이즈 잇	**Bao nhiêu tiền?** 바오 니우 띠엔
60달러입니다. Sixty dollars. 씩스틴 달라즈	**60 đô-la.** 사우므어이 도-라
너무 비쌉니다. It's to expensive. 잇츠 투 익스펜시브	**Đắt quá.** 닷 꽈
좀 더 싼 것을 보여 주세요. Please show me a cheaper one. 플리즈 쇼 미 어 치퍼 원	**Xin cho tôi xem cái rẻ hơn.** 씬 쪼 또이 쎔 까이 제 헌
알겠습니다. 이건 어떻습니까? OK. How about this one? 오케이 하우 어바웃 디스 원	**Vâng. Cái này như thế nào?** 벙 까이 나이 느 테 나오
특별히 마음에 드는 게 없어요. I don't see anything I want. 아이 돈 씨 애니씽 아이 원트	**Không có gì đặc biệt ưng ý.** 콩 꼬 지 닥 비엣 응 이

다른 것은 없어요?
Can I see other items?
캔 아이 씨 어더 아이템즈

Không có cái khác ạ?
콩 꼬 까이 칵 아

어떤 색상을 원하세요?
What color do you want?
왓 컬러 두 유 원

Muốn màu nào ạ?
무온 마우 나오 아

분홍색 있어요?
Do you have it in pink?
두 유 해브 잇 인 핑크

Có màu hồng không?
꼬 마우 홍 콩

네, 있어요.
Yes, I do. 예스 아이 두

Vâng, có ạ
벙 꼬 아

다른 것 좀 보여 주세요.
Could you show me some other items?
쿠쥬 쇼 미 썸 어더 아이템즈

Cho tôi xem cái khác.
쪼 또이 쌤 까이 칵

이 종류뿐이에요?
Is this the only type?
이즈 디스 디 온리 타입

Chỉ loại này thôi ạ?
찌 로아이 나이 토이 아

다른 색상을 더 보여 주세요.
Could you show me some other colors?
쿠쥬 쇼 미 썸 어더 컬러즈

Cho tôi xem thêm màu khác.
쪼 또이 쌤 템 마우 칵

파란색으로 보여 주세요.
Would you show me the blue one?
우쥬 쇼 미 더 블루 원

Cho tôi xem cái màu xanh nước biển.
쪼 또이 쌤 까이 마우 싸잉 느억 비엔

무늬 없는 것은 없어요? Do you have one without any pattern? 두 유 해브 원 위다웃 애니 패턴	**Không có cái không có hoa văn ư?** 콩 꼬 까이 콩 꼬 호아 반 으
이 제품으로 다른 치수는 없어요? Do you have this item in other sizes? 두 유 해브 디스 아이템 인 어더 사이지즈	**Sản phẩm này không có cỡ khác ư?** 싼 펌 나이 콩 꼬 꺼 칵 으
죄송합니다. 제가 찾던 것이 아니에요. I'm sorry. That's not what I was looking for. 아임 쏘리 댓츠 낫 왓 아이 워즈 루킹 포	**Xin lỗi. Không phải là cái tôi cần tìm.** 씬 로이 콩 파이 라 까이 또이 껀 띰
다시 오겠습니다. I'll be back again. 아윌 비 백 어겐	**Tôi sẽ trở lại.** 또이 쎄 쩌 라이
무엇을 도와 드릴까요? May I help you? 메아이 헬퓨	**Ông cần gì ạ?** 옹 껀 지 아
저 넥타이를 보고 싶은데요. I'd like to see one a of those ties. 아이두 라익 투 씨 원 어 어브 도즈 타이즈	**Tôi muốn xem cái cà vạt kia.** 또이 무온 쎔 까이 까 밧 끼어
이것 말씀인가요? You mean this one? 유 민 디스 원	**Cái này phải không ạ?** 까이 나이 파이 콩 아

네. Yes. 예스	**Vâng, đúng rồi.** 벙 둥 조이
예쁘죠? 비단이며 지금 세일을 하고 있습니다. It's pretty, isn't it? 잇츠 프리티 이즌 잇 It's made of pure silk and is on sale. 잇츠 메이드 어브 퓨어 실크 앤 이즈 온 세일	**Rất đẹp phải không?** 젓 뎁 파이 콩 **Nó bằng lụa và đang bán giảm giá đấy.** 노 방 루어 바 당 반 잠 쟈 더이
좋아요. 그걸 사겠어요. OK. I'll take it. 오케이 아윌 테이킷	**Vâng, tôi sẽ lấy nó.** 벙 또이 쎄 러이 노
이것을 선물용으로 포장해 주시겠습니까? Will you gift wrap it, please? 윌 유 기프트 랩 잇 플리즈	**Có thể gói quà được không?** 꼬 테 고이 꽈 드억 콩

TIP

Có thể gói quà được không? 꼬 테 고이 꽈 드억 콩(선물용으로 포장해 주시겠습니까?)의 표현은 해외에서 물건을 사서 그것을 선물로 포장하고 싶을 때 사용하는 표현이다. 단순히 '쇼핑백에 넣어주세요. Xin bỏ vào bao giùm tôi. 씬 보 바오 바오 줌 또이'라고 말하면 된다.
선물 포장을 할 때에는 포장용 특별 카운터에 가서 별도로 포장 수수료를 지불하고 포장하는 것이 일반적이다.

저기 카운터로 가져가시겠습니까?
Could you take it to that counter, please?
쿠쥬 테이킷 투 댓 카운터 플리즈

Xin vui lòng đến quầy kia.
씬 부이 롱 덴 꿔이 끼어

무엇을 찾으세요?
What are you looking for?
왓 아류 루킹 포

Chị cần tìm gì ạ?
찌 껀 띰 지 아

실례합니다. 이것 좀 봐도 될까요?
Excuse me. Could I have this one?
익스큐즈 미 쿠드 아이 해브 디스 원

Xin lỗi, xin cho tôi xem cái này được không?
씬 로이 씬 쪼 또이 쎔 까이 나이 드억 콩

잠깐만요. 금방 가겠습니다.
Just a moment, please. I'll be with you in a second.
저스트 어 모우먼트 플리즈 아윌 비 위드 유 인 어 세컨드

Xin chờ một chút. Tôi sẽ đến ngay.
씬 쩌 못 쭛 또이 쎄 덴 응아이

좀 둘러봐도 될까요?
Can I look around?
캔 아이 룩 어라운드

Đi xem một vòng được không?
디 쎔 못 봉 드억 콩

어떤 것을 보여 드릴까요?
What can I show you?
왓 캔 아이 쇼 유

Cái nào ạ?
까이 나오 아

가장 인기 있는 건 어떤 거예요?
What is the most popular ?
왓 이즈 더 모스트 파퓰러

Cái đang được ưa thích nhất là cái nào?
까이 당 드억 으어 틱 녓 라 까이 나오

이쪽 상품들이 인기가 좋습니다. These items are quite popular. 디즈 아이템즈 아 콰잇 파퓰러	**Những sản phẩm ở phía này được ưa thích ạ.** 늉 싼 펌 어 피어 나이 드억 으어 틱 아
저것 좀 보여 주세요. Can you show me that? 캔 유 쇼 미 댓	**Cho tôi xem cái kia.** 쪼 또이 쎔 까이 끼어
이것은 제일 잘 팔리는 상표입니다. This is the largest selling brand. 디스 이즈 더 라아지스트 셀링 브랜드	**Đây là sản phẩm đang bán rất chạy.** 더이 라 싼 펌 당 반 젓 짜이
더 생각해 볼게요. I'll think about it a little more. 아윌 씽크 어바웃 잇 어 리들 모어	**Tôi sẽ suy nghĩ thêm.** 또이 쎄 쑤이 응이 템
네, 다시 들러 주세요. Okay, feel free to visit us again. 오케이 필 프리 투 비짓 어스 어게인	**Vâng, quý khách nhớ ghé lại nhé.** 벙 뀌 캍 녀 게 라이 녜
윈도우에 있는 것을 보여 주시겠어요? Please show me the one in the window. 플리즈 쇼 미 더 원 인 더 윈도우	**Xin cho tôi xem cái trong tủ kính.** 씬 쪼 또이 쎔 까이 쫑 뚜 낀
저 시계를 보여 주시겠어요? Would you show me that watch? 우쥬 쇼 미 댓 와취	**Cho tôi xem cái đồng hồ đó có được không?** 쪼 또이 쎔 까이 동 호 도 꼬 드억 콩

이것입니까?
This one?
디스 원

Cái này phải không?
까이 나이 파이 콩

네. 이거 맘에 듭니다.
Yes. I'll this one.
예스 아윌 디스 원

Vâng, tôi thích cái này.
벙 또이 틱 까이 나이

이것을 주세요.
OK. I'll take it.
오케이 아윌 테이크 잇

Cho tôi lấy cái này.
쪼 또이 러이 까이 나이

mini회화

A: 무얼 사시겠습니까?
Ông đang tìm gì ạ?
옹 당 띰 지 아

B: 아니요, 그냥 구경하는 겁니다.
Không, xin cảm ơn. Tôi chỉ xem thôi.
콩 씬 깜 언 또이 찌 쎔 토이

A: 네, 그럼 천천히 보세요.
Vâng, xin cứ xem tự nhiên.
벙 씬 끄 쎔 뜨 니엔

B: 다시 오겠습니다.
Tôi sẽ trở lại.
또이 쎄 쩌 라이

3. 면세점에서

안녕하세요. 무엇을 찾고 계십니까? Hello. What are you looking for? 헬로우 왓 아류 룩킹 포	**Xin chào. Ông tìm gì ạ?** 씬 짜오 옹 띰 지 아
겔랑 콤팩트를 사고 싶은데요. I'd like to buy a Guerlain Compact. 아이두 라익 투 바이 겔랑 콤팩트	**Tôi muốn mua Guerlain Compact.** 또이 무온 무어 그얼렌 콤팩트
이쪽에 있습니다. Over here, sir. 오버 히어 써	**Bên này ạ.** 벤 나이 아
그걸 사겠습니다. I'll take it. 아윌 테이킷	**Tôi sẽ lấy nó.** 또이 쎄 러이 노
쇼핑백에 넣어주세요. Please put it in a bag. 플리즈 풋 잇 인 어 백	**Xin bỏ vào bao giùm tôi.** 씬 보 바오 바오 줌 또이
친구에게 줄 선물을 사고 싶습니다. 무엇이 좋을까요? What would you recommend my friend for a gift? 왓 우쥬 레커멘드 마이 프렌드 포어 기프트	**Tôi muốn mua quà cho bạn. Mua cái gì thì tốt?** 또이 무온 무어 꽈 쪼 반 무어 까이 지 티 뜻

이것은 어떨까요? How about this one? 하우 어바웃 디스 원	**Cái này được không?** 까이 나이 드억 꽁
좋아요. 그걸 사겠어요. 포장해 주세요. OK. I'll take it. Will you wrap this? 오케이 아윌 테이킷 윌 유 랩 디스	**Vâng, tôi sẽ lấy nó. Gói lại giùm tôi chứ?** 벙 또이 쎄 러이 노 고이 라이 줌 또이 쯔
여기서 향수를 취급합니까? Do you carry perfume here? 두 유 캐리 퍼퓸 히어	**Ở đây có nước hoa không?** 어 더이 꼬 느윽 호아 콩
물론입니다. 어떤 상표를 원합니까? We sure do. Which brand do you want? 위 슈어 두 위치 브랜드 두 유 원트	**Có chứ. Cô muốn hiệu nào?** 꼬 쯔 꼬 무온 히우 나오
로투스 오드 상표를 원합니다. I'd like to buy some Lotus Eau. 아이두 라익 투 바이 썸 로튀스 오드	**Tôi muốn mua Lotus Eau.** 또이 무온 무어 로튀스 오드
네, 갖다 드리겠습니다. Yes, I'll get it for you. 예스 아윌 겟 잇 포 유	**Vâng, có ngay.** 벙 꼬 응아이
문구류를 취급합니까? Do you carry stationery here? 두 유 캐리 스테이셔어리 히어	**Ở đây có văn phòng phẩm không?** 어 더이 꼬 반 퐁 펌 콩

네, 취급합니다. Yes. 예스	**Vâng, có ạ.** 벙 꼬 아
볼펜 있어요? Do you have ballpoint pens? 두 유 해브 볼포인트 펜즈	**Có bút bi không?** 꼬 붓 비 콩
네, 이쪽에 다양한 볼펜이 있습니다. Yes. We have many kinds of ballpoint pens here. 예스 위 해브 메니 카인즈 어브 볼포인트 펜스 히어	**Vâng. Ở phía này có nhiều loại bút bi.** 벙 어 피어 나이 꼬 니우 로아이 붓 비
네, 여기에 써 보시고 골라 보세요. Sure, try them and pick what you want. 슈어 트라이 뎀 앤 픽 왓 유 원트	**Vâng, viết thử vào đây mà chọn ạ.** 벙 비엣 트 바이 더이 마 쫀 아
이 스카치는 얼마죠? How much is this Scotch? 하우 머치 이즈 디스 스카치	**Scotch này bao nhiêu tiền?** 스콧 나이 바오 니우 띠엔
20달러입니다. Twenty dollars. 투엔티 달라즈	**20 đô ạ.** 하이므어이 도 아
이것도 같이 계산해 주세요. I'll take this, too. 아윌 테익 디스 투	**Cái này cũng tính cùng cho tôi.** 까이 나이 꿍 띵 꿍 쪼 또이

4. 가격 흥정할 때

좀 깎아 주세요. Could you give me a discount? 쿠쥬 깁 미 어 디스카운트	**Giảm giá cho tôi.** 잠 쟈 쪼 또이
좀 더 싸게 할 수 없을까요? Can't you make it a little cheaper? 캔츄 메이킷 어 리틀 치퍼	**Có thể bớt một chút được không?** 꼬 테 벗 못 쭛 드억 콩
좀 더 싼 것을 보여 주세요. Please show me a cheaper one. 플리즈 쇼 미 어 피처 원	**Xin cho tôi xem cái rẻ hơn.** 씬 쪼 또이 샘 까이 제 헌
다른 가게에서 더 싸게 팔던데요. I saw lower prices at other stores. 아이 쏘 로우어 프라이시스 앳 어더 스토어즈	**Cửa hàng khác bán rẻ hơn mà.** 끄어 항 칵 반 제 헌 마
깎아 주시면 살게요. I'll buy one if you give me a discount. 아윌 바이 원 이퓨 깁 미 어 디스카운트	**Giảm giá đi thì tôi sẽ mua.** 잠 쟈 디 티 또이 쎄 무어

TIP

토산품이나 시장에서 가격을 흥정할 때 'Xin giảm giá một chút được không? 씬 잠 쟈 못 쭛 드억 콩 (깎아 주시겠습니까?)'라고 표현하면 된다.

좋아요, 그렇게 하죠. Okay. 오케이	**Được. Làm thế vậy.** 드억 람 테 버이
이게 제일 잘해 드리는 가격이에요. It's the best price I can offer you. 잇츠 더 베스트 프라이스 아이 캔 오퍼 유	**Đây là giá phải chăng nhất.** 더이 라 쟈 파이 짱 녓
비싸요. It's expensive. 잇츠 익스펜시브	**Đắt quá.** 닷 꽈
제겐 좀 비싸요. It's a little expensive for me. 잇츠 어 리들 익스펜시브 포 미	**Hơi đắt đối với tôi.** 허이 닷 도이 버이 또이
어머! 너무 비싸요. It's too expensive. 잇츠 투 익스펜시브	**Ôi đắt quá.** 오이 닷 꽈
할인해 주시겠어요? Could you give me a discount? 쿠쥬 깁 미어 디스카운트	**Giảm giá cho tôi được không?** 잠 쟈 쪼 또이 드억 콩
덤으로 더 주세요. Throw in a few more, please. 쓰로우 인 어 퓨 모 플리즈	**Cho tôi quà khuyến mại.** 쪼 또이 꽈 쿠옌 마이

5. 계산할 때

잘못 계산되었을 때

실례합니다. 방금 이걸 샀는데 영수증이 여기 있습니다.

Excuse me. I bought this just now and here's the receipt.

익스큐즈 미 아이 보트 디스 저스트 나우 앤 히얼즈 더 리시트

Xin lỗi. Tôi mới mua cái này. Đây là phiếu tính tiền.

씬 로이 또이 머이 무어 까이 나이 더이 라 피우 띵 띠엔

거스름돈을 덜 받은 것 같아요.

I'm afraid I was short-changed.

아임 어프레이드 아이 워즈 숏 체인지드

Hình như là đã thối thiếu tiền cho tôi.

힝 뉴 라 다 토이 티우 띠엔 쪼 또이

어머, 정말요? 미안합니다. 여기 5,000동 있습니다. 죄송합니다.

Oh, really? Sorry, here's the five I owe you. I'm terribly sorry.

오우 리얼리 쏘리 히어즈 더 파이브 아이 오우 유 아임 테러블리 쏘리

Ồ, thế à? Xin lỗi, 5,000 đồng đây ạ. Xin lỗi.

오 테 아 씬 로이 남 응안 동 더이 아 씬 로이

TIP

쇼핑을 하고 나서 계산할 때 거스름돈이 모자라면 '거스름 돈이 모자라는데요. Đã thối thiếu tiền cho tôi. 다 토이 티우 띠엔 쪼 또이' 라고 말하면 된다. 정상 가격보다 비싸게 받았다' '과다 청구되었다'라는 표현은 'Đã tính nhiều hơn. 다 띵 니우 헌'이라고 표현하면 된다.

받은 거스름돈이 모자랍니다.
I don't think I got the right change.
아이 돈 씽크 아이 갓 더 라잇 체인지

Tiền thừa anh đưa cho tôi bị thiếu.
띠엔 트어 아잉 드어 쪼 또이 비 티우

계산이 잘못 된 것 같아요.
I think the calculation is not done right.
아이 씽크 더 캘큘레이션 이즈 낫 던 라잇

Hình như tính sai rồi.
힝 뉴 띵 싸이 조이

죄송합니다. 계산이 잘못되었네요.
I'm sorry. I miscalculated.
아임 쏘리 아이 미스캘큘레이티드

Xin lỗi. Tôi tính nhầm rồi.
씬 로이 또이 띵 념 조이

여기 금액이 틀려요.
The amount is wrong.
디 어마운트 이즈 롱

Số tiền này sai rồi.
쏘 띠엔 나이 싸이 조이

* 교환·환불을 원할 때 *

이것을 교환해 주시겠습니까?
Can you exchange this, please?
캔 유 익스체인지 디스 플리즈

Có thể đổi cái này được không?
꼬 테 도이 까이 나이 드억 콩

영수증 갖고 계신 가요?
Do you have your receipt with you?
두 유 해브 유어 리시트 위듀

Ông có phiếu tính tiền ở đây không?
옹 꼬 피우 띵 띠엔 어 더이 콩

언제 사셨어요?
When did you buy it?
웬 디쥬 바이 잇

Mua khi nào ạ?
무어 키 나오 아

삼 일 전에 여기서 샀어요.
I bought it here three days ago.
아이 보트 잇 히어 쓰리 데이즈 어고우

Tôi đã mua ở đây 3 ngày trước.
또이 다 무어 어 더이 바 응아이 쯔억

더 작은 치수로 바꾸고 싶어요.
I want to exchange it for a smaller size.
아이 원 투 익스체인지 잇 포 어 스몰러 사이즈

Tôi muốn đổi sang cỡ nhỏ hơn.
또이 무온 도이 쌍 꺼 뇨 헌

이걸 교환하고 싶어요.
I'd like to exchange this, please.
아이두 라익 투 익스체인지 디스 플리즈

Tôi muốn đổi cái này.
또이 무온 도이 까이 나이

다른 것으로 바꿔 주세요.
I want to exchange it for another product.
아이 원 투 익스체인지 잇 포 어너더

Đổi cho tôi cái khác.
도이 쪼 또이 까이 칵

여기에 흠집이 있어요. 교환해 주세요.
The product is flawed.
I want to exchange it.
더 프러덕트 이즈 플로드
아이 원 투 익스체인지 잇

Ở đây có tỳ vết. Đổi cho tôi.
어 더이 꼬 띠 벳 도이 쪼 또이

환불해 주시겠어요? Can I get a refund? 캔 아이 겟 어 리펀드	**Cho tôi lấy lại tiền được không?** 쪼 또이 러이 라이 띠엔 드억 콩
어제 샀는데 환불할 수 있어요? Can I get a refund? I bought it yesterday. 캔 아이 겟 어 리펀드 아이 봇 잇 예스터데이	**Tôi mua hôm qua nhưng có thể trả, lấy lại tiền được không?** 또이 무어 홈 꽈 늉 꼬 테 짜. 러이 라이 띠엔 드억 콩
전혀 사용하지 않았어요. I never used it. 아이 네버 유즈드 잇	**Hoàn toàn chưa dùng đâu.** 호안 또안 쯔어 중 더우
물론이죠, 영수증 가지고 계세요? Sure, do you have the receipt? 슈어 두 유 해브 더 리시트	**Tất nhiên rồi. Có mang theo hóa đơn không ạ?** 떳 니엔 조이 꼬 망 테오 호아 던 콩 아
이걸 반품하고 싶어요. I want to return it. 아이 원 투 리턴 잇	**Tôi muốn trả lại hàng này.** 또이 무온 짜 라이 항 나이

관광

du lịch

1. 관광 정보

* 관광 정보 수집 *	
관광 안내소는 어디에 있습니까? Where is the tourist information center? 웨어 이즈 더 투어리스트 인포메이션 센터	**Quầy hướng dẫn du lịch ở đâu?** 꿔이 흐엉 전 주 릭 어 더우
1층으로 가세요. Go to the first floor. 고 투 더 피스트 플로아	**Hãy đi xuống tầng 1.** 하이 디 쑤옹 떵 못
안녕하세요. 무엇을 도와 드릴가요? Good morning. May I help you? 굿 모닝 메아이 헬퓨	**Xin chào. Tôi có thể giúp gì cho ông?** 씬 짜오 또이 꼬 테 줍 지 쪼 옹
시내 관광을 좀 하고 싶은데요. I'd like to see some of city's sights. 아이두 라익 투 씨 썸 어브 시디즈 사이츠	**Tôi muốn đi tham quan một vài thắng cảnh của thành phố.** 또이 무온 디 탐 꾸안 못 바이 탕 깐 꾸어 타잉 포

네. 오늘 관광하실 거예요? Sure. Are you taking a tour today? 슈어 아류 테이킹 어 투어 투데이	**Vâng, có ạ. Ông đi hôm nay phải không?** 벙 꼬 아 옹 디 홈 나이 파이콩
시내 관광 프로그램이 있습니까? Do you have any tour to downtown? 두 유 해브 애니 투어 투 다운타운	**Có chương trình tham quan nội thành không?** 꼬 쯔엉 찡 탐 꾸안 노이 타잉 콩
네. 한 명당 얼마죠? Yes. How much is it per person? 예스 하우 머치 이즈 잇 퍼 퍼슨	**Vâng. Một người bao nhiêu tiền?** 벙 못 응어이 바오 니우 띠엔
25달러입니다. Twenty-five dollars. 투엔티 파이브 달라즈	**Một người 25 đô-la.** 못 응어이 하이므어이 람 도-라
이 여행 프로그램은 시간이 얼마나 걸려요? How long does the tour program last? 하우 롱 더즈 더 투어 프로그램 래스트	**Chương trình du lịch này mất bao nhiêu thời gian?** 쯔엉 찡 주 릭 나이 멋 바오 니우 터이 쟌
한 시간 걸립니다. It will take one hour. 잇 윌 테익 원 아워	**Mất 1 tiếng.** 멋 못 띠엥
한국어 안내원이 있습니까? Do you have Korean guides? 두 유 해브 코리안 가이즈	**Có hướng dẫn viên tiếng Hàn Quốc không?** 꼬 흐엉 전 비엔 띵 한 꿕 콩

이 도시의 관광 명소에는 어떤 것이 있어요?
What are the tourist attractions in this city?
왓 아 더 투어리스트 어트랙션스 인 디스 시티

Thắng cảnh du lịch nổi tiếng của thành phố này có những gì?
탕 까잉 주 릭 노이 띵 꾸어 따잉 포 나이 꼬 늉 지

사파는 꼭 가 보세요.
You should go to Sapa.
유 슈드 고 투 사파

Chị nhớ nên đi Sapa.
찌 녀 넨 디 싸빠

한 사람당 얼마예요?
How much is it for each person?
하우 머치 이즈 잇 포 이치 퍼슨

Mỗi người bao nhiêu tiền?
모이 응어이 바오 니우 띠엔

식사가 포함된 가격입니까?
Does the price include meals?
더즈 더 프라이스 인클루드 밀즈

Đó là giá bao gồm bữa ăn phải không?
도 라 쟈 바오 곰 브어 안 파이 콩

몇 시에 돌아와요?
When do we come back?
웬 두 위 컴 백

Mấy giờ quay trở lại?
머이 져 꽈이 쩌 라이

* 관광 안내 문의 *

관광 여행 프로그램이 있습니까?
Do you have guided tours?
두 유 해브 가이디드 투어즈

Có chương trình tua tham quan không?
꼬 쯔엉 찡 뚜어 탐 꾸안 콩

정기 관광 프로그램이 있습니까?
Do you have any sightseeing program?
두 유 해브 애니 싸이트씽 프로그램

Cô có chương trình tham quan nào không?
꼬 꼬 쯔엉 찡 탐 꾸안 나오 콩

하노이에서 가장 유명한 것은 무엇입니까? What's the most famous thing in Hanoi? 왓츠 더 모스트 페이머스 씽 인 하노이	**Nổi tiếng nhất ở thành phố Hà nội là cái gì?** 노이 띵 녓 어 타잉 포 하 노이 라 까이 지
당일 코스로 갈 만한 곳을 아십니까? Do you know where I can go and return in a day? 두 유 노 웨어 아이 캔 고 앤 리턴 인 어 데이	**Cô có biết chỗ nào để đi và về trong ngày không?** 꼬 꼬 비엣 쪼 나오 데 디 바 베 쫑 응아이 콩
근처에 구경할 만한 장소가 있어요? What is there to see around here? 왓 이즈 데어 투 씨 어라운드 히어	**Gần đây có chỗ đáng để ngắm xem không?** 건 더이 꼬 쪼 당 데 응암 쎔 콩
어떤 것이 가장 인기가 있어요? What's most popular? 왓츠 모스트 파퓰러	**Cái gì được yêu thích nhất?** 까이 지 드억 예우 띡 녓
관광 안내 책자 하나 주세요. I want a guidebook for tourists. 아이 원 어 가이드북 포 투어리스츠	**Cho tôi một cuốn sách hướng dẫn du lịch.** 쪼 또이 못 꾸온 싸익 흐엉 전 주 릭
관광 안내 팜플렛이 있습니까? Do you have a sightseeing brochure? 두 유 해버 싸이트씽 부로우셔	**Cô có sách mỏng hướng dẫn du lịch nào không?** 꼬 꼬 싸익 몽 흐엉 전 주 릭 나오 콩

무료 지도가 있어요?
Do you have a free map?
두 유 해버 프리 맵

Có bản đồ miễn phí không?
꼬 반 도 미엔 피 콩

시내 지도를 하나 가져도 될까요?
Can I have a map of downtown?
캔 아이 해버 맵 어브 다운타운

Tôi lấy một tấm bản đồ thành phố được không?
또이 러이 못 떰 반 도 타잉 포 드억 콩

이 관광은 비용이 얼마예요?
How much does this tour cost?
하우 머치 더즈 디스 투어 코스트

Tua tham quan này hết bao nhiêu tiền?
뚜어 탐 꾸안 나이 헷 바오 니우 띠엔

학생 할인이 돼요?
Do you offer student discounts?
두 유 오퍼 스튜던트 디스카운츠

Học sinh có được giảm giá không?
혹 싱 꼬 드억 쟘 쟈 콩

점심은 요금에 포함됩니까?
Is lunch included?
이즈 런치 인클루디

Có bao gồm ăn trưa không?
꼬 바오 곰 안 쯔어 콩

* 매표소 안내 *

입장료는 얼마예요?
How much is the admission fee?
하우 머치 이즈 디 어드미션 피

Vé vào cửa bao nhiêu tiền?
베 바오 끄어 바오 니우 띠엔

기념품 가게는 어디에 있어요?
Where is the souvenir shop?
웨어 이즈 더 수브니어 샵

Cửa hàng bán đồ lưu niệm ở đâu ạ?
끄어 항 반 도 르우 니엠 어 더우 아

체험관은 어디에 있어요? Where is the experience center? 웨어 이즈 디 익스피어리언스 센터	**trung tâm trải nghiệm ở đâu ạ?** 쭝 떵 짜이 응임 어 더우 아
지하 1층에 있습니다. It's in the first basement. 잇츠 인 더 퍼스트 베이스먼트	**Ở tầng ngầm một.** 어 떵 응엄 못
휴관일이 언제예요? When do you close? 웬 두 유 클로즈	**Ngày nghỉ không làm việc là khi nào?** 응아이 응이 콩 람 비엑 라 키 나오

mini 회화

A : 근처에 무료 화장실이 있어요?
Gần đây có nhà vệ sinh miễn phí không?
건 더이 꼬 냐 베 씽 미엔 피 콩

B : 네, 여기 있는 모든 화장실은 무료예요.
Vâng, ở đây tất cả các nhà vệ sinh là miễn phí.
벙, 어 더이 떳 까 깍 냐 베 싱 라 미엔 피

2. 기념 촬영

＊ 사진 찍을 때 ＊

실례합니다.
사진을 좀 찍어 주시겠어요?
Excuse me. 익스큐즈 미
Would you please take our picture?
우쥬 플리즈 테익 아워 픽춰

Xin lỗi.
씬 로이

Có thể chụp hình giùm chúng tôi không?
꼬 테 쭙 힌 줌 쭝 또이 콩

네. 어디에 서시겠습니까?
Sure. Where would you like to stand?
슈어 웨어 우쥬 라익 투 스텐드

Được ạ. Ông đứng ở đâu?
드억 아 옹 등 어 더우

여기에 서 있겠습니다.
셔터만 눌러 주세요.
Stand right here, please.
스텐드 라잇 히어 플리즈
You may just push the button.
유 메이 저스트 푸쉬 더 버튼

Ở đây.
어 더이

Chỉ bấm nút này là được.
찌 범 눗 나이 라 드억

알겠습니다. 웃어보세요… 좋습니다.
OK. Smile... Good.
오케이 스마일 굿

Vâng. Cười lên... Tốt lắm.
벙 끄어이 렌 뜻 람

감사합니다. 사진 잘 나왔으면 좋겠군요.
Thank you. I hope it comes out good.
땡큐 아이 호프 잇 컴즈 아웃 굿

Xin cảm ơn. hình đẹp thì tốt
씬 깜 언 힝 뎁 티 뜻

웃어보세요··· 치즈!··· Smile... Cheese...! 스마일 치즈	**Cười lên... Chú ý...!** 끄어이 렌 쭈 이
감사합니다. Thank you very much. 땡큐 베리 머치	**Xin cảm ơn rất nhiều.** 씬 깜 언 젓 니에우
사진 좀 찍어 주시겠습니까? Will you take our picture? 윌 유 테익 아워 픽처	**Xin chụp hình giùm tôi có được không?** 씬 쭙 힌 줌 또이 꼬 드억 콩
괜찮으시면 우리와 함께 사진 찍죠. I want you to join us, if you don't mind. 아이 원츄 투 조인 어스 이퓨 돈 마인드	**Nếu được, xin chụp hình cùng với chúng tôi.** 네우 드윽 씬 쭙 힌 꿍 버이 쭝 또이
사진을 좀 찍어 주시겠어요? Would you take a picture of me? 우쥬 테이커 픽처 어브 미	**Anh có thể chụp giúp tôi tấm ảnh được không** 아잉 꼬 테 쭙 줍 또이 떰 아잉 드억 콩

TIP

'Chú ý... 쭈 이'는 주의하라는 의미로 치즈와는 무관합니다. 그저 입꼬리를 올려 사진이 예쁘게 나오려고 쓰는 말입니다.

여행지에서 남에게 사진을 찍어 줄 것을 부탁할 때는 'Xin vui lòng... 씬 부이 롱' 찍은 후에는 'Xin cảm ơn. 씬 깜 언' 잊지 말아야 된다.

또한 남의 사진을 함부로 찍는 것은 결례가 되므로 꼭 물어보고 찍어야 된다. 문화에 따라 다소 차이는 있지만 회교 국가에서는 여성을 찍는 것을 금지하고 있으므로 각별히 주의해야 된다.

네, 그런데 어떻게 찍는 거예요? Sure. Tell me how to use it. 슈어 텔 미 하우 투 유즈 잇	**Vâng, nhưng chụp như thế nào?** 벙 늉 쭙 뉴 테 나오
이 버튼을 누르면 돼요. Press this button. 프레스 디스 버튼	**Hãy bấm vào nút này.** 하이 범 바오 눗 나이
준비됐어요? Are you ready? 아류 레디	**Đã chuẩn bị xong chưa?** 다 쭈언 비 쏭 쯔어
앞을 보고, 움직이지 마세요. Look straight ahead and don't move. 룩 스트레이트 어헤드 앤 돈 무브	**Nhìn phía trước và đừng nhúc nhích nhé** 닌 피어 쯔억 바 등 눅 닉 내
함께 찍어요. Let's take a picture together. 렛츠 테이커 픽처 투게더	**Chụp cùng nhau.** 쭙 꿍 냐우

TIP

다른 여행객이나 현지인과 함께 사진을 찍고 싶으면 반드시 양해를 구하고 사진을 찍어야 된다. 또한 함께 찍은 사람의 주소를 물어볼 때는 'Xin vui lòng cho biết địa chỉ. 씬 부이 롱 쪼 비엣 디아 찌(주소를 가리켜 주세요.)' 또는 'Xin vui lòng viết địa chỉ ở đây. 씬 부이 롱 비엣 디아 찌 어 더이 (여기에 주소를 적어 주세요)' 라는 말을 기억해 두면 좋다.

여기서 사진을 찍어도 돼요? Can I take a picture here? 캔 아이 테이커 픽처 히어	**Ở đây chụp ảnh có được không?** 어 더이 쭙 아잉 꼬 드억 콩
안 됩니다. **여기는 촬영 금지 구역입니다.** No, you can't. 노우 유 캔트 You're not allowed to take pictures here. 유아 낫 얼라우드 투 테익 픽처스 히어	**Không được.** 콩 드억 **Ở đây là khu vực cấm quay phim chụp ảnh.** 어 더이 라 쿠 븍 껌 꽈이 핌 쭙 아잉
플래시를 써도 돼요? Can I use flash? 캔 아이 유즈 플래시	**Dùng đèn flash cũng được ạ?** 중 덴 플래쉬 꿍 드억 아
초점을 맞출 수 있습니까? Can you focus the camera? 캔 유 포커스 더 캐머러	**Có thể ngắm tiêu điểm được không?** 꼬 테 응암 띠우 디엠 드억 콩
현상비는 얼마입니까? How much do you charge for developing? 하우 머치 두 유 차지 포 디벨럽핑	**Tiền rửa phim bao nhiêu?** 띠엔 즈어 핌 바오 니우
카메라가 고장 났습니다. **수리를 할 수 있을까요?** This camera doesn't work. 디스 캐머러 더즌 워크 Can you repair it? 캔 유 리페어 잇	**Máy chụp hình này hỏng rồi.** 마이 쭙 힝 나이 홍 조이 **Có sửa được không ạ?** 꼬 쓰어 드억 콩 아

3. 엔터테인먼트

정보 수집

제트 스키를 빌리고 싶습니다. I'd like to rent this jet-skis. 아이두 라익 투 렌트 디스 제트스키즈	**Tôi muốn thuê ván trượt này.** 또이 무온 투에 반 쯔엇 나이
얼마입니까? How much is it? 하우 머치 이즈 잇	**Bao nhiêu tiền vậy?** 바오 니우 띠엔 버이
5달러입니다. Five dollars. 파이브 달라즈	**5 đô-la ạ.** 남 도-라 아
한 번도 타 본 적이 없는데, 타는 방법을 가르쳐 주시겠어요? I've never tried one. Can you teach me how to drive? 아이브 네버 트라이드 원 캔 유 티치 미 하우 투 드라이브	**Tôi chưa bao giờ chơi thử. Có thể chỉ cho tôi không?** 또이 쯔어 바오 져 쩌이 트 꼬 테 찌 쪼 또이 콩
네. 잠시만 기다려 주세요. Sure. Just a moment, please. 슈어 저스트 어 모우먼트 플리즈	**Vâng, xin vui lòng chờ một chút.** 벙 씬 부이 롱 쩌 못 쭛
실례합니다. 수영장은 몇 시까지 개장합니까? Excuse me. What time does the swimming pool close? 익스큐즈 미 왓 타임 더즈 더 수이밍 풀 크로우즈	**Xin lỗi. Mấy giờ thì hồ bơi mở cửa ạ?** 씬 로이 머이 져 티 호 버이 머 끄어 아

7시까지입니다. 수영복은 갖고 오셨습니까? At 7 o'clock. Did you bring your bathing suit? 앳 세븐 어클락 디쥬 브링 유어 브레씽 수트	**7 giờ. Ông có mang theo đồ bơi không?** 바이 져 옹 꼬 망 태오 도 버이 콩
네. 풀의 깊이는 어느 정도입니까? Yes. How deep is the pool? 예스 하우 디프 이즈 더 풀	**Hồ sâu như thế nào.** 호 써우 뉴 테 나오
깊지는 않습니다. It's not too deep. 잇츠 낫 투 디프	**Không sâu lắm.** 콩 서우 람
실례합니다. 영화관이 어디에 있습니까? Excuse me. Where is the movie theater? 익스큐즈 미 웨어 이즈 더 무비 씨어터	**Xin lỗi, rạp chiếu phim ở đâu ạ?** 씬 로이 잡 찌우 핌 어 더우 아
이 길을 따라 쭉 가세요. Go straight along this street. 고 스트레이트 어롱 디스 스트리트	**Đi thẳng dọc theo đường này.** 디 탕 족 테오 드엉 나이
영화관은 우체국 맞은편에 있습니다. The movie theater is opposite the post office. 더 무비 씨어터 이즈 아퍼짓 더 포스트 아피스	**Rạp chiếu phim đối diện với bưu điện.** 잡 찌우 핌 도이 지엔 버이 브우 디엔

입장료는 얼마입니까?
What's the admission price?
왓츠 더 어드미션 퍼라이스

Vé vào cửa bao nhiêu?
베 바오 끄어 바오 니우

7달러입니다.
Seven dollars.
세븐 달라즈

Bảy đô-la.
바이 도-라

* 티켓구매 *

어떤 자리를 원하십니까?
What kind of seats do you like?
왓 카인드 어브 시츠 두 유 라익

Ông muốn ngồi chỗ nào ạ?
옹 무온 응오이 쪼 나오 아

앞쪽 자리를 주세요.
I want a front seat, please.
아이 원 어 프런트 시트 플리즈

Xin cho tôi ghế ở phía trước.
씬 쪼 또이 게 어 피어 쯔억

오늘밤 무엇을 공연합니까?
What's on tonight?
왓츠 온 투나잇

Tối nay có gì ạ?
또이 나이 꼬 지 아

몇 시에 시작합니까?
What time does the curtain go up?
왓 타임 더즈 더 커튼 고 업

Mấy giờ thì bắt đầu.
머이 져 티 밧 더우

7시에 시작합니다.
At 7 o'clock.
앳 세븐 어클락

7 giờ.
바이 져

농구 시합을 보고 싶은데요.
I'd like to see a basket-ball game.
아이두 라익 투 씨 어 베스킷볼 게임

Tôi muốn xem trận thi đấu bóng rổ.
또이 무온 쎔 쩐 티 더우 봉 조

표는 어디서 살 수 있죠? Where can I get a ticket? 웨어 캔 아이 겟 어 티킷	**Tôi có thể mua vé ở đâu?** 또이 꼬 테 무어 베 어 더우
지금 표를 살 수 있습니까? Can I still get a ticket? 캔 아이 스틸 겟 어 티킷	**Bây giờ mua vé có được không?** 버이 져 무어 베 꼬 드억 콩

＊ 취미공유(골프) ＊

골프 치는 거 좋아해요? Do you like golf? 두 유 라익 골프	**Anh thích chơi gôn không?** 아잉 틱 쩌이 곤 콩 = Chị thích chơi gôn không? 찌 틱 쩌이 곤 콩
네, 무척 좋아해요. Yes, I love it. 예스 아이 러브 잇	**Vâng, tôi thích lắm.** 벙 또이 틱 람
이 근처에도 골프장이 있어요? Is there a golf course near here? 이즈 데어 어 골프 코스 니어 히어	**Ở gần đây cũng có sân gôn à ?** 어 건 더이 꿍 꼬 썬 곤 아
저희와 한 게임 하시겠어요? How about a round with us? 하우 어바웃 어 라운드 위드 어스	**Chơi với chúng tôi một ván không?** 쩌이 버이 쭝 또이 못 반 콩
골프장 이용료는 얼마예요? How much is the greens fee? 하우 머치 이즈 더 그린즈 피	**Phí dùng sân gôn là bao nhiêu.** 피 중 썬 곤 라 바오 니우

전화 · 우편
điện thoại · thư

1. 일반전화

* 전화 받을 때 *

전화 좀 받아 줄래? Can you get it? 캔 유 겟 잇	**Anh nhận điện thoại được không?** 아잉 년 디엔 토아이 드억 콩
여보세요? Hello? 헬로우	**A lô?** 아 로
안녕하세요. 존 스미스 씨 좀 바꿔 주세요. Hello. May I speak to John Smith, please? 헬로우 메아이 스피크 투 존 스미스 플리즈	**Xin chào. Xin vui lòng cho nói chuyện với ông John Smith.** 씬 짜오 씬 부이 롱 쪼 노이 쭈엔 버이 옹 존 스미스
잠깐만 기다려 주십시오. Wait a minute, please. 웨이트 어 미니트 플리즈	**Xin đợi cho một chút.** 씬 더이 쪼 못 줏
죄송하지만 스미스 씨는 지금 회의 중인데요. I'm sorry, Mr. Smith is in a meeting at the moment. 아임 쏘리 미스터 스미스 이즈 인 어 미팅 앳 더 모우먼트	**Xin lỗi, bây giờ ông John Smith đang họp.** 씬 로이 버이 져 옹 존 스미스 당 헙

전화하라고 할까요? Can he call you back? 캔 히 콜 유 백	**Ông ấy sẽ gọi lại cho ông được không?** 옹 어이 쎄 고이 라이 쪼 옹 드억 콩
그래 주세요. Sure. 슈어	**Vâng.** 벙
성함과 전화번호를 말씀해 주시겠습니까? May I have your name and number, please? 메아이 해뷰어 네임 앤 넘버 플리즈	**Xin vui lòng cho biết tên và số điện thoại của ông?** 씬 부이 롱 쪼 비엣 뗀 바 소 디엔 토아이 꾸어 옹

*** 전화를 걸 때 ***

맥케이 씨 계세요? Is Mckay there? 이즈 맥케이 데어	**Chị Mckay có ở đó không ạ?** 찌 맥케이 꼬 어 도 콩 아
전데요. 말씀하세요. Speaking. 스피킹	**Tôi đây. Nói đi ạ.** 또이 더이 노이 디 아
무슨 일로 전화하셨어요? What are you calling about? 왓 아류 콜링 어바웃	**Anh gọi điện có việc gì ạ?** 아잉 고이 디엔 꼬 비엑 지 아
여보세요. 화이트 씨와 통화하고 싶어요. Hello. I'd like to speak to White. 헬로우 아이두 라익 투 스피크 투 화이트	**A lô. Tôi muốn nói chuyện điện thoại với anh White.** 아 로 또이 무온 노이 쭈옌 디엔 토아이 버이 아잉 화이트

전화를 끊지 말고 잠시 기다리세요.
Hold on a second, please.
홀드 온 어 세컨드 플리즈

Đừng ngắt máy, xin đợi một chút.
등 응앗 마이 씬 더이 못 쭛

3번 전화 받으세요.
Take line 3.
테이크 라인 쓰리

Hãy nghe máy số 3.
하이 응예 마이 쏘 바

당신에게 온 전화예요.
There is a phone call for you.
데어 이즈 어 폰 콜 포 유

Điện thoại của chị đấy.
디엔 토아이 꾸어 찌 더이

= Điện thoại của anh đấy.
디엔 토아이 꾸어 아잉 더이

누구 바꿔 드릴까요?
Whom would you like to speak to?
훔 우쥬 라익 투 스피크 투

Tôi chuyển máy cho ai được ạ?
또이 쭈옌 마이 쪼 아이 드억 아

누구를 바꿔 달라고 하셨죠?
Who did you want to speak to?
후 디드 유 원 투 스피크 투

Anh bảo hãy chuyển máy cho ai cơ?
아잉 바오 하이 쭈옌 마이 쪼 아이 꺼

캐슬린 씨 좀 바꿔 주세요.
Please put me through to Kathleen.
플리즈 풋 미 쓰루 투 캐슬린

Làm ơn chuyển máy cho tôi gặp anh Kathleen.
람 언 쭈옌 마이 쪼 또이 갑 아잉 캐슬린

전화 거신 분은 누구시죠?
Who is calling?
후 이즈 콜링

Ai ở đầu dây đấy ạ?
아이 어 더우 저이 더이 아

전화 받으시는 분은 누구세요? Who am I talking to? 후 엠 아이 토킹 투	**Ai đang nghe điện thoại đấy ạ?** 아이 당 응예 디엔 토아이 더이 아
어디로 연결해 드릴까요? How may I connect your call? 하우 메아이 커넥트 유어 콜	**Nối máy đến đâu ạ?** 노이 마이 덴 더우 아
＊ 통화 중일 때 ＊	
(상대방이)통화중입니다. The line is busy. 더 나인 이즈 비지	**Máy đang bận.** 마이 당 번
다시 전화해 주세요. Please call again later. 플리즈 콜 어겐 레이터	**Làm ơn gọi lại sau.** 람 언 고이 라이 싸우
다시 걸어 주시겠어요? Would you call me back? 우쥬 콜 미 백	**Anh gọi lại được không ạ?** 아잉 고이 라이 드억 콩 아 = Chị gọi lại được không ạ? 찌 고이 라이 드억 콩 아
잠시 후에 다시 걸어 주시겠어요? Will you please try your call again later? 윌 유 플리즈 트라이 유어 콜 어겐 레이터	**Làm ơn thử gọi lại sau nhé?** 람 언 트 고이 라이 싸이 녜
그 사람은 다른 전화를 받고 있어요. He's on another line. 히즈 온 어너더 라인	**Người đó đang bận nghe cuộc gọi khác.** 응어이 도 당 번 응예 꾸옥 고이 칵

통화가 끝나는 대로 연결해 드리겠습니다.
I'll put you through as soon as the call is finished.
아윌 풋 유 쓰루 애즈 쑨 애즈 더 콜 이즈 피니쉬드

Tôi sẽ nối máy ngay sau khi gọi điện thoại xong.
또이 쎄 노이 마이 응아이 싸우 키 고이 디엔 토아이 쏭

네, 감사합니다.
Okay, thank you.
오케이 땡큐

Vâng, cảm ơn.
벙 깜 언

* 전화를 바꿔줄 때 *

그분을 바꿔 드릴게요.
I'll put him on.
아윌 풋 힘 온

Tôi sẽ chuyển máy cho người đó nhé.
또이 쎄 쭈옌 마이 쪼 응어이 도 녜

캐슬린 씨에게 전화 돌려 드릴게요.
I'll put you through to Kathleen.
아윌 풋 유 쓰루 투 캐슬린

Tôi chuyển điện thoại lại cho anh Kathleen nhé.
또이 쭈옌 디엔 토아이 라이 쪼 아잉 캐슬린 녜

전화를 담당 부서로 연결해 드리겠습니다.
I'll connect you to the right section.
아윌 커넥트 유 투 더 라잇 섹션

Tôi sẽ nối máy với phòng ban phụ trách.
또이 쎄 노이 마이 버이 퐁 반 부 짜익

연결하는 사이에 끊기면 다시 전화해 주세요.
If the signal is cut off during connection, call again.
이프 더 씨그널 이즈 컷 오프 듀링 커넥션 콜 어겐

Trong thời gian kết nối nếu bị ngắt thì gọi lại nhé.
쫑 터이 쟌 껫 노이 네우 비 응앗 티 고이 라이 녜

전화가 끊어졌습니다. 다시 연결해 주세요.
We were disconnected, please the call again, please.
위 워 디스커넥티드 플리즈 더 콜 어겐 플리즈

Chúng tôi đã ngắt kết nối, làm ơn gọi lại.
쭝 또이 다 응앗 껫 노이 람 언 고이 라

캐슬린 좀 바꿔 주세요.
I'd like to speak with Kathleen.
아이두 라익 투 스피크 위드 캐슬린

Tôi muốn nói chuyện với cô Kathleen.
또이 무온 노이 쭈옌 버이 꼬 캐슬린

* 부재중 전화 올 때 *

죄송하지만, 그 분은 지금 안 계십니다.
I'm sorry, he's not in right now.
아임 쏘리 히즈 낫 인 라잇 나우

Tôi xin lỗi, ông ấy không có ở đây.
또이 씬 로이 옹 어이 콩 꼬 어 더이

죄송합니다만, 지금 점심 식사하러 나가셨는데요.
I'm sorry, but he's out for lunch now.
아임 쏘리 벗 히즈 아웃 포 런치 나우

Tôi xin lỗi, anh ta ra ngoài ăn trưa.
또이 씬 로이 아잉 따 자 응아이 안 쯔어

언제 돌아오시죠?
When will he be back?
웬 윌 히 비 백

Khi nào ông ấy trở về?
키 나오 옹 어이 쩌 베

언제 돌아오는지 아세요?
Do you know when he will come back?
두 유 노우 웬 히 윌 컴 백

Có biết khi nào quay lại không ạ?
꼬 비엣 키 나오 꽈이 라이 콩 아

곧 돌아오세요?
Will he come back soon?
윌 히 컴 백 쑨

Có quay lại ngay không ạ?
꼬 꽈이 라이 응아이 콩 아

곧 돌아올 겁니다.
He will be back in a few minutes.
히 윌 비 백 인 어 퓨 미니츠

Ảnh sẽ về trong vài phút.
아잉 쎄 베 쫑 바이 풋

맥케이 씨 있어요?
May I speak to Mckay?
메아이 스피크 투 맥케이

Có anh Makay ở đấy không?
꼬 아잉 맥케이 어 더이 콩

그 사람이 자리에 없네요.
He is out at the moment.
히 이즈 아웃 앳 더 모먼트

Người đó không có ở đây ạ.
응어이 도 콩 꼬 어 더이 아

죄송하지만 퇴근하셨는데요. 메시지를 남기시겠어요?
I'm sorry, she's gone for the day. Would you like to leave a message?
아임 쏘리 쉬즈 곤 포 더 데이 우쥬 라익 투 리브 어 메시지

Tôi xin lỗi, cô ấy bỏ đi. Cô có nhắn gì không?
또이 씬 로이 꼬 어이 보 디 꼬 꼬 냔 지 콩

퇴근하셨어요?
Has he left for the day?
해즈 히 레프트 포 더 데이

Đã về rồi ạ?
다 베 조이 아

오늘 안 나오셨어요?
Isn't he working today?
이즌 히 워킹 투데이

Hôm nay không đến ạ?
홈 나이 콩 덴 아

아니요, 외근 중이세요. No. He is working outside of the office. 노 히 이즈 워킹 아웃사이드 어브 디 오피스	**Không, anh ấy đang đi làm việc ở bên ngoài.** 콩 아잉 어이 당 디 람 비엑 어 벤 응와이
＊ 메시지를 전달할 때 ＊	
무슨 용건이죠? May I ask what is this regarding to, sir? 메아이 에스크 왓 이즈 디스 리가딩 투 써	**Anh có điều gì ạ?** 아잉 꼬 디우 지 아
용건이 뭐예요? May I ask what it is about? 메아이 에스크 왓 잇이즈 어바웃	**Anh có việc gi ạ?** 아잉 꼬 비엑 지 아
메시지를 남기시겠어요? Can I take a message? 캔 아이 테이커 메시지	**Anh có nhắn gì không?** 아잉 꼬 냔 지 콩
메시지를 남기시겠어요? Would you like to leave a message? 우쥬 라익 투 리브 어 메시지	**Có điều gì nhắn lại không ạ?** 꼬 디우 지 냔 라이 콩 아
전하실 말씀이 있으세요? Would you like to leave a message? 우쥬 라익 투 리브 어 메시지	**Có điều gì nhắn lại không ạ?** 꼬 디우 지 냔 라이 콩 아
메시지를 남겨도 되겠습니까? Can I leave a message? 캔 아이 리브 어 메시지	**Tội gửi một tin nhắn được không?** 또이 그이 못 띤 냔 드억 콩

메시지를 남겨주시면 다시 전화 드리겠습니다.

Please leave a message, and I'll return your call.

플리즈 리브 어 메시지 앤 아윌 리턴 유어 콜

Làm ơn để lại tin nhắn thì tôi sẽ gọi lại.

람 언 데 라이 띤 냔 티 또이 쎄 고이 라이

전화 왔었다고만 전해드리면 됩니까?

Should I just tell him you called?

슈드 아이 저스트 텔 힘 유 콜드

Chuyển lời là chỉ có điện thoại đến thôi à?

쭈옌 레이 라 찌 꼬 디엔 토아이 덴 토이 아

전화하시는 분이 누구신지 말씀해 주시겠습니까?

May I ask who this is on the phone, please?

메아이 에스크 후 디스 이즈 온 더 폰 플리즈

Tôi có thể hỏi ai đang gọi điện, được không?

또이 꼬 테 호이 아이 당 고이 디엔 드억 콩

전화번호를 불러주시겠어요?

May I have your phone number, please?

메아이 해브 유어 폰 넘버 플리즈

Tôi có thể có số điện thoại của em, được không?

또이 꼬 테 꼬 쏘 디엔 토아이 꾸어 엠 드억 콩

메시지를 남길게요.

I'll leave a message.

아윌 리브 어 메시지

Tôi sẽ để lại lời nhắn.

또 쎄 데 라이 러이 냔

제가 3시경에 다시 전화한다고 전해 주세요.

Please tell him I'll call back at about 3.

플리즈 텔 힘 아윌 콜 백 앳 어바웃 쓰리

Xin hãy nói với ông tôi sẽ gọi lại vào khoảng 3giờ.

씬 하이 노이 버이 옹 또이 쎄 고이 라이 바오 콰앙 바 져

* 용건을 전달할 때 *

맥케이가 전화했었다고 메시지 남겨 주세요. Please leave a message that Mckay called. 플리즈 리브 어 메시지 댓 맥케이 콜드	**Làm ơn để lại tin nhắn rằng có Mckay gọi điện tới ạ.** 람 언 데 라이 띤 냔 장 꼬 맥케이 고이 디엔 떠이 아
민지가 전화했었다고 메시지 남겨 주세요. Please leave a message that Min-ji called. 플리즈 리브 어 메시지 댓 민지 콜드	**Làm ơn để lại tin nhắn rằng có Min-ji gọi điện tới ạ.** 람 언 데 라이 띤 냔 장 꼬 민지 고이 디엔 떠이 아
말씀 좀 전해 주세요. Could you pass on my message? 쿠쥬 패스 온 마이 메시지	**Hãy chuyển lời giúp tôi.** 하이 쭈옌 러이 즙 또이
제가 다시 전화하겠다고 전해 주세요. Please tell him that I'll call back. 플리즈 텔 힘 댓 아윌 콜 백	**Hãy chuyển lời giúp rằng tôi sẽ gọi điện lại.** 하이 쭈옌 러이 즙 장 또이 쎄 고이 디엔 라이
제가 전화했었다고 전해 주세요. Please tell him that I called. 플리즈 텔 힘 댓 아이 콜드	**Hãy chuyển lời giúp rằng tôi đã gọi đến.** 하이 쭈옌 러이 즙 장 또이 다 고이 덴
제게 전화하라고 전해 주세요. Please tell him to call me. 플리즈 텔 힘 투 콜 미	**Hãy nhắn chị ấy gọi cho tôi.** 하이 냔 찌 어이 고이 쪼 또이

빨리 전화해 달라고 전해 주세요. Please tell him to call me soon. 플리즈 텔 힘 투 콜 미 쑨	**Hãy chuyển lời mau chóng gọi lại cho tôi.** 하이 쭈옌 러이 마우 쫑 고이 라이 쪼 또이
급한 일이라고 전해 주세요. Please tell him it's urgent. 플리즈 텔 힘 잇츠 어전트	**Hãy nhắn giúp rằng có việc gấp.** 하이 냔 즙 장 꼬 비엑 겁
그 분은 지금 회의 중이세요. He's in a meeting now. 히즈 인 어 미팅 나우	**Người đó bây giờ đang họp.** 응어이 도 버이 져 당 홉
오 분 뒤에 다시 걸겠습니다. I'll call back in five minutes. 아윌 콜 백 인 파이브 미니츠	**Tôi sẽ gọi lại sau 5 phút nữa.** 또이 쎄 고이 라이 싸우 남 풋 느어
나중에 걸겠습니다. I'll call back later. 아윌 콜 백 레이터	**Tôi sẽ gọi lại sau.** 또이 쎄 고이 라이 싸우
성함을 말씀해 주세요. 바로 연락드리도록 전할게요. If you leave your name, I'll tell him to call you right away. 이프 유 리브 유어 네임 아일 텔 힘 투 콜 유 라잇 어웨이	**Xin cho biết họ tên. Tôi sẽ chuyển lời để liên lạc lại ngay.** 씬 쪼 비엣 호 뗀 또이 쎄 쭈옌 러이 데 리엔 락 라이 응아이
화이트 씨가 전화했어요. White called you. 화이트 콜드 유	**Cô White đã gọi điện đến.** 꼬 화이트 다 고이 디엔 덴

전화하셨어요? Did you call me? 디쥬 콜 미	**Em đã gọi điện à?** 엠 다 고이 디엔 아
전화 못 받아서 죄송합니다. I'm sorry that I couldn't answer your call. 아임 쏘리 댓 아이 쿠든 앤써 유어 콜	**Xin lỗi vì không nghe được điện thoại.** 씬 로이 비 콩 응예 드억 디엔 토아이
전화 달라는 메시지를 받고 전화 드려요. I got a message saying to call you. 아이 갓 어 메시지 세잉 투 콜 유	**Tôi gọi vì nhận được tin nhắn bảo gọi lại.** 또이 고이 비 년 드억 띤 냔 바오 고이 라
네, 안 계셔서 메시지 남겼어요. Yes, you were out so I left a message. 예스 유 워 아웃 쏘 아이 레프트 어 메시지	**Vâng, vì anh không có ở đó nên tôi nhắn lại.** 벙 비 아잉 콩 꼬 어 도 넨 또이 냔 라이
문자 메시지 주세요. Please send me a text message. 플리즈 센드 미 어 텍스트 메시지	**Nhắn tin cho tôi nhé.** 냔 띤 쪼 또이 녜
가능한 한 신속히 전화하겠습니다. I'll call you as soon as possible. 아윌 콜 유 애즈 쑨 애즈 파서블	**Tôi sẽ gọi điện sớm nhất khi có thể.** 또이 쎄 고이 디엔 썸 녓 키 꼬 테

제 휴대전화 번호입니다. This is my cell phone number. 디스 이즈 마이 셀 폰 넘버	**Đây là số điện thoại di động của tôi.** 더이 라 쏘 디엔 토아이 지 동 꾸어 또이
밤에는 이 번호로 연락해 주세요. Please call this number at night. 플리즈 콜 디스 넘버 앳 나잇	**Ban đêm thì liên lạc với tôi theo số này.** 반 뎀 티 리엔 락 버이 또이 테오 쏘 나이
이 번호는 집 전화번호예요. This is my home number. 디스 이즈 마이 홈 넘버	**Số này là số điện thoại nhà tôi.** 쏘 나이 라 쏘 디엔 토아이 냐 또이

*** 전화가 안 들릴 때 ***

잘 안 들려요. I can't hear you well. 아이 캔트 히어 유 웰	**Không nghe rõ.** 콩 응예 조
좀 더 크게 말씀해 주시겠어요? Would you speak a little louder? 우쥬 스피커 리틀 라우더	**Anh nói lớn lên một chút?** 아잉 노이 런 렌 못 쭛
잘 들리지 않습니다. 좀 더 크게 말씀하세요. I can't hear you. Would you speak more loudly? 아이 캔트 히어 유 우쥬 스픽 모어 라우드리	**Tội không thể nghe. Anh nói lớn hơn nhé!** 또이 콩 테 응예 아잉 노이 런 헌 녜
조금 천천히 말씀해 주세요. Please speak more slowly. 플리즈 스피크 모어 슬로리	**Làm ơn nói chậm hơn.** 람 언 노이 쩜 헌

전화할 때 이상한 소음이 들려요. When I call, I hear strange noises. 웬 아이 콜 아이 히어 스트레인지 노이즈	**Khi tôi gọi, tôi nghe những âm thanh lạ.** 키 또이 고이 또이 응에 늉 엄 타잉 라
무슨 말씀인지 알아듣지 못하겠습니다. I can't catch what you are saying. 아이 캔트 캐치 왓 유 아 세잉	**Không bắt được những gì bạn đang nói.** 콩 받 드억 늉 지 반 당 노이
네, 저도 그쪽 목소리가 자꾸 끊겨요. I know, your voice keeps cutting out, too. 아이 노우 유어 보이스 킵스 커팅 아웃 투	**Vâng, tôi cũng thấy tiếng phía bên ấy cứ bị ngắt.** 벙 또이 꿍 터이 띵 피어 벤 어이 끄 비 응앗
혼선되었나 봐요. I think there's some interference. 아이 씽크 데어즈 썸 인터피어런스	**Chắc là bị chập dây.** 짝 라 비 쩝 저이
연결 상태가 안 좋네요. 다시 전화할게요. We seem to have a bad connection. I'll call you back. 위 씸 투 해버 배드 커넥션 아일 콜 유 백	**Tình trạng kết nối không tốt lắm. Tôi gọi lại nhé.** 띵 짱 껫 노이 콩 뜻 람. 또이 고이 라이 녜
전화가 불통이에요. The line is dead. 더 라인 이즈 데드	**Điện thoại không kết nối.** 디엔 토아이 콩 껫 노이

통화 감이 안 좋아요. 좀 더 크게 말씀해 주세요.
We have a bad connection, would you mind speaking a little louder?
위 해버 배드 커넥션 우쥬 마인드 스피킹 어 리틀 라우더

Chúng ta có sự cố kết nối, cô nói lớn lên một chút?
쭝 따 꼬 스 꼬 껫 노이 꼬 노이 런 렌 못 쭛

그럼, 좀 있다가 전화해 봐요.
I'll call later, then.
아윌 콜 레이터 덴

Thế thì lát nữa gọi vậy.
테 티 랏 느어 고이 버이

* 전화를 잘못 걸었을 때 *

전화 잘못 거셨습니다.
You have the wrong number.
유 해브 더 롱 넘버

Bà đã gọi nhầm số.
바 다 고이 념 쏘

몇 번으로 전화하셨어요?
What number did you call?
왓 넘버 디드 유 콜

Chị gọi số nào đấy.
찌 고이 쏘 나오 더이

어느 분을 찾으십니까?
Who are you calling?
후 아류 콜링

Ai đang gọi cho ai vậy?
아이 당 고이 쪼 아이 버이

여긴 그런 사람 없는데요.
There's no one here by that name.
데어즈 노 원 히어 바이 댓 네임

Không có ai ở đây có cái tên đó.
콩 꼬 아이 어 더이 꼬 까이 뗀 도

전화 잘못 거신 것 같네요.
I think you must have the wrong number.
아이 띵크 유 머스트 해브 더 롱 넘버

Tôi nghĩ chắc hẳn anh gọi nhầm số rồi.
또이 응이 짝 한 아잉 고이 념 쏘 조이

거기 제임스 씨 댁 아니에요? Is this the James residence? 이즈 디스 더 제임스 레지던스	**Đấy có phải nhà anh James không ạ?** 더이 꼬 파이 냐 아잉 제임스 콩 아
그런 분 안 계신데요. There is no one by that name here. 데어 이즈 노 원 바이 댓 네임 히어	**Không có người như thế đâu.** 콩 꼬 응어이 뉴 테 더우
죄송합니다. 제가 전화를 잘못 걸었습니다. I'm sorry. I think I have the wrong number. 아임 쏘리 아이 씽크 아이 해브 더 롱 넘버	**Xin lỗi. Tôi gọi nhầm.** 씬 로이 또이 고이 념
번호는 맞지만 전화번호를 잘못 아신 것 같네요. The number is right, but I think you've got the wrong person. 더 넘버 이즈 라잇 벗 아이 씽크 유브 갓 더 롱 퍼슨	**Số đúng nhưng có lẽ chị biết nhầm số điện thoại rồi.** 소 둥 늉 꼬레 찌 비엣 념 쏘디 엔 토아이 조이
전화번호를 다시 확인해 보세요. Please check the number again. 플리즈 체크 더 넘버 어게인	**Hãy kiểm tra lại số điện thoại đi.** 하이 끼엠 짜 라이 쏘 디엔 토아이 디
말씀하신 전화번호가 아닌데요. This is not the number you said. 디스 이즈 낫 더 넘버 유 세드	**Không phải số điện thoại chị nói đâu.** 콩 파이 쏘 디엔 토아이 찌 노이 더우

미안하지만 전화를 잘못 거셨어요.
Sorry, but you called the wrong number.
쏘리 밧 유 콜드 더 롱 넘버

Xin lỗi, nhưng anh đã gọi nhầm số rồi.
씬 로이 늉 안 다 고이 념 쏘 조이

전화를 잘못 걸었나 보네요.
I must have dialed the wrong number.
아이 머스트 해브 다이얼드 더 롱 넘버

Tôi phải quay nhầm số rồi.
또이 파이 꽈이 념 쏘 조이

폐를 끼쳐서 죄송합니다.
I'm sorry to have bothered you.
아임 쏘리 투 해브 바더드 유

Tôi xin lỗi vì đã làm phiền anh.
또이 씬 로이 비 다 람 피엔 안

귀찮게 해서 죄송합니다.
I'm sorry to bother you.
아임 쏘리 투 바더 유

Xin lỗi vì đã làm phiền.
씬 로이 비 다 람 피엔

* 전화를 끊을 때 *

바쁘신 것 같으니 이만 끊을게요.
You seem busy, so I'll hang up now.
유 씸 비지 쏘 아윌 행 업 나우

Có lẽ em đang bận, thôi, tôi dập máy nhé.
또 레 엠 당 번 토이 또이 접 마이 네

실례지만, 이만 끊어야겠어요.
Excuse me, but I have to hang up.
익스큐즈 미 벗 아이 해브 투 행 업

Xin lỗi, nhưng tôi phải cúp máy.
씬 로이 늉 또이 파이 꿉 마이

전화를 끊어야겠네요. I have to go now. 아이 해브 투 고우 나우	**Phải ngắt máy thôi.** 파이 응앗 마이 토이
나중에 다시 전화하지요. I'll call you again later. 아윌 콜 유 어겐 레이터	**Tôi sẽ gọi điện thoại cho anh sau.** 또이 쎄 고이 디엔 토아이 쪼 아잉 사우
전화 주셔서 감사합니다. Thank you for your call. 땡큐 포 유어 콜	**Cảm ơn chị đã gọi điện cho tôi.** 깜 언 찌 다 고이 디엔 쪼 또이 = Cảm ơn anh đã gọi điện cho tôi. 깜 언 아잉 다 고이 디엔 쪼 또이
네, 다시 전화 드릴게요. Okay. I'll call you back. 오케이 아윌 콜 유 백	**Vâng, tôi sẽ gọi lại.** 벙 또이 쎄 고이 라이
시간 있을 때 전화해요. Give me a call whenever you can. 깁 미 어 콜 웬에버 유 캔	**Gọi lại cho tôi bất cứ khi nào có thể.** 고이 라이 쪼 또이 벗 끄 키 나오 꼬 테

2. 국제전화

* 국제전화를 걸 때 *

무엇을 도와 드릴까요? May I help you? 메아이 헬퓨	**Tổng đài xin nghe.** 똥 다이 씬 응예
한국으로 국제전화를 하고 싶습니다. I'd like to place an international call to Korea. 아이두 라익 투 플레이스 언 인터내셔널 콜 투 코리아	**Tôi muốn gọi điện thoại quốc tế đi Hàn quốc.** 또이 무온 고이 디엔 토아이 꿕 떼 디 한 꿕
여보세요. 한국 제주와 지명 통화를 하고 싶은데요. Hello. I'd like to make a person to person call to Cheju, Korea. 헬로우 아이두 라익 투 메이커 퍼슨 투 퍼슨 콜 투 제주 코리아	**Tôi muốn gọi điện thoại đến Cheju, Hàn Quốc.** 또이 무온 고이 디엔 토아이 덴 제주 한 꿕
전화번호와 상대의 이름을 말씀해 주세요. The number please, and the name of the party you are calling. 더 넘버 플리즈 앤 더 네임 어브 더 파아티 유 아 콜링	**Xin cho biết tên và số điện thoại của người nhận.** 씬 쪼 비엣 뗀 바 소 디엔 토아이 꾸어 응어이 년
선생님 성함을 말씀해 주세요. May I ask your name? 메아이 애스크 유어 네임	**Xin hỏi tên ông là gì ạ?** 씬 호이 뗀 옹 라 지 아

알았습니다. 기다려 주세요. All right. Hold on, please. 올 라잇 홀 온 플리즈	**Vâng, xin vui lòng giữ máy.** 벙 씬 부이 롱 즈으 마이
한국으로 지명 전화를 하고 싶어요. I'd like to make a person to person call to Korea. 아이두 라익 투 메익 어 퍼슨 투 퍼슨 콜 투 코리아	**Tôi muốn gọi điện thoại chỉ định đi Hàn Quốc.** 또이 무온 고이 디엔 토아이 찌 딩 디 한 꿕
수화기를 놓고 잠시 기다려 주세요. Please hang up and wait a minute. 플리즈 행 업 앤 웨이트 어 미니트	**Hãy bỏ ống nghe xuống và chờ cho một lát.** 하이 보 옹 응예 쑤옹 바 쩌 쪼 못 랏
연결되었습니다. You've been connected. 유브 빈 커넥티드	**Kết nối được rồi ạ.** 껫 노이 드억 조이 아
신호는 가는데 받지 않습니다. There's a signal but no one is answering. 데어즈 어 씨그널 벗 노 원 이즈 앤써링	**Có tín hiệu nhưng không có ai nhận.** 꼬 띤 히에우 늉 콩 꼬 아이 년
전화가 끊겼어요. **다시 연결해 주세요.** I got cut off. 아이 갓 컷 오프 Could you reconnect my call? 쿠쥬 리커넥트 마이 콜	**Điện thoại bị ngắt rồi.** 디엔 토아이 비 응앗 조이 **Kết nối lại giúp cho tôi.** 껫 노이 라이 즙 쪼 또이

통화를 취소해 주세요.
Please cancel the call.
플리즈 캔슬 더 콜

Hãy hủy cuộc gọi giúp tôi.
하이 휘 꾸옥 고이 즙 또이

여보세요. 콜렉트 콜로 전화를 걸고 싶은데요.
Hello. I would like to make a collect call, please.
헬로우 아이 우드 라익 투 메이커 콜렉트 콜 플리즈

Xin chào. Tôi muốn gọi collect call.
씬 짜오 또이 무온 고이 콜렉트 콜

전화번호와 통화 하고 싶은 분의 성함을 말씀해 주세요.
What's the number and party's name?
왓츠 더 넘버 앤 파어티즈 네임

Xin cho biết tên và số điện thoại của người nhận.
씬 쪼 비엣 뗀 바 쏘 디엔 토아이 꾸어 응어이 년

TIP

지명통화(Person to person call; 특정인과 말하고 싶을 때 상대가 나온 후부터 요금 계산) 이 경우 교환원은 'Xin hãy giữ máy. 씬 하이 즈으 마이 (기다려 주세요)'라고 말한다. 이때 전화를 끊지 말고 기다리면 된다.
수신자 지불통화 (Collect call;상대방이 요금을 지불한다는 조건)이 경우 교환원은 'Xin hãy cúp máy. 씬 하이 꿉 마이 (끊고 기다려 주세요.)'라고 말한 후에 상대방의 승낙이 있으면 연결해 준다.
번호통화(Station to station; 상대방의 전화번호만으로 통화) 누가 받아도 상관없을 때 사용. 국가코트 번호를 누르면 직접 연결되는 직통으로 해외에서 언어의 불편 없이 통화할 수 있다.

선생님 성함과 방 번호를 말씀해 주십시오. I need your name and room number, please. 아이 니드 유어 네임 앤 룸 넘버 플리즈	**Xin cho biết tên và số phòng của quý khách.** 씬 쪼 비엣 뗀 바 쏘 퐁 꾸어 뀌 캍
전화를 끊고 계십시오. 다시 전화를 걸어 드리겠습니다. Hang up and I'll call back. 행 엎 앤 아윌 콜 백	**Xin hãy cúp máy. Tôi sẽ gọi lại.** 씬 하이 꿉 마이 또이 쎄 고이 라이
말씀하세요. 상대방이 나왔습니다. Go ahead. Your party's on the line. 고 어해드 유어 파아티즈 온 더 라인	**Vâng, xin ông cứ nói. Người nhận đang nghe đấy ạ.** 벙 씬 옹 끄 노이 응어이 년 당 응예 더이 아
한국에 수신자 부담 전화로 하고 싶어요. I'd like to place a collect call to Korea. 아이두 라익 투 플레이스 어 컬렉트 콜 투 코리아	**Tôi muốn dùng điện thoại gọi về Hàn Quốc do người nghe trả tiền.** 또이 무온 중 디엔 토아이 고이 베 한 꿕 조 응어이 응예 쨔 띠엔
국가 번호와 전화번호를 차례로 말씀해 주세요. Please tell me the country code and telephone number. 플리즈 텔 미 더 컨츄리 코드 앤 텔레폰 넘버	**Xin hãy nói theo thứ tự mã quốc gia và số điện thoại.** 씬 하이 노이 테오 트 뜨 마 꿕 쟈 바 쏘 디엔 토아이

3. 우체국

* 일반 우편 *

우표를 사고 싶습니다. I'd like to buy some stamps. 아이두 라익 투 바이 썸 스탬츠	**Tôi muốn mua tem.** 또이 무온 무어 뗌
이 편지를 국제 우편으로 보내고 싶어요. I'd like to send this by international mail. 아이두 라익 투 센드 디스 바이 인터내셔널 메일	**Tôi muốn gửi thư này theo đường thư quốc tế.** 또이 무온 그이 트나이 테오 드엉 트 꿕 떼
어느 나라로 보내십니까? Which country are you sending it to? 위치 컨츄리 아류 센딩 잇 투	**Anh muốn gửi đi nước nào ạ?** 아잉 무온 그이 디 느억 나오 아
한국이요. Korea. 코리아	**Hàn quốc ạ.** 한 꿕 아
항공 우편으로 한국에 편지를 부치는데 얼마 듭니까? How much does it cost to send a letter to Korea by airmail? 하우 머치 더즈 잇 코스트 투 센더 레터 투 코리아 바이 에어밀	**Gửi thư đi Hàn Quốc bằng đường hàng không mất bao nhiêu tiền?** 그이 트 디 한 꿕 방 드엉 항 콩 멋 바오 니우 띠엔
여기 20달러짜리 지폐입니다. Here's twenty dollar bill. 히어즈 투엔티 달러 빌	**Đây là tờ 20 đô.** 더이 라 떠 하이므어이 도

2달러입니다. 항공 엽서를 사용하면 1달러이고요. Two dollars. If you use an aerogram, it's one dollar. 투 달라즈 이퓨 유즈 언 에어로그램 잇츠 원 달러	**2 đô-la.** **Nếu dùng giấy thư máy bay thì mất 1 đô-la.** 하이 도 라 네우 중 져이 트 마이 바이 티 멋 못 도 라
알겠습니다. 2달러짜리 우표 5장과 항공엽서 3장 부탁합니다. I see. I'd like five two dollars stamps, and three aerogram. 아이 씨 아이두 라익 파이브 투 달러즈 스템스 앤 쓰리 에어로그램	**Vâng. Xin cho năm con tem 2 đô-la và ba thư nhẹ.** 벙 씬 쪼 남 꼰 뗌 하이 도 라 바 바 트 녜
네, 여기 있습니다. 이것은 거스름돈이고요. OK. Here you are. And here's your change. 오케이 히어 유아 앤 히어즈 유어 체인지	**Vâng đây ạ. Cái này là tiền thối.** 벙 더이 아 까이 나이 라 띠엔 토이
지금 보내면 언제 도착해요? How long will it take to get there? 하우 롱 윌 잇 테익 투 겟 데어	**Gửi bây giờ thì bao giờ tới nơi?** 그이 버이 져 티 바오 져 떠이 너이
아마 일 주일 후에 도착할 겁니다. It'll get there in about a week. 잇윌 겟 데어 인 어바웃 어 위크	**Chắc khoảng 1 tuần sau sẽ đến nơi.** 짝 콰앙 못 뚜언 싸우 쎄 덴 너이

* 등기 우편 *

이 편지를 등기로 부쳐 주세요.

I'd like to send this by registered mail.

아이두 라익 투 센드 디스 바이 레지스터드 메일

Hãy gửi thư này bằng đường thư đảm bảo cho tôi.

하이 그이 트 나이 방 드엉 트 담 바오 쪼 또이

속달이나 등기 우편으로 보내고 싶습니다.

I'd like to send this by express or registered mail.

아이두 라익 투 센드 디스 바이 익스프레스 오어 레지스터드 메일

Tôi muốn gửi bằng đường thư đảm bảo hay thư hỏa tốc.

또이 무온 그이 방 드엉 트 담 바오 하이 트 호아 똑

항공 우편으로 하겠습니다.

I'd like to send this by air mail.

아이두 라익 투 센드 디스 바이 에어 메일

Tôi sẽ gửi bằng đường hàng không.

또이 쎄 그이 방 드엉 항 콩

보통 우편으로 보내 주세요.

I'd like to send this by regular mail.

아이두 라익 투 센드 디스 바이 레귤러 메일

Gửi bằng đường thư thường cho tôi.

그이 방 드엉 트 트엉 쪼 또이

TIP

호텔 투숙시 직접 편지를 부치지 않고 프런트에 가서 호텔 종업원에게 대신 부쳐 줄 것을 부탁할 때는 'Có thể gửi thư này cho tôi được không?' 꼬 테 그이 트 나이 쪼 또이 드억 콩 (이 편지를 부쳐 주세요.)하고 표현하면 된다. 요금별 우표 매수를 표현할 때는"매수 + 요금 + stamp(s)"를 사용해서 말하면 된다.

* 소포로 보낼 때 *

여기서 소포 우편물 취급해요? Do you send parcels? 두 유 센드 파슬즈	**Ở đây có dịch vụ chuyển bưu phẩm không?** 어 더이 꼬 직 부 쭈옌 브우 펌 콩
네. Yes, we do. 예스 위 두	**Có ạ.** 꼬 아
이 소포를 한국에 보내고 싶어요. I'd like to send this parcel to Korea. 아이두 라익 투 센드 디스 파슬 투 코리아	**Tôi muốn gửi bưu phẩm này đến Hàn quốc.** 또이 무온 그이 브우 펌 나이 덴 한 꿕
국제 소포로 할게요. I'll send it by international parcel post. 아윌 센드 잇 바이 인터내셔널 파슬 포스트	**Tôi sẽ gửi bằng đường bưu phẩm quốc tế.** 또이 쎄 그이 방 드엉 브우 펌 꿕 떼
편지 봉투를 사고 싶습니다. I'd like some envelopes, please. 아이두 라익 썸 엔빌롭스 플리즈	**Tôi muốn mua phong bì thư.** 또이 무온 무어 퐁 비 트
소포용 박스가 있어요? Do you have any boxes for parcels? 두 유 해브 애니 박시즈 포 파슬즈	**Có hộp dùng đóng bưu kiện không?** 꼬 홉 중 동 브우 끼엔 콩

이것을 보내는 데 얼마예요? How much is it to send this? 하우 머치 이즈 잇 투 센드 디스	**Gửi cái này mất bao nhiêu?** 그이 까이 나이 멋 바오 니우
최대한 빨리 보내고 싶어요. I'd like to send this as quickly as possible. 아이두 라익 투 센드 디스 애즈 퀴클리 애즈 파써블	**Tôi muốn gửi nhanh nhất.** 또이 무온 그이 냐잉 녓
깨질 만한 것은 들어 있지 않아요. There's nothing breakable inside. 데어즈 낫씽 브레이커블 인싸이드	**Không có cái gì dễ vỡ ở trong đâu ạ.** 콩 꼬 까이 지 제 버 어 쫑 더우 아
선박 우편은 없어요? Do you have surface mail? 두 유 해브 써퍼스 메일	**Không có gửi bưu kiện đường biển ư?** 콩 꼬 그이 브우 끼엔 드엉 비엔 으

mini 회화

A: 이 편지를 국제 우편으로 보내고 싶어요.
Tôi muốn gửi thư này theo đường thư quốc tế.
또이 무온 그이 트나이 테오 드엉 트 꿕 떼

지금 보내면 언제 도착해요?
Gửi bây giờ thì bao giờ tới nơi?
그이 버이 져 티 바오 져 떠이 너이

B: 아마 일 주일 후에 도착할 겁니다.
Chắc khoảng 1 tuần sau sẽ đến nơi.
짝 콰앙 못 뚜언 싸우 쎄 덴 너이

위기 관리
Quản lý nguy

1. 분실 · 도난당했을 때

분실물 취급소는 어디에 있어요? Where is the lost and found? 웨어 이즈 더 로스트 앤 파운드	**Văn phòng quản lý đồ thất lạc ở đâu ạ?** 반 퐁 꾸안 리 도 텃 락 어 더우 아 = Trung tâm quản lý đồ thất lạc ở đâu ạ? 쭝 떰 꾸안 리 도 텃 락 어 더우 아
무엇을 도와 드릴까요? What can I do for you? 왓 캔 아이 두 포 유	**Tôi có thể giúp gì được không?** 또이 꼬 테 줍 지 드억 콩
잠시 전에 이 역에서 가방을 잃어버렸습니다. I lost my bag on this platform just a little while ago. 아이 로스트 마이 백 온 디스 플레트폼 저스터 리틀 와일 어고	**Tôi vừa bị mất túi hành lý ở trong nhà ga này.** 또이 브어 비 멋 뚜이 하잉 리 어 쫑 냐 가 나이
어떤 가방이지요? What kind of bag is it? 왓 카인 어브 백 이즈 잇	**Túi hành lý như thế nào?** 뚜이 하잉 리 뉴 테 나오
갈색 가방입니다. It's brown bag. 잇츠 브라운 백	**Túi màu nâu.** 뚜이 마우 너우

가방을 찾으면 어디로 연락할까요?
How can we contact you, if we find your bag?
하우 캔 위 컨택트 유 이프 위 파인드 유어 백

Nếu tìm được túi hành lý của ông, thì liên lạc với ông bằng cách nào?
네우 띰 드억 뚜이 하잉 리 꾸어 옹 티 리엔 락 버이 옹 방 까익 나오

짐을 찾으면 어디로 보내면 됩니까?
Where shall we send it for you, if we find it?
웨어 샬 위 센드 잇 포 유 이프 위 파인드 잇

Nếu tìm được thì gửi cái đó đến đâu?
네우 띵 드억 티 그이 까이 도 덴 더우

여행자 수표를 분실했습니다.
I lost my traveler's checks.
아이 로스트 마이 트래블러즈 첵스

Tôi bị mất chi phiếu du lịch rồi.
또이 비 멋 찌 피우 주 릭 조이

어디서 분실했는지 기억하고 있습니까?
Did you remember where you lose them?
디쥬 리멤버 웨어 유 로즈 뎀

ông nhớ được ở đâu đã mất không?
옹 녀 드억 어 더우 다 멋 콩

어디에서 분실했습니까?
Where did you lose it?
웨어 디쥬 루즈 잇

Ông mất ở đâu?
옹 멋 어 더우

어디에서 잃어버렸는지 기억이 나질 않아요.
I don't remember where I lost it.
아이 돈 리멤버 웨어 아이 로스트 잇

Tôi không nhớ đã làm mất ở đâu.
또이 콩 녀 다 람 멋 어 더우

확실하게 모르겠습니다. I was not sure. 아이 워즈 낫 슈어	**Tôi không biết chắc lắm.** 또이 콩 비엣 짝 람
잃어버린 여행자 수표 번호를 갖고 있습니까? Do you have the record with the check numbers. 두 유 해브 더 레코드 위드 더 첵 넘버즈	**Ông có số của chi phiếu đã mất không?** 옹 꼬 쏘 꾸어 찌 피우 다 멋 콩
예, 여기 있습니다. 언제 재발행 받을 수 있습니까? Yes, here it is. When can I have them reissued? 예스 히어 잇 이즈 웬 캔 아이 해브 뎀 리슈드	**Có. Đây ạ. Khi nào thì được tái phát hành?** 꼬 더이 아 키 나오 티 드억 따이 팟 하잉
도와주세요. 가방을 잃어버렸어요. Help me! I lost my bag. 헬프 미 아이 로스트 마이 백	**Xin hãy giúp tôi! Tôi bị mất túi xách.** 씬 하이 즙 또이 또이 비 멋 뚜이 싸익
가방에 중요한 것이 있었습니까? Was there anything valuable in it? 워즈 데어 애니씽 밸류어블 인 잇	**Trong túi xách có đồ quan trọng không?** 쫑 뚜이 싸익 꼬 도 꾸안 쫑 콩
지갑과 신용 카드 그리고 여권이 들어 있어요. My wallet, credit card and passport. 마이 월릿 크레딧 카드 앤 패스포트	**Có ví và thẻ tín dụng và hộ chiếu.** 꼬 비 바 테 띤 중 바 호 찌우

언제, 어디서 잃어버렸어요? When and where did you lose it? 웬 앤 웨어 디쥬 루즈 잇	**Chị bị mất ở đâu? khi nào?** 찌 비 멋 어 더우 키 나오
버스에 가방을 두고 내렸어요. I left my bag in the bus. 아이 레프트 마이 백 인 더 버스	**Tôi bỏ quên túi xách ở trên xe buýt.** 또이 보 꾸엔 뚜이 싸익 어 쩬 쎄 부잇
여기 사고 신고서를 작성해 주세요. **곧 연락드리겠습니다.** Please fill out an accident report here. 플리즈 필 아웃 언 액시던트 리포트 히어 I'll call you soon. 아윌 콜 유 순	**Hãy viết đơn trình báo sự việc.** 하이 비엣 던 찡 바오 쓰 비엑 **Chúng tôi sẽ liên lạc sớm.** 쭝 또이 쎄 리엔 락 썸
저는 일요일까지 머물러요. **꼭 연락해 주세요.** I'm staying until Sunday. 아임 스테잉 언틸 썬데이 Please call me. 플리즈 콜 미	**Tôi chỉ còn ở đến ngày chủ nhật.** 또이 찌 꼰 어 덴 응아이 쭈 녓 **Nhớ liên lạc lại với tôi nhé.** 녀 리엔 락 라이 버이 또이 녜
혹시 제 가방 못 보셨어요? Have you seen my bag? 해뷰 씬 마이 백	**Có thấy cái ba lô của tôi không?** 꼬 터이 까이 바 로 꾸어 또이 콩
아니요, 잘 찾아봤어요? No. Have you looked everywhere? 노우 해뷰 룩드 에브리웨어	**Không. Đã thử tìm kỹ chưa?** 콩 다 트 띰 끼 쯔어

네, 찾아봤는데 없어요. Yes, but I can't find it. 예스 벗 아이 캔트 파인드 잇	**Vâng, tôi đã tìm nhưng không thấy.** 벙 또이 다 띰 늉 콩 터이
그걸 마지막으로 본 게 언제였죠? When did you last see it? 웬 디쥬 라스트 씨 잇	**Lần cuối cùng chị nhìn thấy cái đó là khi nào?** 런 꾸오이 꿍 찌 닌 터이 까이 도 라 키 나오
기억이 안 나요. I don't remember. 아이 돈 리멤버	**Tôi không nhớ.** 또이 콩 녀
다시 한 번 잘 찾아보세요. Try looking for it again. 트라이 루킹 포 잇 어게인	**Thử tìm kỹ lại lần nữa đi.** 트 띰 끼 라이 런 느어 디
어디에 두었는지 잊어버렸어요. I forgot where I put it. 아이 포갓 웨어 아이 풋 잇	**Tôi quên mất không biết đã để ở đâu.** 또이 꾸엔 멋 콩 비엣 다 데 어 더우
아무리 찾아도 없어요. I can't find it anywhere. 아이 캔트 파인드 잇 애니웨어	**Tìm thế nào cũng không thấy.** 띰 테 나오 꿍 콩 터이
이게 당신이 찾고 있던 건가요? Is this what you're looking for? 이즈 디스 왓 유아 루킹 포	**Cái này có phải là cái bạn đang tìm không?** 까이 나이 꼬 파이 라 까이 반 당 띰 콩
경찰서가 어디예요? Where is the police station? 웨어 이즈 더 폴리스 스테이션	**Đồn công an ở đâu ạ?** 돈 꽁 안 어 더우 아

도난 신고를 하고 싶어요. I want to report a theft. 아이 원 투 리포트 어 쎄프트	**Tôi muốn trình báo mất cắp.** 또이 무온 찡 바오 먼 깝
제 지갑을 소매치기 당했어요. My wallet was stolen. 마이 월릿 워즈 스톨른	**Tôi bị móc túi mất ví.** 또이 비 목 뚜이 먼 비
카드 번호는 적어 두지 않았어요. I didn't write down the card number. 아이 디든 라잇 다운 더 카드 넘버	**Tôi không ghi lại số thẻ.** 또이 콩 기 라이 쏘 테
여권 번호가 기억나질 않아요. I don't remember the passport number. 아이 돈 리멤버 더 패스포트 넘버	**Tôi không nhớ số hộ chiếu.** 또이 콩 녀 쏘 호 찌우
어디로 찾으러 가면 됩니까? Where should I come to get it? 웨어 슈드 아이 컴 투 겟 잇	**Tôi nên đến đâu thì được?** 또이 넨 덴 더우 티 드억
그것을 찾아 주시겠습니까? Could you please look for it? 쿠쥬 플리즈 룩 포 잇	**Có thể tìm giùm tôi được không?** 꼬 테 띰 줌 또이 드억 콩
지금 한국 대사관으로 연락해 주세요. Please contact the Korean embassy now. 플리즈 컨택 더 코리안 엠버시 나우	**Bây giờ hãy liên lạc với Đại sứ quán Hàn Quốc giúp tôi.** 버이 지어 하이 리엔 락 버이 다이 쓰 꾸안 한 꿕 줍 또이

2. 질병이 발생했을 때

어디가 아프세요? Well, what's the trouble? 웰 왓츠 더 트러블	**Đau như thế nào?** 다우 뉴 테 나오
배가 아픈데요. I have a stomachache. 아이 해버 스터먹에익	**Tôi bị rối loạn tiêu hóa.** 또이 비 조이 로안 띠우 호아
배가 아파요. My stomach hurts. 마이 스터먹 허츠	**Bụng bị đau.** 붕 비 다우
배탈이 났어요. I have an upset stomach. 아이 해브 언 업셋 스터먹	**Bị rối loạn tiêu hóa.** 비 조이 로안 띠우 호아
설사해요. I have diarrhea. 아이 해브 다이어리어	**Bị tiêu chảy.** 비 띠우 짜이
두통이 심하고, 목도 아파요. I have a bad headache, and a sore throat, too. 아이 해버 배드 헤드에익 앤 어 소어 스로우트 투	**Tôi bị nhức đầu và đau cổ.** 또이 비 늑 더우 바 다우 꼬
몸살이 났어요. I ache all over. 아이 에이크 올 오버	**Tôi bị mệt mỏi kiệt sức.** 또이 비 멧 모이 끼엣 쓱

감기에 걸렸어요. I have a cold. 아이 해버 콜드	**Tôi bị cảm.** 또이 비 깜
열이 있어요. I have a fever. 아이 해버 피버	**Bị sốt.** 비 숏
머리가 아파요. I have a headache. 아이 해버 헤데이크	**Đầu bị đau.** 더우 비 다우
어디 봅시다. 독감이군요. 하지만 위험하지는 않아요. Let me see. It's a bad cold. 렛 미 씨 잇츠 어 배드 콜드 Nothing serious, though. 낫싱 시어리어스 도우	**Để tôi xem. Ông bị cảm nặng rồi.** 데 또이 쎔 옹 비 깜 낭 조이 **Nhưng không có gì nguy hiểm.** 늉 콩 꼬 지 응위 히엠
곧 낫게 될까요? Am I going to be all right soon? 엠 아이 고잉 투 비 올 라잇 순	**Tôi sẽ mau khỏe chứ?** 또이 쎄 마우 쾌 쯔
내 생각으로는 수요일까지는 나을 거예요. You'll be all right by Wed, I think. 유윌 비 올 라잇 바이 웬디 아이 씽크	**Tôi nghĩ khoảng thứ tư ông sẽ khỏe thôi.** 또이 응이 콰앙 트 뜨 옹 쎄 쾌 토이
고맙습니다. Thank you very much. 땡큐 베리 머치	**Xin cảm ơn rất nhiều.** 씬 깜 언 젓 니우

그럼 몸조심해요. Take care. 테익 케어	**Xin cẩn thận sức khỏe.** 씬 껀 턴 슥 쾌
어떻게 아프세요? What's the matter? 왓츠 더 매더	**Ông đau như thế nào?** 옹 다우 뉴 테 나오
발목에 통증이 있습니다. I've got a pain in my ankle. 아이브 갓 어 페인 인 마이 앵글	**Tôi bị đau cổ chân.** 또이 비 다우 꼬 쩐
뼈에는 이상이 없습니다. Nothing is the matter with the bone. 낫싱 이즈 더 매더 위드 더 보운	**Xương không sao.** 쓰엉 콩 사오
아스피린 좀 주세요. I would like some aspirin, please. 아이 우드 라익 썸 애스피린 플리즈	**Cho tôi thuốc Asipirin.** 쪼 또이 투옥 아스피린
소화제를 주십시오. Give me a peptic, please. 깁 미 어 펩틱 플리즈	**Xin cho một viên thuốc tiêu hóa.** 씬 쪼 못 비엔 투옥 띠우 호아
진통제 좀 주세요. I would like some painkiller, please. 아이 우드 라익 썸 페인킬러 플리즈	**Cho tôi thuốc giảm đau.** 쪼 또이 투옥 쟘 다우
멀미약이 있어요? Do you have anything for carsickness? 두 유 해브 애니씽 포 카씨크니스	**Có thuốc chống say không ạ?** 꼬 투옥 쫑 싸이 콩 아

위장약 좀 주세요.
Some stomach medicine, please.
섬 스터먹 메더선 플리즈

Xin cho thuốc đau dạ dày.
씬 쪼 투옥 다우 자 자이

감기약 있어요?
Do you have any medication for a cold?
두 유 해브 애니 메디케이션 포러 콜드

Có thuốc cảm không?
꼬 투옥 깜 콩

처방전을 가져 오셨습니까?
Do you have the prescription?
두 유 해브 더 프리스크립션

Có đơn thuốc không ạ?
꼬 던 투옥 콩 아

네.
Yes. I have. 예스 아이 해브

Vâng, có.
벙 꼬

감기약에도 처방전이 필요해요?
Do I need a prescription for cold medicine?
두 아이 니드 어 프리스크립션 포 콜드 메디슨

Cả thuốc cảm cũng cần có đơn thuốc ư?
까 투옥 깜 꿍 껀 꼬 던 투옥 으

TIP

약국에서 약을 조제할 때는 반드시 의사의 처방전이 있어야 된다. 일반적으로 간단한 약품은 대형 슈퍼에서도 판매되고 있다.
Có thể lấy thuốc cho tôi theo đơn này được không? 꼬 테 러이 투옥 쪼 또이 테오 던 나이 드억 콩 (이 처방전 약을 지어 주십시오.) 또는 Xin vui lòng lấy thuốc theo đơn này. 씬 부이 롱 러이 투옥 테오 던 나이 (이 처방전의 약을 주세요.)라는 표현도 함께 기억해 두면 편리하다.

처방전 주세요. Please give me the prescription. 플리즈 깁 미 더 프리스크립션	**Cho tôi đơn thuốc.** 쪼 또이 던 투옥
처방전 없이는 약을 살 수 없어요. You can't buy medicine without a prescription. 유 캔트 바이 메디슨 위다웃 어 프리스크립션	**Khoông có đơn thuốc thì không mua thuốc được ạ.** 콩 꼬 던 투옥 티 콩 무어 투옥 드억 아
하루에 몇 알씩 먹어야 해요? How many pills do I have to take a day? 하우 메니 필스 두 아이 해브 투 테이커 데이	**Mỗi ngày phải uống mấy viên ạ?** 모이 응아이 파이 우옹 머이 비엔 아
한 알씩 하루에 세 번 드세요. Take one three times a day. 테익 원 쓰리 타임즈 어 데이	**Mỗi ngày uống ba lần, mỗi lần một viên.** 모이 응아이 우옹 바 런 모이 런 못 비엔
부작용이 있어요? Are there any side effects? 아 데어 애니 싸이드 이펙츠	**Có tác dụng phụ không?** 꼬 딱 중 푸 콩
이 약의 복용법을 알려 주세요. How should I take this medicine? 하우 슈드 아이 테익 디스 메디슨	**Làm ơn cho tôi biết cách sử dụng thuốc này.** 람 언 쪼 또이 비엣 까익 쓰 중 투옥 나이
식후 삼십 분 후에 드세요. You should take the medicine 30 minutes after eating. 유 슈드 테익 더 메디슨 써티 미니츠 에프터 이팅	**Hãy uống trong 30 phút sau bữa ăn.** 하이 웅 쫑 바므어이풋 싸우 브어 안

3. 길을 잃었을 때

실례합니다. 사실은 길을 잃었습니다. Excuse me. The fact is I'm lost. 익스큐즈 미 더 팩트 이즈 아임 로스트	**Xin lỗi. Thật ra tôi bị lạc đường rồi.** 씬 로이 텃 자 또이 비 락 드엉 조이
시티 센터로 가는 길을 가르쳐 주시겠습니까? Could tell me the way to the City Center? 큐드 텔 미 더 웨이 투 더 시티 센터	**Có thể chỉ cho tôi đường về trung tâm thành phố không?** 꼬 테 찌 쪼 또이 드엉 베 쭝 떰 타잉 포 콩
네. 이 길을 곧바로 가다가 다음 모퉁이에서 우측으로 꺾으면 됩니다. Sure. Just go straight along this street and turn right at the next corner. 슈어 저스트 고 스트레이트 어롱 디스 스트리트 앤 턴 라잇 앳 더 넥스트 코너	**Vâng. Cứ đi thẳng dọc theo đường này, sau đó rẽ phải.** 벙 끄 디 탕 족 테오 드엉 나이 사우 도 제 파이
(가는데)얼마나 걸리겠습니까? How long will that take? 하우 롱 윌 댓 테익	**(Đi) mất bao lâu ạ?** (디) 멋 바오 러우 아
뭐, 몇 분 안 걸립니다. Oh, only a few minutes. 오우 온리 어 퓨 미니츠	**Ồ, khoảng vài phút thôi.** 오 콰앙 바이 풋 토이

감사합니다. Thanks a lot. 땡스 어 랏	**Xin cảm ơn rất nhiều.** 씬 깜 언 젓 니우
우린 길을 완전히 잃어 버렸어요. We're completely lost. 위아 컴프리트리 로스트	**Chúng tôi lạc mất đường rồi.** 쭝 또이 락 멋 드엉 조이
여기가 어디죠? Where are we now? 웨어 아 위 나우	**Đây là đâu vậy?** 더이 라 더우 버이
미안합니다. 이 부근을 잘 모릅니다. Sorry. I'm a stranger here. 쏘리 아임 어 스트레인저 히어	**Xin lỗi. Tôi không biết rõ ở đây.** 씬 로이 또이 콩 비엣 조 어 더이
실례합니다. 여기가 어디죠? Excuse me. May I ask where we're now? 익스큐즈 미 메아이 애스크 웨어 위아 나우	**Xin lỗi. Xin cho hỏi đây là đâu ạ?** 씬 로이 씬 쪼 호이 더이 라 더우 아
지금 제가 서 있는 위치를 지도에 표시해 주시겠어요? Please point out where I am on this map? 플리즈 포인트 아웃 웨어 아임 온 디스 맵	**Có thể chỉ chỗ chúng tôi đang đứng trên bản đồ này được không?** 코 테 찌 쪼 쭝 또이 당 등 쩬 반 도 나이 드억 콩
어디를 가시려고 하는데요? Where do you want to go? 웨어 두 유 원 투 고	**Ông muốn đi đâu?** 옹 무온 디 더우

호텔에 가려면 어느 길로 가야 됩니까? Where way to the hotel? 웨어 웨이 투 더 호텔	**Đường nào đến khách sạn?** 드엉 나오 덴 캍 싼
그곳까지 얼마나 걸립니까? How long will it take me to get there? 하우 롱 윌 잇 테이크 미 투 겟 데아	**Đi đến đó mất bao lâu?** 디 덴 도 멋 바오 러우
약도를 그려 주시겠습니까? Could you draw me a sketch, please? 쿠쥬 드로우 미 어 스케치 플리즈	**Có thể vẽ đường cho tôi không?** 꼬 테 베 드엉 쪼 또이 콩
걸어가면 얼마나 걸립니까? How long does it take on foot? 하우 롱 더즈 잇 테이크 온 풋	**Đi bộ mất bao lâu?** 디 보 멋 바오 러우
어느 정도 떨어져 있습니까? How far is it from here? 하우 파 이즈 잇 프럼 히어	**Cách đây bao xa?** 까익 더이 바오 싸
파출소는 어디에 있습니까? Where can I find a police box? 웨어 캔 아이 파인드 어 폴리스 박스	**Trạm cảnh sát ở đâu?** 짬 까잉 쌋 어 더우
이쪽 방향입니까? Is it in this direction? 이즈 잇 인 디스 디렉션	**Theo hướng này phải không?** 테오 흐응 나이 파이 콩

똑바로 세 블록을 가세요. 틀림없이 찾을 수 있을 겁니다.

It's three blocks straight ahead.
잇츠 쓰리 블록스 스트레이트 어해드

You can't miss it.
유 캔트 미스 잇

Đi thẳng ba dãy nhà.
디 탕 바 자이 냐

Chắc chắn sẽ tìm được.
짝 짠 쎄 띰 드억

실례합니다. 완구 코너를 좀 가르쳐 주시겠습니까?

Excuse me. 익스큐즈 미

Can you direct me to the toy department, please?
캔 유 디렉트 미 투 더 토이 디파트먼트 플리즈

Xin lỗi.
씬 로이

Xin chỉ cho tôi chỗ bán đồ chơi.
씬 찌 쪼 또이 쪼 반 도 쩌이

5층에 있습니다. 엘리베이터에서 내리시면 바로 우측에 있습니다.

It's on the 5th floor.
잇츠 온 더 피프스 플로아

As you get off the elevator, you'll see it on your right.
애즈 유 겟 오프 디 엘리베이터 유윌 씨 잇 온 유어 라잇

Trên tầng 5 ạ. Ra khỏi thang máy, ông sẽ thấy phía bên phải.
쩬 떵 남 아 자 코이 탕 마이 옹 쎄 터이 피어 벤 파이

TIP

건물 내에 있는 영업소나 매장을 물어 볼때는 Xin lỗi 씬 로이를 붙여서 물어보는 것이 관례지만 간단히 '…ở đâu ạ? 어 더우 아'의 형식을 사용해서 말하기도 한다. 또한 'Có thể cho tôi biết khu vực mua bán ở đâu không? 꼬 테 쪼 또이 비엣 쿠 븍 무어 반 어 더우 콩 (판매부가 어디에 있는지 가리켜 주세요.)'라는 표현도 함께 기억해 두면 편리하다.

엘리베이터는 어디에 있습니까?
Can you direct me to the elevator?
캔 유 드렉트 미 투 더 엘리베이터

Xin chỉ cho tôi đến thang máy được không?
씬 찌 쪼 또이 덴 탕 마이 드억 콩

네. 곧장 앞으로 가시면 왼쪽에 있습니다.
Sure. Go straight ahead and you'll come left to it.
슈어 고 스트레이트 어해드 앤 유윌 컴 레프트 투 잇

Vâng. Cứ đi thẳng. Bên trái ạ.
벙 끄 디 탕 벤 짜이 아

감사합니다.
Thank you very much.
땡큐 베리 머치

Xin cảm ơn rất nhiều.
씬 깜 언 젓 니우

실례합니다.
화장실이 어딘지 가르쳐 주시겠습니까?
Excuse me. 익스큐즈 미
Can you tell me where the rest room is?
캔 유 텔 미 웨어 더 레스트 룸 이즈

Xin lỗi, nhà vệ sinh ở đâu ạ?
씬 로이 냐 베 씽 어 더우 아

오른쪽입니까, 왼쪽입니까?
Is it on the left or right?
이즈 잇 온 더 레프트 오어 라이트

Bên trái hay bên phải?
벤 짜이 하이 벤 파이

복도 끝에 가서 왼쪽으로 돌아가세요.
Turen left at the end of the hall.
턴 레프트 앳 디 앤드 오브 더 홀

Hết hành lang này rẽ trái.
헷 하잉 랑 나이 제 짜이

귀국 준비

Chuẩn bị trở lại

1. 항공편 재확인과 비행기 탑승

* 항공편 예약 확인 *

내일 저녁 9시에 출발하는 인천행 615편에 예약을 했는데요.

I've made reservation for your flight 615 leaving tomorrow at 9 p.m. to Incheon.
아이브 메이드 레저베이션 포 유어 플라잇 씩스원파이브 리빙 투마로우 앳 나인 피엠 투 인천

Tôi đã đặt chỗ cho chuyến bay số 615 đi Incheon vào lúc 9 giờ tối mai.

또이 다 닷 쪼 쪼 쭈옌 바이 쏘 사우못남 디 인천 바오 룩 찐 져 또이 마이

예약을 확인하고 싶습니다.

I'd like to reconfirm my reservation.
아이두 라익 투 리컨펌 마이 레저베이션

Tôi muốn xác nhận lại việc đặt chỗ ạ.

또이 무온 싹 년 라이 비엣 닷 쪼 아

알겠습니다. 성함을 말씀해 주시겠습니까?

All right. Your name, please?
올 라잇 유어 네임 플리즈

Vâng. Xin cho biết tên của quý khách.

벙 씬 쪼 비엣 뗀 꾸어 뀌 캍

TIP

'Tôi muốn xác nhận lại, việc đặt chỗ ạ. 또이 무온 싹 년 라이, 비엣 닷 쪼 아' '예약을 확인하고 싶은데요.'라는 표현은 국제선으로 여행하는 여행자들이 항공회사에 예약을 재확인하는 상용적인 표현으로 꼭 기억해 두어야한다.

동행이 몇 분인가요?

How many are there in your party, sir?

하우 메니 아 데아 인 유어 파트리 써

Quý khách đi mấy người ạ?

뀌 칼 디 머이 응어이 아

혼자예요.

Just one. 저스트 원

Chỉ một người thôi.

찌 못 응어이 토이

내일 인천행 615편에 예약이 되어 있습니다.

You're booked on our flight 615 to Incheon tomorrow.

유어 북트 온 아워 플라잇 씩스원파이브 투 인천 투마로우

Quý khách đã được giữ chỗ cho chuyến bay số 615 đi Incheon ngày mai.

뀌 칼 다 드억 즈으 쪼 쪼 쭈옌 바이 쏘 사우못남 디 인천 응아이 마이

출발 시간에 늦지 마세요.

Don't forget your flight time.

돈트 포겟 유어 플라잇 타임

Xin hãy nhớ giờ khởi hành nhé.

씬 하이 녀 져 커이 한 녜

베트남 항공입니다. 무엇을 도와 드릴까요?

Viet Nam Airlines. May I help you?

베트남 에어라인스 메아이 헬퓨

Việt Nam Airlines xin nghe.

비엣 남 에어라인스 씬 응예

오늘 저녁9시 출발시간을 내일 오전 7시로 변경해 주세요.

Could you change my flight time for tonight at 9 p.m. to tomorrow at 7 a.m

쿠쥬 체인쥐 마이 플라잇 타임 포 투나잇 앳 나인 피엠 투 터마로우 앳 세븐 에이엠

Có thể chuyển chuyến bay 9 giờ tối nay của tôi sang 7 giờ sáng mai được không?

꼬 테 쭈옌 쭈옌 바이 찐 져 또이 나이 꾸어 또이 쌍 바이 져 쌍 마이 드억 콩

죄송합니다. 이번 주말에는 좌석이 다 찼습니다. Sorry. All seats are booked up for this weekend. 쏘리 올 시츠 아 북트 업 포 디스 위크앤드	**Xin lỗi, cuối tuần này không còn chỗ nữa ạ.** 씬 로이 꾸오이 뚜언 나이 콩 꼰 쪼 느어 아

* 비행기 탑승 *

여권을 보여 주세요. Your passport, please. 유어 패스포트 플리즈	**Cho tôi xem hộ chiếu.** 쪼 또이 쎔 호 찌우
짐을 저울에 올려 주세요. Please put your luggage on the scale. 플리즈 풋 유어 러기지 온 더 스케일	**Hãy đưa hành lý lên cân.** 하이 드어 하잉 리 렌 껀
여기 탑승권을 확인해 주세요. Here is your boarding pass. 히어 이즈 유어 보딩 패스	**Xin hãy kiểm tra lại thẻ lên máy bay này.** 씬 하이 끼엠 짜 라이 테 렌 마이 바이 나이
출발 시각 30분 전까지는 게이트 앞에 가셔야 합니다. You have to go to the gate 30 minutes before the departure time. 유 해브 투 고 투 더 게이트 써티 미닛츠 비포 더 디파처 타임	**Phải ra cửa trước giờ cất cánh 30 phút.** 파이 자 끄어 쯔억 져 껏 까잉 바 므어이 풋

부록

1. 베트남어의 문자와 발음
2. 숫자
3. 월 · 요일 · 날짜
4. 테마별 핵심 단어

Supplement

베트남어의 문자와 발음

1. 베트남어의 특성

베트남은 인도차이나반도에 속한 다민족 국가로 비엣족을 포함해 54개의 소수민족이 생활하고 있습니다. 베트남어는 1억에 이르는 베트남인들이 사용하는 언어입니다. 일반적으로 말하는 베트남어는 베트남 인구의 대부분을 차지하는 비엣족의 언어입니다. 베트남은 우리나라와 마찬가지로 중국문화의 영향을 받은 나라입니다. 15세기와 17세기에 창조되어 오늘날 통용하고 있는 한글과 베트남어의 명사 중에 각각 80%와 60%가 중국의 한자에 기반을 두고 있다는 점을 들 수 있다. 지금은 17세기, 서양 선교사들이 포교를 하기 위하여 베트남어를 소리나는 대로 로마자로 표기하기 시작한 것이 오늘날의 베트남어가 되었습니다.

1) 단음절성

중국어나 태국어처럼 음의 고저나 굴절에 따라 의미가 변하는 곡선조성조언어입니다. 곡선조라는 말은 성조가 단일점을 지정하지 않고 음의 높낮이가 변화하여 곡선을 이룬다는 의미입니다. 단음절어로 어휘가 한 개의 음절로 이루어져 있는 것이 대부분이고 두 음절로 구성된 어휘가 있지만 모두 한 음절씩 띄어서 발음하고 씁니다.

2) 고립성

교착어인 한국어나 굴절어인 영어와 달리 중국어와 같은 고립어에 속합니다. 따라서 조사가 없고 형용사나 동사의 활용이 전혀 없습니다.

즉, 시제나 단수 복수의 수에 관계없이 불변형이라는 특징이 있어 문장속에서 문법적인 역할은 그 단어의 위치나 독립된 형태소에 의하여 결정됩니다.

한국어	베트남어
주어(S) + 목적어(O) + 서술어(V) 나는 밥을 먹는다	주어(S) + 서술어(V) + 목적어(O) 나는 먹는다 밥을

위의 표를 보면 어순이 한국어보다 서술어가 목적어 보다 먼저 온다는 것으로 기본적으로 영어와 같은 주어–서술어–목적의 순서를 가집니다. 하지만, 어순이 영어와 모두 같지는 않습니다. 베트남어는 꾸미는 말이 꾸밈을 받는 말 뒤에 따라옵니다. 용언의 활용이나 조사가 없고 어순이 정확하게 지켜지는 편입니다. 한국어는 세종대왕이 창제하신 "한글"로 표기하지만 베트남어는 "라틴 알파벳"으로 표기합니다.

3) 성조

베트남어에는 6개의 성조가 있고 성조에 따라 의미가 달라지기 때문에 발음에 특히 주의를 할 필요가 있습니다. 성조의 대립은 항상 모음의 위아래에만 표시되고 제1성인 무표시 성조를 포함하여 6개의 성조 표시 기호가 있습니다.

성조 도표			
음조	연음(軟音)	경음(硬音)	
음역		굴절	비굴절
높음	1성 (ma)	3성 (mà)	5성 (mã)
낮음	2성 (má)	4성 (mả)	6성 (mạ)

4) 방언

베트남어의 표준어는 하노이를 중심으로 한 북부지방의 말입니다. 북부, 중부, 남부 방언으로 나누기는 합니다만, 특별히 남북으로 긴 지형적 특성 때문인지. 남북간의 언어에 차이가 큽니다. 특정 어휘, 몇몇 철자의 발음 등이 서로 다릅니다. 외국인으로서는 때로 익숙하지 않은 방언을 이해하기 힘들지만, 베트남 사람들끼리는 의사소통에 어려움이 없다고 합니다. 하지만 나라가 긴 지리적 특성으로 후에를 중심으로 한 중부 방언과 호치민을 중심으로 한 남부 방언도 발달했습니다. 대체적으로 북부 방언은 정확하여 듣기가 수월하며, 남부 방언은 비음이 많아 익숙하지 않으면 듣기 어렵습니다. 특히 중부 방언은 베트남인들도 가장 듣기 어렵다고 합니다.

2. 베트남어의 문자

문자는 12개의 모음과 17개의 자음 모두 29개의 알파벳으로 구성되어 있으며, 영어 알파벳의 'F, J, W, Z'가 없는 대신에 'Ă, Â, Đ, Ê, Ô, Ư'가 추가되었습니다. 이는 12개의 단모음(A, Ă, Â, E, Ê, I(Y), O, Ô, Ơ, U, Ư)과 17개의 단자음(B, C, D, G, H, K, L, M, N, P, Q, R, S, T, V, X, Đ)으로 구성되었습니다. 이 외에도 모음이 결합한 'IÊ, UÔ, ƯƠ' 형태와 'IÊU, YÊU, UÂY, UÔI, UYA, UYU, OAI, OAY, OEO, OAO, ƯƠI, ƯƠU, UYÊ' 형태의 이중 및 삼중모음, 그리고 자음이 결합한 'CH, GH, KH, NG, NGH, NH, PH, TH, TR' 형태의 9개 복자음이 있습니다.

모음	a	ă	â	e	ê	i	o	ô	o'	u	u'	y

자음	b	c	d	đ	g	h	k	l	m	n	p	q
	r	s	t	v	x							

소문자	대문자	명칭	발음
a	A	아 a	a
ă	Ă	아 á	a
â	Â	어 ớ	ớ
b	B	베 bê	bờ
c	C	세 xê	cờ
d	D	제 dê	dờ
đ	đ	데 đê	đờ
e	E	애 e	e
ê	E	에 ê	e
g	G	지에 giê	gờ
h	H	핫 hát	hờ
I	I	이 응안 i ngắn	i
k	K	까 ca	cờ
l	L	애러 e-lờ	lờ
m	M	앰머 em-mờ	mờ

소문자	대문자	명칭	발음
n	N	엔너 en-nờ	nờ
o	O	오 o	o
ô	Ô	오 ô	ô
ơ	Ơ	어 ơ	ơ
p	P	빠 pe	pơ
q	Q	꾸 cu	cờ
r	R	애러 e-rờ	rờ
s	S	앳시 ét-sì	sờ
t	T	떼 tê	tờ
u	U	우 u	u
ư	Ư	으 ư	ư
v	V	베 vê	vờ
x	X	익씨 ích-xì	xờ
y	Y	이 자이 idài	I

* 베트남어 알파벳 가운데 I와 Y는 음가는 같지만 음의 길이만 달라 I는 짧게 발음하고, Y는 길게 발음하는 차이가 있습니다.

1) 모음

① 단모음

베트남어의 단모음은 반모음 'y'를 포함하여 총 12개입니다.

A ĂƠÂE ÊO ÔI Y U Ư (a ăơâe êo ôi y u ư)

A a	우리말 '아'와 비슷하나 높고 길게 발음하며 입을 크게 벌린다.	**an** [안] 평안한 **làm** [람] 일하다
Ă ă	우리말 '아'와 비슷하나 높고 짧게 발음한다. 위의 'A'보다 훨씬 짧다.	**ăn** [안] 먹다 **lắm** [람] 매우
Ơ ơ	우리말 '어'와 비슷하나 높고 길게 발음한다.	**cám ơn** [깜 언] 감사하다 **mới** [머이] 새로운
Â â	우리말 '어'와 비슷하지만 짧게 발음한다. 위의 'Ơ'보다 훨씬 짧다.	**ấn độ** [언 도] 인도 **mấy** [머이] 몇
E e	우리말 '애'와 비슷하지만 입을 작게 벌린다.	**em** [앰] 동생 **mèo** [매오] 고양이
Ê ê	우리말 '에'와 비슷하지만 입을 작게 벌린다.	**êm dịu** [엠] 지우 부드러운 **đêm** [뎀] 밤
O o	입을 크게 벌리고 우리말 '오'와 '어'의 중간 음으로 발음한다.	**có** [꼬] 있다 **nóng** [농] 덥다
Ô ô	우리말의 '오'와 비슷하지만 입을 더 욱더 동글게 모으고 발음이 끝날 때까지 입 모양은 변하지 않는다.	**cô** [꼬] 아가씨, 여자 선생님 **sống** [쏭] 살다
I i	우리말의 '이'와 같지만 훨씬 짧게 발음한다. 다른 모음과 함께 발음할 때 다른 모음의 길이가 상대적으로 길다.	**in** [인] 인쇄하다 **tai** [따이] 귀

Y y	우리말의 '이'와 같다. 하지만 길게 발음하고 다른 모음과 함께 발음할 때 다른 모음보 다 'y'의 길이가 상대적으로 길다.	**yêu** [이-에우] 사랑하다 **tay** [따이] 손, 팔
U u	우리말의 '우'와 비슷하며 입술 모양은 둥글게 유지한다.	**cao su** [까우] 쑤 고무 **lúng túng** [룽 뚱] 어리둥절한
Ư ư	우리말의 '으'와 비슷하다.	**giá sư** [지아오 쓰] 교수님 **lưu ý** [르우 이] 유의하다

【주의】 o, ô, u가 끝자음 ng, c와 결합하면 발음 후 입술을 모아 마치 입에 풍선을 채운 모양 이 되게 발음합니다.
công ty 꽁 띠 회사 lúc 룩 시간 앞에 붙이는 전치사

② 복모음

- 단어의 끝이 자음으로 끝날 때 : iê uye uyê ươ uô
- 단어의 끝이 자음으로 끝나지 않을 때 : ia ua ư

2) 자음

① 단자음

베트남어의 단자음음 모두 17개입니다.

B C D Đ G H K L M N Q R S T V X P
(b c d đ g h k l m n q r s t v x p)

B b	우리말 'ㅂ'과 비슷하다.	**bán** [반] 팔다
C c	[= **k** = **qu**] 우리말 'ㄲ'과 비슷하다.	**cám ơn** [깜 언] 감사합니다
D d	[= **r** = **gi**] 우리말 'ㅈ'과 비슷하며, 남부(호치민)에서는 모음 '**y** 이'로 발음한다.	**dân tộc** [전(연) 똑] 민족

Đđ	우리말 'ㄷ'과 비슷하며, 남부(호치민)에서는 'ㄷ'과 'ㄹ'의 중간 음으로 발음한다.	**đi** [디] 가다
G g	우리말 'ㄱ'과 비슷하며, 뒤에 모음 **e**, **ê**, **i** 가 오면 **g** 뒤에 **h**를 표기해 주고, 이때 **h**는 발음하지 않는 묵음이다. 곧 **g**와 **gh**는 'ㄱ'으로 발음이 같다.	**ga** [가] 지하철역
H h	우리말 'ㅎ'과 비슷하다.	**hoa** [호아] 꽃
K k	우리말 'ㄲ'과 비슷한 발음으로, 앞의 '**c**'와 같다.	**kẹo** [깨오] 사탕
L l	영어의 'l' 발음이나 우리말 'ㄹ' 발음과 같다. 혀를 입천장에 붙여 발음한다.	**là** [라] ~이다
M m	우리말 'ㅁ' 발음과 같다.	**mặn** [만] 짜다
N n	우리말 'ㄴ' 발음과 같다.	**nặng** [낭] 무거운
Q q	베트남어에서 **q**는 모음 **u**와 항상 붙여 발음하는데 우리말 '꾸'와 비슷하다.	**quạt máy** [꾸앗 마이] 선풍기
R r	북부지역 표준어에서는 우리말 'ㅈ'과 비슷하지만, 남부 호치민 지역에서는 영어의 '**r**' 발음과 같이 혀를 입천장에 대지 않고 둥그렇게 마는 권설음 발음 'ㄹ'이다.	**răng** [장(랑)] 이빨
S s	우리말 'ㅅ', 'ㅆ' 발음과 같다.	**sang** [상] 가다
T t	우리말 'ㄸ' 발음과 비슷하다.	**tầng** [떵] 층
V v	영어의 '**v**' 발음. 윗니를 아랫입술에 살짝 대었다가 떼는 '**v**' 발음이다. 남부지역에서는 '**y** 이' 발음으로 하기도 한다.	**Việt Nam** [비엣 남] 베트남
X x	우리말의 'ㅆ' 발음으로, 앞의 '**s**' 발음과 비슷하다.	**xa** [싸] 멀다
P p	우리말의 'ㅃ' 발음으로, 주로 h와 함께 복자음으로 쓰인다.	**pin** 건전지

② 복자음

ch gh gi kh nh ph ng ngh th tr

ch	우리말 'ㅉ' 발음과 같다. 아랫니 뒤에 혀를 붙이는 방식으로 발음함. 북부는 tr, ch의 구분없이 'ㅉ'로 발음한다.	chào [짜오] 안녕
gh	단자음 'g'처럼 모음 'e, ê, i' 앞에 쓰여 우리말 'ㄱ'과 같이 발음한다.	ghế [게] 의자
gi	우리말 '지' 발음과 같다.	giao lưu [지아오 르우] 교류하다
kh	우리말 'ㅋ' 발음과 비슷하다.	không [콩] 아니다
nh	우리말 '녀' 발음과 비슷하다.	nhau [냐우] 함께
ph	영어의 'f' 발음과 같이 윗니를 아랫입술에 살짝 대었다 떼는 'ㅍ' 발음이다. *베트 남어에는 'f'가 없음.	phương pháp [프엉 팝] 방법
ng	우리말 '응'과 같은 발음으로, 다른 모음과 함께 발음할 때 하나씩 읽어 준다.	nga [응아] 상아
ngh	'ng'처럼 우리말 '응'과 같이 발음하지만 모음 'e, ê, i' 앞에서 'h'를 표기만 하고 발 음은 하지 않는다.	nghe [응에] 듣다
th	우리말 'ㅌ' 발음과 같다.	thả [타] 놓다, 놓아주다
tr	가벼운 'ㅉ' 권설음으로 발음. 윗입천장 근처에서 혀를 말아서 발음함. 북부는 ch와 구분없이 'ㅉ'로 사용.	triệ u [찌우] 백만

③ 끝자음

베트남어의 자음 가운데 형태상 끝자음으로 쓰이는 자음은 모두 8개뿐입니다. 이들 끝자음은 앞에 결합되는 모음의 발음에 많은 영향을 줍니다.

<table>
<tr><td colspan="2">각각 우리말 '–ㅁ, –ㄴ, –ㅇ' 받침으로 발음한다.</td></tr>
<tr><td>-m</td><td>làm [람] 일하다</td></tr>
<tr><td>-n</td><td>bạn [반] 친구</td></tr>
<tr><td>-ng</td><td>không [콩] 아니다</td></tr>
<tr><td colspan="2">각각 우리말 '–ㄱ, –ㅂ, –ㅅ' 받침으로 발음한다.</td></tr>
<tr><td>-c</td><td>các [깍] 각각의</td></tr>
<tr><td>-p</td><td>bếp [벱] 부엌</td></tr>
<tr><td>-t</td><td>lát [랏] 잠시</td></tr>
<tr><td colspan="2">앞에 모음 'a'가 올 때, 즉 'anh', 'ach'일 때에는 각각 우리말 '아잉', '아익'으로 발음하고, 앞에 'a'를 제외한 다른 모음이 올 때에는 각 각 우리말 '–ㄴ' 혹은 '–ㅇ, –ㄱ' 받침으로 발음한다.
※ 남부 방언에서는 모음에 상관없이 각각 우리말 '–ㄴ' 혹은 '–ㅇ, –ㄱ' 받침으로 발음한다.</td></tr>
<tr><td>-nh</td><td>xanh [싸잉(싼)] 푸른</td></tr>
<tr><td>-ch</td><td>sách [싸익(싹)] 책</td></tr>
</table>

3. 성조

베트남어에는 다음과 같은 총 6개의 성조가 있으며 음의 높낮이를 나타내고 한 알파벳 단어당 총 6개의 서로 다른 음의 높낮이가 있으며, 한 알파벳 단어에 성조가 붙어 최대 6개의 서로 다른 뜻을 가질 수 있습니다.

không dấu [콩 저우] **dấu sắc** [저우 삭]
dấu huyền [저우 휘엔] **dấu hỏi** [저우 호이]
dấu ngã [저우 응아] **dấu nặng** [저우 낭]

1) **Không dấu** – 1성, 모음 위에 아무런 표시가 없는 성조로 우리말의 보통 높이보다 조금 높은 음에서 평평하게 발음한다.

ma xa hoa

2) **Dấu sắc** – 2성, 모음 위에 올라가는 표시(ˊ)의 성조로 음을 부드럽고 빨리 올려준다.

sách cáu bút

3) **Dấu huyền** – 3성, 모음 위에 내려가는 표시(ˋ)의 성조로 음을 부드럽고 천천히 아래로 길게 내려준다.

trường

4) **Dấu hỏi** – 4성, 모음 위에 물음표 모양(̉)의 성조로 음을 부드럽게 살짝 올렸다가 마치 원을 그리듯이 천천히 내린 후 끝을 약간 올려준다.

trả mỏng để

5) **Dấu ngã** – 5성, 모음 위에 물결 모양(~)의 성조로 음을 성대에 살짝 힘 을 주고 빨리 내렸다가 다시 빨리 올려준다.

6) **Dấu nặng** – 6성, 모음 아래에 점 모양(̣)의 성조로 음을 마치 내려 끊어 주듯이 짧게 내린다.

nhẹ thuận gặp

① 성조에 따라 뜻이 달라지는 단어의 예

chuyên: 전문적인 **chuyến**: 차편 **chuyền**: 건네주다

chuyển: 옮기다, 이사하다 **chuyễn**: 뜻이 없음

chuyện: 일, 문제

ma: 귀신 **má**: 볼, 엄마 **mà**: 그런데 **mả**: 무덤 **mã**: 말
mạ: 벼, 모

4. 베트남어의 한글 표기법

베트남어의 한글표기는 영문자 등 로마자의 한글표기 방식에 준하여 적으면 되지만, 베트남어의 발음체계 특성으로 인하여 일부 불일치하는 부분이 있습니다. 이에 관련하여 국립국어원은 2004년 12월20일 베트남어의 한글표기법을 문화관광부 고시 제 2004-11 호로 시행하였습니다. 국립국어원이 정한 베트남어 표기에 관한 내용은 다음과 같습니다.

〈베트남어 자모와 한글 대조표〉

	자모	한글		보기
		모음앞	자음앞·어말	
자음	b	ㅂ	—	Bao 바오, bo 보
	c,k,q	ㄲ	ㄱ	cao 까오, khac 칵, kiêt 끼엣, lăc 락, quan 꽌
	ch	ㅉ	ㄱ	cha 짜, bach 바익
	d,gi	ㅈ	—	duc 죽, Dương 즈엉, gia 자, giây 저이
	đ	ㄷ	—	đan 단, Đinh 딘
	g,gh	ㄱ	—	gai 가이, go 고, ghe 게, ghi 기
	h	ㅎ	—	hai 하이, hoa 호아
	kh	ㅋ	—	Khai 카이, khi 키
	l	ㄹ, ㄹㄹ	—	lâu 러우, long 롱, My Lay 미라이
	m	ㅁ	ㅁ	minh 민, măm 맘, tôm 똠
	n	ㄴ	ㄴ	Nam 남, non 논, bun 분
	ng, ngh	응	ㅇ	ngo 응오, ang 앙, đông 동, nghi 응이, nghê 응에
	nh	니	ㄴ	nhât 녓, nhơn 년, minh 민, anh 아잉

자음	p	ㅃ	ㅂ	pin 삔, chap 짭
	ph	ㅍ	—	Pham 팜, phơ 퍼
	r	ㅈ	—	rang 장, rôi 조이 〈북부는 ㅈ 남부는 ㄹ〉
	s	ㅆ	—	sang 쌍, so 쏘
	t	ㄸ	ㅅ	tam 땀, têt 뗏, hat 핫
	th	ㅌ	—	thao 타오, thu 투
	Tr	ㅉ	—	Trân 쩐, tre 째
	v	ㅂ	—	vai 바이, vu 부
	x	ㅆ	—	xanh 싸잉, xeo 쌔오
모음	a	아		an 안, nam 남
	ă	아		ăn 안, Đăng 당, măc 막
	â	어		ân 언, cân 껀, lâu 러우
	e	애		em 앰, cheo 째오
	ê	에		êm 엠, chê 쩨, Huê 후에
	i	이		in 인, dai 자이
	y	이		yên 옌, quy 꾸이
	o	오		ong 옹, bo 보
	ô	오		ôm 옴, đông 동
	ơ	어		ơn 언, sơn 선, mơi 머이
	u	우		um 움, cung 꿍
	ư	으		ưn 은, tư 뜨
이중모음	ia	이어		kia 끼어, ria 리어
	iê	이에		chiêng 찌엥, diêm 지엠
	ua	우어		lua 루어, mua 무어
	uô	우오		buôn 부온, quôc 꾸옥
	ưa	으어		cưa 끄어, mưa 므어, sưa 스어
	ươ	으어		rươu 르어우, phương 프엉

■ 베트남어 한글표기 세칙

위 표에 따르면 다음과 같습니다.

① nh는 이어지는 모음과 합쳐서 한 음절로 적는다. 어말이나 자음 앞에서는 받침 'ㄴ'으로 적되, 그 앞의 모음이 a인 경우에는 a와 합쳐 '아인'으로 적는다.

예 **Nha Trang** [냐짱] **Hô Chi Minh** [호찌민]
Thanh Hoa [타인호아]

② qu는 이어지는 모음이 a일 경우에는 합쳐서 '꽈'로 적는다.

예 **Quang** [꽝] **hat quan ho** [핫꽌호] **Quôc** [꾸옥]
Quyên [꾸옌]

③ y는 뒤따르는 모음과 합쳐서 한 음절로 적는다.

예 **yên** [옌] **Nguyên** [응우옌]

④ 어중의 l이 모음 앞에 올 때에는 'ㄹㄹ'로 적는다.

예 **klông put** [끌롱뿟] **Pleiku** [쁠래이꾸] **Ha Long** [할롱]
My Lay [밀라이]

다만, 인명의 성과 이름은 별개의 단어로 보아 이 규칙을 적용하지 않는다.

예 **Thê Lư** [테르] **Chê Lan Viên** [쩨란비엔]

일	이	삼	사	오
Một 못	hai 하이	ba 바	bốn 본	năm 남
육	칠	팔	구	
sáu 싸우	bảy 바이	tám 땀	chín 찐	

십	이십	삼십	사십	오십
Mười 므어이	hai mươi 하이 므어이	ba mươi 바 므어이	bốn mươi 본 므어이	năm mươi 남 므어이
육십	칠십	팔십	구십	
sáu mươi 싸우 므어이	bảy mươi 바이 므어이	tám mươi 땀 므어이	chín mươi 찐 므어이	

백	이백	삼백	사백	오백
Một trăm 못 짬	hai trăm 하이 짬	ba trăm 바 짬	bốn trăm 본 짬	năm trăm 남 짬
육백	칠백	팔백	구백	
sáu trăm 싸우 짬	bảy trăm 바이 짬	tám trăm 땀 짬	chín trăm 찐 짬	

천	만	십만	백만	천만
Nghìn 응인	mười nghìn 므어이 응인	trăm nghìn 짬 응인	triệu 찌우	mười triệu 므어이 찌우
억	십억	백억		
trăm triệu 짬 찌우	tỷ 띠	mười tỷ 므어이 띠		

월 · 요일 · 날짜

● 시간

아침	점심	저녁	
Sáng 쌍	trưa 쯔어	tối 또이	
오전	정오	오후	자정
Buổi sáng 부오이 쌍	Chính ngọ 찡 응오	buổi chiều 부오이 찌우	nửa đêm 느어 뎀

● 월

지난 달	이번 달	다음 달	한 달 후
Tháng trước 탕 쯔억	Tháng này 탕 나이	Tháng sau 탕 싸우	một tháng sau 못 탕 싸우

1월	2월	3월	4월
Tháng 1 탕 못	tháng 2 탕 하이	tháng 3 탕 바	tháng 4 탕 본 / 탕뜨
5월	6월	7월	8월
tháng 5 탕 남	tháng 6 탕 싸우	tháng 7 탕 바이	tháng 8 탕 땀
9월	10월	11월	12월
tháng 9 탕 찐	tháng 10 탕 므어이	tháng 11 탕 므어이 못	tháng 12 탕 므어이 하이

● 요일

이번 주	다음 주	일주일 후	
Tuần này 뚜언 나이	tuần sau 뚜언 싸우	Một tuần sau 못 뚜언 싸우	

일요일	월요일	화요일	수요일	목요일	금요일	토요일
chủ nhật 쭈 녓	Thứ hai 트 하이	thứ ba 트 바	thứ tư 트 뜨	thứ năm 트 남	thứ sáu 트 싸우	thứ bảy 트 바이

● 날짜

그제	어제	오늘	내일	모레
hôm kia 홈 끼어	hôm qua 홈 꽈	hôm nay 홈 나이	ngày mai 응아이 마이	ngày kia 응아이 끼어

1일	2일	3일	4일
Ngày mùng 1 응아이 뭉 못	ngày mùng 2 응아이 뭉 하이	ngày mùng 3 응아이 뭉 바	ngày mùng 4 응아이 뭉 본
5일	6일	7일	8일
ngày mùng 5 응아이 뭉 남	ngày mùng 6 응아이 뭉 싸우	ngày mùng 7 응아이 뭉 바이	ngày mùng 8 응아이 뭉 땀
9일	10일	11일	12일
ngày mùng 9 응아이 뭉 찐	ngày mùng10 응아이 므어이	ngày 11 응아이 므어이 못	ngày 12 응아이 므어이 하이
13일	14일	15일	16일
ngày 13 응아이 므어이	ngày 14 응아이 므어이 본	ngày 15 응아이 므어이 람	ngày 16 응아이 므어이 싸우

17일	18일	19일	20일
ngày 17 응아이 므어이 바이	ngày 18 응아이 므어이 땀	ngày 19 응아이 므어이 찐	ngày 20 응아이 하이 므어이
21일	22일	23일	24일
ngày 21 응아이 하이 못	ngày 22 응아이 하이 하이	ngày 23 응아이 하이 바	ngày 24 응아이 하이 본
25일	26일	27일	28일
ngày 25 응아이 하이 람	ngày 26 응아이 하이 싸우	ngày 27 응아이 하이 바이	ngày 28 응아이 하이 땀
29일	30일	31일	
ngày 29 응아이 하이 찐	ngày 30 응아이 바 므어이	ngày 31 응아이 바 못	

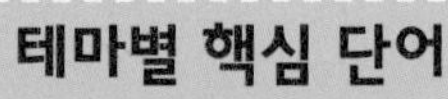

테마별 핵심 단어

비행기 탑승

기내 반입수화물	hành lý xách tay 하잉 리 싸익 따이
기내 반입수화물	hành lý xách tay 한 리 싹 따이
비상구	lối thoát hiểm 로이 토앗 히엠
비예약석	ghế không đặt 게 콩 닷
비행기편명	số chuyến bay 소 쭈옌 바이
빈좌석	ghế trống 게 쫑
좌석벨트	cài dây an toàn 까이 저이 안 또안
직항기	chuyến bay thẳng 쭈옌 바이 탕
창쪽 좌석	chỗ ngồi cạnh cửa sổ 쪼 응오이 까잉 끄어 소
출국카드	thẻ xuất cảnh 테 쑤엇 카잉
출발	khởi hành 커이 하잉
출발로비	lối khởi hành 로이 커이 하잉
탑승구	cửa lên máy bay 끄어 렌 마이 바이
탑승권	thẻ lên máy bay 테 렌 마이 바이
탑승장소	chỗ lên tàu 쪼 렌 따우
통과여객	hành khách quá cảnh 하잉 칼 꽈 까잉
통로좌석	chỗ ngồi gần lối đi 쪼 응오이 건 로이 디

기내 탑승 (화장실 & 기타 안내 표시)

문은 잠가 주세요	Khóa cửa 코아 끄어
버튼을 누르십시오	Nhấn nút 년 눗

비어있음	Phòng trống 퐁 쫑
사용중	Có người 꼬 응어이
좌석벨트를 매어 주십시오	Cài dây an toàn 까이 저이 안 또안
좌석으로 돌아가세요	Trở về chỗ ngồi 쩌 베 쪼 응오이

● 여행지 입국

개인소유물	vật dụng cá nhân 벗 중 까 년
검역	kiểm dịch 끼엠 직
공중전화	điện thoại công cộng 디엔 토아이 꽁 꽁
공중화장실	nhà vệ sinh công cộng 냐 베 신 꽁 꽁
공항버스	xe buýt sân bay 쎄 부잇 썬 바이
공항세	thuế sân bay 투에 썬 바이
셔틀버스	xe buýt chạy đường ngắn 쎄 부잇 짜이드엉 응안
관광안내소	phòng hướng dẫn du lịch 퐁 흐엉 전 주 릭
관세법	thuế hải quan 투에 하이 꾸안
국제면허증	bằng lái xe quốc tế 방 라이 쎄 꿕 떼
목적	mục đích 묵 딕
바꾸다(환전하다)	đổi 도이
반입금지품	hàng cấm 항 껌
발행일	ngày phát hành 응아이 팟 하잉
방문	thăm 탐
방문객	khách 같
성(이름)	họ 호

세관	hải quan 하이 꾸안
세관검사	kiểm tra hải quan 끼엠 짜 하이 꾸안
관광	tham quan 탐 꾸안
입국수속	thủ tục nhập cảnh 투 뚭 녑 까잉
수수료	tiền hoa hồng 띠엔 호아 홍
수화물	hành lý 하잉 리
수화물 찾는 곳	khu vực nhận hành lý 쿠 븍 년 하잉 리
수화물물표	giấy biên nhận hành lý 져이 비엔 년 하잉 리
식물검사	kiểm tra cây trồng 끼엠 짜 꺼이 쫑
신고(과세품)	sự khai báo 스 카이 바오
신고하다	khai báo 카이 바오
신변용품	đồ cá nhân 도 까 년
여권(패스포트)	hộ chiếu 호 찌우
여행	du lịch 주 릭
여행자수표	chi phiếu du lịch 찌 피우 주 릭
이름	tên 뗀
이민관리	quản lý nhập cư 꾸안 리 녑 끄
입구	cửa vào 끄어 바오
입국 수속국	sự nhập cư 스녑 끄
잔돈	tiền lẻ 디엔 래
조사	điều tra 디우 짜
주화(동전)	tiền đồng 띠엔 동
통화	tiền tệ 띠엔 떼
통화신고	khai báo tiền tệ 카이 바오 띠엔 떼

화장실	phòng vệ sinh 퐁 베 신
환전소	ngoại tệ 응와이 떼
환율	tỉ giá hối đoái 띠쟈 호이 도아이
회의	cuộc họp 꾸옥 홉

● 숙박

귀중품	đồ quý giá 도 뀌 쟈
귀중품보관소	safety box 세프티 박스
다림질하다	ủi đồ 우이 도
드라이크리닝	tẩy khô 떠이 코
로비	sảnh 싸잉
방번호	số phòng 소 퐁
샤워	tắm vòi sen 땀 보이 섄
세탁물	đồ giặt 도 쟛
체크아웃	(thủ tục) trả phòng (투 뚭) 짜 똥
숙박카드	tờ đăng ký 떠 당 끼
예약	đặt chỗ 닷 쪼
접수	tiếp tân 띱 떤
지배인	người quản lý 응어이 꾸안 리
체크인	nhận phòng 년 퐁
침실	phòng ngủ 퐁 응우
타월	khăn tắm 칸 땀
휴가	kỳ nghỉ 끼 응이

● **식사**

달콤한	ngọt 응옷
돼지고기 숯불고기	sườn nướng 스언 느엉
돼지고기로 만든 소시지	chả lụa 짜 루어
디저트	món tráng miệng 몬 짱 미엥
맑은 스프	nước dung 느윽 중
맛(종류)	mùi vị 무이 비
맥주	bia 비어
메뉴	thực đơn 특 던
반숙	trứng luộc nửa chín 쯩 루옵 느어 찐
밥	cơm 껌
볶음밥	cơm rang 껌 장
빵	bánh mì 반 미
삶은 닭고기요리	thịt gà luộc 팃 가 루옥
새우	tôm 똠
샌드위치	bánh mì sandwich 반 미 샌드위치
생선, 야채수프	lẩu 러우
생선구이	cá chiên 까 찌엔
샴페인	rượu champagne 즈어우 샴페인
삶은 계란	trứng luộc 쯔응 루옥
소금구이를 한 민물 새우구이	tôm nướng muối 똠 느엉 무오이
소시지	Xúc xích 쑥씩
식사	bữa ăn 브어 안
쌀국수	phở 퍼

쓴	đắng 당
아침 겸 점심	bữa nửa buổi 부어 느어 브오이
아침식사	bữa ăn sang 브어 안상
야채	rau 자우
양배추	bắp cải 밥 까이
양식	món châu Âu 몬 쩌우 어우
오렌지주스	nước cam 느윽 깜
오믈렛	trứng gà ốp lết 쯩 가 옵 렛
완숙	trứng luộc chín 쯔응 루옥 찐
위스키	rượu wisky ngô 즈어우 위스키 응오
음료수	nước uống 느윽 우옹
저녁	bữa ăn tối 브어 안 또이
점심	bữa ăn trưa 브어 안 쯔어
주문	gọi món 고이 몬
주요리	món chính 몬 찐
짠	mặn 만
탄산음료	nước có ga 느윽 꼬 가
진한수프	súp đặt 숩 닷
커다란 게를 통째로 튀긴요리	cua rang muối 꾸어 장 무오이
토속음식	món ăn địa phương 몬 안 디아 프엉
토스트	bánh mì nướng 반 미 느엉
프랑스식 만두튀김	chả giò 짜죠
새우찜	tôm hấp 똠 헙
흰쌀밥	cơm trắng 껌짱

● 관광 & 교통

골프카트	xe trong sân gôn 쎄 쫑 썬 곤
골프코스	đường lăn bóng (sân gôn) 드엉 란 붕 (썬 곤)
골프클럽	câu lạc bộ golf 꺼우 락 보 골프
공연	buổi biểu diễn 부오이 비우 지엔
추모비	đài tưởng niệm 다이 뜨엉 니엠
기념품점	cửa hàng lưu niệm 끄어 항 르우 니엠
오후공연	buổi biểu diễn ban chiều 부오이 비우 지엔 반 찌우
당일여행	chuyến du lịch trong ngày 쭈옌 주 릭 쫑 응아이
매표소	phòng bán vé 퐁 반 베
(간격)거리	khoảng cách 콰앙 까익
명소	điểm du lịch nổi tiếng 디엠 주 릭 노이 띠엥
명승지	thắng cảnh 탕 까잉
무대	sân khấu 썬 커우
미술관	bảo tàng mỹ thuật 바오 땅 미 투엇
민속무용	điệu múa dân gian 디우 무어 전 지안
민속음악	nhạc dân tộc 냑 전 똑
박람회	triển lãm 찌엔 람
박물관	bảo tàng 바오 땅
반대편	phía đối diện 피어 도이 지엔
사적	di tích lịch sử 지 띡 릭 스
사진촬영금지	cấm chụp hình 껌 쭙 힝
수도원	tu viện 뚜 비엔

수영복	đồ bơi 도 버이
수족관	thủy cung 투이 꿍
승마	cưỡi ngựa 끄어이 응으어
승선권	vé tàu 베 따우
시간표	thời khóa biểu 터이 콰 비우
식물원	vườn bách thảo 브언 바익 타오
안내소	bàn hướng dẫn 반 흐엉 전
야구	bóng chày 봉 짜이
야외극장	nhà hát ngoài trời 냐 핫 응와이 쩌이
여객선	tàu chở khách 따우 쩌 캍
역사	lịch sử 릭 스
영화관	rạp chiếu phim 잡 찌우 핌
옆	bên 벤
예매권	vé được bán trước 베 드억 반 쯔억
~이 있던 곳 (장소)	nơi đã có~(장소) 너이 다 꼬 ~(장소)
유람선	tàu du lịch 따우 주 릭
유원지	khu giải trí 쿠 쟈이 찌
음악회	buổi hòa nhạc 부오이 호아냑
이층정면 좌석	chỗ chính diện ở tầng 2 쪼 찐 지엔 어 떵 하이
인화	ảnh in 아잉 인
일광욕	tắm nắng 땀 낭
일행 인원수	số người 소 응어이
입장료	phí vào cửa 피 바오 끄어

자유석	ghế tự do 게 뜨 조
자전거	xe đạp 새 답
초점	tiêu điểm 띠우 디엠
축구	bóng đá 봉 다
축제	lễ hội 레 호이
클럽하우스	nhà câu lạc bộ 냐 꺼우 락 보
통역	thông dịch 통 직
팜플렛	cuốn sách mỏng 꾸온 샅 몽
폭포	thác 탁
플래시	đèn flash 댄 플래쉬
필름	phim 핌
항구	cảng 깡
해산물	hải sản 하이 싼
해산식품	đồ hải sản 도 하이 싼
해안가	bãi biển 바이 비엔
현상	rửa (phim ảnh) 즈어 (핌안)
호수	hồ 호
화랑	phòng tranh 퐁 짜잉
화산	núi lửa 누이 르어
개찰구	cửa soát vé 끄어 소앗 베
거리	con đường 꼰 드엉
고속도로	đường cao tốc 드엉 까오 똑
고속도로입구	lối vào đường cao tốc 러이 바오 드엉 까오 목

광장	quảng trường 꽝앙 쯔엉
교차로	giao lộ 쟈오 로
교통규칙	luật giao thông 루엇 쟈오 통
교통신호	đèn giao thông 댄 쟈오 통
국경역	ga biên giới 가 비엔 져이
근처	gần 건
금연석	ghế không hút thuốc 게 콩 훗 투옥
급행열차	xe lửa tốc hành 쎄 르어 똑 하잉
기본요금	phí cơ bản 피 꺼 반
기차	xe lửa 쎄 르어
기차노선	tuyến xe lửa 뚜엔 쎄 르어
대합실	phòng chờ đợi 퐁 쩌 더이
도로표시	tín hiệu giao thông 띤 히우 쟈오통
도중하차	xuống xe giữa đường 쑤옹 쎄 즈어 드엉
도착	đến 덴
사거리	ngã tư 응아 뜨
연료	nhiên liệu 니엔 리우
역	nhà ga 냐 가
오일	dầu 저우
오토바이	xe máy 쎄 마이
운전	lái xe 라이 쎄
유료도로	lệ phí cầu đường 레 피 꺼우 드엉
이쪽	đằng này 당 나이

이층버스	xe buýt hai tầng 쎄 부잇 하이 떵
행선지(목적지)	đích đến 딕 덴
인도	lề đường 레 드엉
일람	bảng tóm tắt 방 똠 땃
장거리버스	xe buýt đường dài 쎄 부잇 드엉 자이
주소	địa chỉ 디아 찌
주차미터	máy tính tiền đậu xe 마이 띵 띠엔 더우 쎄
주차장	chỗ đậu xe 쪼 더우쎄
주유소	trạm đổ xăng 짬 도 쌍
지도	bản đồ 반 도
직행버스	xe buýt chạy thẳng 쎄 부잇 짜이 탕
출구	lối ra 로이 자
층계	cầu thang 꺼우 탕
탈것	phương tiện vận chuyển 프엉 띠엔 번 쭈옌
택시 승차장	chỗ đón xe taxi 쪼 돈 쎄 딱시
택시요금	giá tiền taxi 쟈 띠엔 딱시
통행금지	cấm vào 껌 바오
트렁크	rương xe hơi 즈엉 쎄 호이
특급열차	tàu tốc hành đặc biệt 따우 똑 하잉 닥 비엣
횡단보도	đường dành cho người đi bộ 드엉 자잉 쪼 응 어이 디 보

● 쇼핑

가격표	bảng giá 방 쟈
가죽	da 자
개인수표	chi phiếu cá nhân 찌 피우 까 년
개점시간	giờ mở cửa 져 머 끄어
계산서	hóa đơn tính tiền 호아 던 띤 띠엔
고객	khách hang 칼 항
구매품	hàng khách đã mua rồi 항 칵 다 무어 조이
귀걸이	bông tai 봉 따이
귀금속	kim loại quý 낌 로아이 뀌
설명서	tờ hướng dẫn 떠 흐엉 전
넥타이	cà vạt 까 밧
렌즈	thấu kính 터우 낑
면세품	hàng miễn thuế 항 미엔 투에
문방구	cửa hàng bán văn phòng phẩm 끄어 항 반 반 퐁 펌
목걸이	dây chuyền 저이 쭈옌
바지	quần 꾸언
백화점	cửa hàng bách hóa 끄어 항 바익 호아
번화가	khu phố trung tâm 쿠 포 쭝 떵
벨트	dây lưng 저이 릉
별도요금	tiền trả them 띠엔 짜 템
별도주문하다	đặt hàng đặc biệt 닥 항 닥 비엣
보석가게	cửa hàng bán đồ trang sức 끄어 항 반 도 짱 슥

봉투	bao thư 바오 트
블라우스	áo kiểu 아오 끼우
블루진	xanh jean 싸잉 진
비누	xà phòng 싸 퐁
상의	áo jacket 아오 재킷
서류가방	cặp tài liệu 깝 따이 리우
서명	chữ ký 쯔 끼
서비스요금	phí phục vụ 피 푹 부
선글라스	kiếng mát 끼엥 맛
선물	món quà 몬 꽈
속옷	đồ lót 도 롯
손수건	khăn tay 칸 따이
쇠가죽	da bò 자보
쇼핑몰	khu mua sắm 쿠 무어 삼
숙녀화	giày nữ 쟈이 느
스웨터	áo len dài tay 아오 랜 자이 따이
스카프	khăn quàng cổ 칸 꽝 꼬
스타킹	vớ dài / tất quần 버 자이/ 떳 꾸언
신발	giày 쟈이
신사복	bộ com lê 보 꼼 레
신사화	giày nam 쟈이 남
악어가죽	da cá sấu 자 까 서우
앞	phía trước 피어 쯔억

액세서리	đồ trang sức 도 짱 쓱
아동복	quần áo trẻ em 꾸언 아오 째 엠
양말	vớ 버
여성	nữ 느
옷걸이	cái mắc áo 까이 막 아오
옷장	tủ quần áo 뚜 꾸언 아오
와이셔츠	áo sơ mi 아오 서 미
완구점	cửa hàng đồ chơi 끄어 항 도 쩌이
영업중	đang mở 당 머
입어보다	mặc thử 막 트
장난감차	xe mô hình 새 모 힌
전액	toàn bộ số tiền 또안 보 소 띠엔
전지(베터리)	cục pin 꾹 핀
정장	quần áo trang trọng 꾸언 아오 짱 쫑
조끼	áo vét 아오 뱃
저쪽	đằng kia 당 끼어
줄무늬	sọc 속
지갑	cái ví 까이 비
취급주의	dễ vỡ, cẩn thận 제 버 껀 턴
크레디트카드	thẻ tín dụng 태 띤 중
특별행사	sự kiện đặc biệt 스 끼엔 닥 비엣
팔찌	vòng tay 봉 따이
폐점	đóng cửa 동 끄어

포장하다	đóng gói 동 고이
핸드백	ví tay (nữ) 비 따이 (느)
회계원	thủ quỹ 투 뀌

● 통신

그림엽서	bưu thiếp hình 브우 티엡 힝
기념우표	tem lưu niệm 땜 르우 니엠
등기우편	gửi (bưu điện) bảo đảm 그이 (브으 디엔) 바오담
발송인	người gửl 응어이 그이
선박우편	thư bằng đường biển 트 방 드엉 비엔
소포	bưu phẩm 브우 펑
속달	chuyển phát nhanh 쭈엔 팟 냔
우체국	bưu điện 브우 디엔
우체통	hộp thư 홉 트
우편엽서	bưu thiếp 브어 티엡
우표	con tem 꼰 땜
편지지	giấy viết thư 져이 비엣 트
항공우편	thư gửi bằng máy bay 트 그이 방 마이 바이
국제전화	điện thoại quốc tế 디엔 토아이 퀵 테
긴급전화	điện thoại khẩn cấp 디엔 토아이 컨 껍
메시지(전하는말)	tin nhắn 띤 냔
번호통화	station to station call 스테이션 투 스테이션 콜
수신인	người nhận 응어이 년

시내전화	điện thoại nội thành 디엔 토아이 노이 타잉
수화기	ống nghe 옹 응에
외부연결전화	đường dây bên ngoài 드엉 저이 벤 응와이
전화	điện thoại 디엔 토와이
전화를 끊다	cúp máy 껍 마이
전화번호	số điện thoại 소 디엔 토아이
전화번호부	danh bạ điện thoại 사잉 바 디엔 토아이
지명통화	person to person call 퍼슨 투 퍼슨 콜
현지시간	giờ địa phương 져 디아 프엉
지역번호	mã số vùng 마 소 붕

● 질병 · 분실

감기	cảm 깜
경찰서	sở cảnh sát 서 깐 삿
골절	xương gãy 쓰엉 가이
구명조끼	áo phao an toàn 아오 따오 안 또안
구명보트	xuồng cứu sinh 쑤옹 끄으 씽
나이	tuổi 뚜오이
난폭한	thô 토
날씨	thời tiết 터이 띠엣
기침	ho 호
병원	bệnh viện 벤 비엔
두통	đau đầu 다우 더우

사고	tai nạn 따이 난
보험	bảo hiểm 바오 히엠
소화불량	chứng khó tiêu 쯔응 코 띠우
안전	an toàn 안 또안
약국	nhà thuốc 냐 투옥
외과	ngoại khoa 응와이 코아
열	sốt 솟
위장약	thuốc đau dạ dày 투옥 다우 자 자이
위험	nguy hiểm 응위 히엠
잃어버리다	mất 멋
전염병	bệnh truyền nhiễm 벤 쭈엔 니엠
주사	tiêm thuốc 띠엠 투옥
진통제	thuốc giảm đau 투옥 쟘 다우
처방	đơn thuốc 던 투옥
체온	nhiệt độ 니엣 도
치료실(의무실)	bệnh xá 벤 싸
치통	đau răng 다우 장
환자	bệnh nhân 벤 년
치과	nha sĩ 냐 시
반대편	phía đối diện 피어 도이 지엔
방향	phương hướng 프엉 흐엉
번화가	khu phố trung tâm 쿠 포 쭝 떵
보행자	người đi bộ 응어이 디 보

앞	phía trước 피어 쯔억
역	nhà ga 냐 가
사거리	ngã tư 응아 뜨
이쪽	đằng này 당 나이
인도	lề đường 레 드엉
지금	bây giờ 버이 져

● 항공편 재확인

연락처	địa chỉ liên lạc 디아 찌 리엔 락
여정·일정	lịch trình 릭 찐
왕복항공권	vé khứ hồi 배크호이
이등석	hạng nhì 항 니
재확인	xác nhận lại 싹 년 라이
취소	hủy 후이
편도항공권	vé một chiều 배 못 찌우
항공권	vé máy bay 배 마이 바이
항공시간표	lịch trình bay 릭 찐 바이

MEMO

MEMO